환경 사상과 운동

Ramachandra Guha 저
권 태 환 역

다 산 출 판 사

옮긴이의 말

내가 라마찬드라 구하의 책, *환경 사상과 운동(Environmentalism)*을 만난 것은 우연이었다. 2001년 초 미국 아시아 연구학회에 참석하기 위해 시카고에 갔던 나는 행사장에 마련된 신간 안내 행사장에서 바로 이 책을 발견하였다. 그러나 내가 이 책을 읽게 된 것은 1년이 지나서였다. 환경사회학을 강의하기 위해 새로운 책을 찾던 중, 구하의 *환경 사상과 운동*을 손에 잡게 되었다. 나는 이 책에 빠져들었고, 이 책을 활용하여 한 학기 강의를 잘 마칠 수 있었다. 그러나 아쉬움이 남았다. 강의를 통해서는 구하의 환경에 대한 깊은 애정과 박학한 지식, 유려한 서술을 그대로 전달하는 것이 매우 어려웠기 때문이다. 한 해를 지나면서 아쉬움이 더 커졌다. 또한 환경문제를 염려하고 이에 관심을 가진 많은 사람들이 함께 구하를 만나지 못하는 것도 안타까움으로 다가왔다. 그래서 용기를 내어 번역에 착수했다. 막상 번역을 시작하고 보니 쓰는 것보다 더 어렵다는 생각이 들고, 번역을 끝내고 나니 제대로 된 것 같지 않아 오히려 후회스럽다.

구하는 세계적인 명성을 가진 인도의 환경 사학자 및 사상가로, 특히 남아시아의 환경사에 관한 저서와 논문으로 유명하다. 그는 미국의 예일대학 등 여러 곳에서 강의와 연구를 하면서 관심의 영역을 전 세계 즉 지구의 여러 환경사상과 여기에서 나온 각종 환경운동의 전개로 넓혔다. 그가 말하듯이, 개별 국가의 환경운동의 역사에 관한 연구서는 많지만, 이들은 한결같이 국가의 벽을 넘는 사상의 교류를 외면하였다. 또한 세계적으로 환경 문제와 운동에 관한 논의는 대부분이 1962년 레이첼 카슨의 *침묵의 봄*의 출간을 계기로 진행된 미국 중심의 내용으로 이루어져 왔다. 여기에는 그 이전의 환경에 대한 관념이나 환경 관련 운동에 대한 고려가 전혀 없다. 또한 〈북쪽〉의 선진국 중심의 논의는 〈남쪽〉의 가난한 사람들의 환경주의에 대한 평가를 외면하도록 만들었다. 그러나 어떠한 이념이나 사상도 역사적 맥락에서 자유로울 수 없으며, 국가나 지역, 문화의 울타리에 묶을 수 없다. 그것은 시간과 공간을 넘어 여행한다.

이러한 문제의식에서 구하는 환경 사상과 운동을 두 개의 파도로 나누어 고찰하고 있다. 첫 번째 파도는 산업화의 결과로 나타난 자연의 파괴를 개탄하고 자연과 야생을 보호하고, 숲을 관학적으로 관리하고자 했던 19세기 중반부터 제2차 세계대전까지의 시기의 유럽, 특히 영국과 독일을 중심으로 한 환경 사상과 운동의 시기를, 그리고 두 번째는 1962년 이후의 소비주의, 풍요와 탈물질주의를 배경으로 하는 미국 중심의 현대 환경 사상과 운동의 시기를 뜻한다. 그리고 이 사이의 20여 년을 '생태학적 무지의 시대'로 명명하여, 왜 이때 환경에 대한 관심이 사라졌는가를 다루고 있다. 그는 자신이 특별히 관심을 가지고 있는 〈남쪽〉의 가난한 사람들이 생존과 문화보존을 위해 행하는 환경파괴에 대한 저항에 대해서도 많은 논의를 할애하고 있다. 이에 더하여, 제2세계의 사회주의 국가들, 특히 러시아와 중국에서 환경

사상과 운동이 어떻게 억압되어 왔는지에 대해 논의하고 있다.

구하의 논의의 특징은 사상가들 또는 운동가들의 관념과 행동을 개별적으로 소개하기보다는 그들의 생각이 어떻게 역사적 시간과 문화적 공간을 넘어 교류하는지에 커다란 비중을 두고 있다는 데 있다. 이는 독자들로 하여금 환경 사상과 운동을 지구적이고 통합적인 눈으로 볼 수 있도록 하는 데 매우 큰 도움을 줄 것으로 판단된다. 또 다른 중요한 특징으로는 〈북쪽〉의 부자나라들 중심의 환경 관념과 운동에 대한 비판을 들 수 있다. 그는, 자신이 속한, 그리고 자신이 매우 잘 아는 〈남쪽〉의 가난한 사람들의 생존과 관련된 문제와 저항을 환경정의 관점에서 다루고, 이를 〈북쪽〉의 비슷한 위치에 있는 사람들에게까지 연장 적용하고 있다. 그에게서 지속적으로 발견되는 것은 '비폭력 저항', '원주민 또는 가난한 사람들의 권리', '민주주의', '과학적 환경관리에 대한 회의' 등이다.

이 책, *환경 사상과 운동*을 통해 그의 생각과 마음이 오늘 〈북쪽〉과 〈남쪽〉이 함께 어우러진 이 땅에 살고 있는 우리의 독자들에게도 가깝게 다가오기를 바란다.

2006년 3월 3일

춘천 예예동산에서

권 태 환 씀

총서 편집자의 서문

모든 시대에 걸쳐 모든 인간 사회가 겪어온 몇 안 되는 공통의 과정 중에 인간사회와 자연환경의 지속적인 상호작용만큼 기본적인 것은 없다. 사실, 어떠한 측면의 인간 노력도, 인간 사회의 보다 큰 생태적 배경과의 상호작용보다 순수하게 인간성에 관한 세계사의 이해에 기초를 제공하는 것은 없다. 그러나 세계의 역사를 구성할 수 있는 수많은 다른 주제나 유형들과는 달리, 환경의 역사는 인간의 경험을 초월한다. 지난 밀레니엄을 거치면서 일어난 엄청난 기술적 · 과학적 전환으로 영향을 받지 않은 생명체는 —최근의 세기에 올수록 때로는 치명적으로— 이 지구상에는 하나도 없는 상태에 이르렀다.

그 핵심적인 중요성에 비추어볼 때, 몇몇 예외가 있기는 하지만, 환경에 대한 인간의 반응과 영향에 관한 지구적 차원의 중요한 역사적 연구가 지난 30~40년 사이에 비로소 실시되기 시작하였다는 것은 오히려 놀라운 일이 아닐 수 없다. 이븐 칼둔(Ibn Khaldun)이 그의 논문 *무카디마*(The *Muqaddimah*)에서 사회의 발전유형과 관련하여 나타나는 주요 생태학적 차원에 대한 묘사를 한 것은 14세기의 일이다. 이 글은 특히 북아프리카와 중동의 역사에서 나타난 초장유목과 정주적 적응의 교차적 부침을 강조하고 있다. 또한 마쉬(George Perkins Marsh)의 위대한 명상집인 *인간과 자연(Man and Nature)*이 출판된 것은 거의 한 세기 반 전의 일이다. 그러나 맥내일(William H. McNeill)과 크로스비(Alfred Crosby), 그리고 보다 최근에 맥내일(John McNeill) 등의 세계사가 및 교차문화사가 들을 중심으로 사회와 환경의 오랜 기간에 걸친 다양한 상호작용의 유형에 관한 기록들이 지속적으로 철저하게 탐색되기 시작한 것은 1960년대 이후의 일이다.

이제까지, 이들 선구자적 역사학자들에 의해 고무된 대부분의 연구와 저술은 어떤 특정 생태계나 특정 지역 환경유형의 복합체에 초점이 맞추어져 있었다. 그리고 맥내일과 크로스비와 같이 보다 지구적인 지향을 가진 선구자들의 연구를 포함하여, 이제까지 이루어진 거의 모든 업적은 자연세계에 대한 인간간여의 실제 과정과 그것이 식물과 동물 종들에게 미친 영향에 집중되어 있었다. 특정 문화나 문명이 보여주는 자연세계에 대한 태도에 관한 글은 비교적 많다. 그러나 이들을 교차문화적으로 또는 지구적 전망에서 연구하려는 시도는 별로 나타나지 않았다. 이러한 일반 경향에 대한 가장 중요한 예외는 고대로부터 현대에 이르기까지 환경에 대한 반응을 탐구한 글랙큰(Clarence Glacken)의 대작 *로드 해변의 흔적들(Traces on the Rhodian Shore)*일 것이다. 그러나 글랙큰의 책은 유럽의 사상가들과 문명, 그리고 이들을 발생시킨 지중해 환경에 대해서만 다룬 것이었다.

이러한 상황에서 계획된 라마찬드라 구하(Ramachandra Guha)의 *환경 사상과 운동(Environmentalism: A Global History)*은 롱만 세계사 총서에 특별한 의미를 부여하는 것이 아닐 수 없다. 구하의 환경 사상과 운동에 관한 철저하고 광범위한 섭렵은 본질적으로 교차문화적이고 지구적이다. 그의 초점은 현대의 환경주의에 두어져 있다. 그러나 그는 가끔 20세기 후반의 변질된 조류를 특별히 강조하면서, 이들 쟁점에 대한 여러 가지 접근을 깊이 있게 탐색하고 묘사하고 있다. 환경에 대한 여러 관념과 환경악화의 원인과 환경보호의 방법에 대해 주위를 환기시키기 위한 운동은 이들을 발생시킨 각기 다른 사회경제적 · 정치적 맥락에 위치지어져 있다. 그러나 구하는 또한 생태학에 관한 관념이, 국제적 또는 상호문화적 영향에 노출될 때, 재생산되고 변형되는 방법에 매우 예민한 반응을 보인다. 그는 미국과 구 소비에트, 중국, 인도, 아프리카, 브라질과 같은 다양한 지역의 경험으로부터 추출된 사례들을 통해 환경사상과 환경 행동주의의 공통성과 차이점을 밝히려고 노력하고 있다. 구하는 솔직하게 이들 환경주의 분파의 장점은 물론 단점도 같이 다루고, 이들이 다 같이 하나의 지구적 환경의식 연합체를 만드는 데 공헌하고 있다는 점도 함께 평가하고 있다.

여러 면에서 라마찬드라 구하야말로 첫 번째 정통 지구 환경운동사의 저자로서 이상적인 인물이 아닐 수 없다. 지난 20년간, 그는 많은 훌륭한 저서와 논문을 통해, 여러 이유로 환경사에 있어 중추적인 위치를 차지하는, 남아시아와 연관된 생태학적 쟁점들에 관한 선구적인 사상가로서 명성을 얻었다. 구하는 보다 최근에 지역적 경험을 살려, 교차문화적이고 지구적 차원에서 쟁점을 다루는 좀 더 도발적이고 통찰력 있는 환경주의 해설자가 되었다. 그는 유럽-미주 환경운동가 및 이론가들과, 대다수의 인간 생명이 살고 있는 탈식민사회의 관점을 채택하는 환경운동가나 이론가들 사이에 존재하는 종종 근본적인 차이점들에 대한 이해의 중요성을 설득력 있게 제기하고 있다. 그는 또한 보존주의자, 보호주의자, 지구 먼저!, 그리고 수용주의자 등의 생태적 행동주의 분파들을 분명히 구분할 것을 매우 강조하고 있다. 그는 이러한 다양한 환경주의 분파들의 주장의 핵심을 밝혀내고 분석할 수 있는 능력을 가지고 있으며, 이와 함께 보다 넓은 현재의 지구적 위기의 맥락에서 이루어진 이들 각각의 문제에 대한 비평에 대해서도 잘 알고 있다. 이러한 그의 자질이 바로 이 책, *환경 사상과 운동*(*Environmentalism : A Global History*)을 21세기 우리들의 삶의 중심에서 움직일 사상들과 쟁점들에 관한 활력과 매력이 넘치는 연구서로 만들었다.

마이클 아다스(Michael Adas)
선임 편집인
뉴 브룬스윅 소재 룻거스대학
(Rutgers University at New Brunswick)

저자 서문

이 책의 뿌리는 내가 예일대학에서 영예롭고 행복하게 지내던 1980년대 중반 2년의 시기로 돌아간다. 당시 나는 인도에서의 내 자신의 연구를 근거로 환경주의는 원칙적으로, 권력자들과 마찬가지로, 가난한 사람들도 자연의 열매에 대해 권리를 주장할 수 있도록 허용하는, 사회정의의 문제라는 생각을 가지고 있었다. 그러나 미국에서 생활하고 가르치면서 나는 다른 종류의 환경주의에 부딪히게 되었다. 그 결과 나의 관심은 인간으로부터 식물과 동물, 야생서식지의 권리로 옮겨지게 되었다. 그 후로는 줄곧 지구상의 여러 환경운동이 보여주는 다양성에 매료되었다. 이 책에서는 각국의 다른 문화적 전통이 이러한 다양성을 만들고 모습지우는 데 어떤 역할을 해 왔는지에 대해 탐색하고 있다.

나는 1987년 미국에서 인도로 돌아왔다. 그러나 그 후 미국 환경주의에 대한 이해를 새롭게 하고 깊게 하기 위해 여러 번 다시 미국으로 건너갔다.

보다 최근인 1994~95학년도에는 유럽 환경관련 문제에서 지도적인 위치에 있는, 그리고 나중에 정치정당으로 발전한 저항운동 단체 즉 〈독일 녹색인들〉의 고향인, 독일에서 지냈다. 1994년에는 라틴 아메리카, 1996년에는 러시아, 1997년에는 남아프리카로의 단기 여행을 통해 이들 지역에서의 환경주의의 문제점과 가능성에 대한 개괄적인 이해를 할 수 있게 되었다.

이들 짧은, 경우에 따라서는 긴, 기습적인 여행의 비용은, 국제연구기금의 관행상 금기로 되어 있는 것에 내가 도전할 수 있도록 도움을 준, 여러 친절한 대학과 관대한 재단들이 지불하였다. 세계가 구조화된 방식대로, 아마도 브라질 사람들은 브라질에 대해, 나이지리아 사람들은 나이지리아에 대해, 방글라데시 사람들은 방글라데시에 대해 쓰는 것이 일반적일 것이다. 그러나 보다 넓은 대조와 비교의 연구, 즉 한 나라에 국한된 것이 아니라 세계를 지붕으로써 택하는 저술은 유럽과 미국의 유명하고 부유한 대학의 안락한 성채에서 나온다. 이러한 편향은 문화적인 것도 인종적인 것도 아니다. 단지 지리적인 것일 뿐이다. 일반적으로 지구적 역사(세계사)는, 그것이 환경주의에 관한 것이든, 여성주의 또는 자유주의, 근본주의에 관한 것이든, 지구의 북반부에서 연구하고 가르치는 사람들의 작품이다. 보고타에 살고 있는 영국계통의 학자가 세계사를 쓰기는 매우 어렵다. 거꾸로 인디애나폴리스에 근거를 둔 인도인에게 그것은 상대적으로 쉬운 일이다.

무엇보다도 먼저 내가 감사해야 할 곳으로는 예일대학의 〈산림 및 환경학부〉를 들지 않을 수 없다. 예일의 동료인 버치(Bill Burch)와 밀러(Joe Miller), 그리고 학생인 벨(Mike Bell)과 세튼(Joel Seton)은 내가 당시에 지니고 있던 내 자신의 나라의 역사와 정치에 대한 거의 강박관념에 가까운 관심의 벽을 뛰어넘을 수 있도록 격려해 주었다. 연대기 순으로 고마움을 전해야 될 곳을 적어 보면, 다음으로 산타바바라에 있는 캘리포니아대학(the University of California at Santa Barbara)을 꼽을 수 있다. 그들은

1989년 제9회 스티븐 맨리 기념강의(the Ninth Steven Manley Memorial Lecture)에 나를 초청하였고, 이는 나로 하여금 환경문제의 비교론적 측면에 대해 심각하게 생각하지 않을 수 없게 하였다. 이 강의에서 다룬 논점의 확고한 경험적 기초는 같은 해 내가 가 있던 베를린 학문집담회(Wissenschaftskolleg zu Berlin)에서 마련한 것이었다. 그곳 도서관 사서들은 매우 유능하여 출처가 애매한 많은 참고문헌과 절판된 책들을 추적하여 확보해 주었다. 또한 여러 다른 기관들로부터 물질적인 도움을 받았다. 거기에는 버클리에 있는 캘리포니아대학(the University of California at Berkeley), 뉴욕의 〈해리와 프랭크 구겐하임 재단〉, 뉴욕의 〈사회과학연구원〉, 뉴델리의 〈네루 기념박물관 및 도서관〉 등이 포함된다. 이들 모두에게 고마움을 표한다.

이 책의 주제와 논점은 대륙을 가로질러 이루어진 수많은 대화의 산물이다. 나는 특히 환경운동의 교차문화적인 성격에 큰 관심을 보이고 있는 3명의 학자로부터 많은 것을 배웠다. 주로 에콰도르와 쿠바에 거주하는 스페인 사람인 마르티네츠-알리에르(Juan Martinez-Alier), 잉글랜드 사람들과 잘 어울리는 로드 아일랜드의 벨(Mike Bell), 마하트마 간디의 실천에 대한 예리한 통찰력을 가지고 있는 바바리아의 급진주의자인 삭스(Wolfgang Sachs)가 그들이다. 또한 나는 유럽과 미대륙에 있는 많은 친구들과 격렬하게, 때에 따라서는 점잖게 논쟁을 벌였다. 그러나 그 결과는 늘 (나에게, 최소한 어느 정도는) 생산적인 것이었다. 나에게 값있는 지적을 하거나 생각을 전해 주는 친구들도 많았다. 이 지면을 통해 그들에게 감사를 표한다. 베이나르(William Beinart), 브로켄샤(David Brokensha), 브로시우스(J. Peter Brosius), 포트만(Louise Fortmann), 허렐(Andrew Hurrell), 칼란드(Arné Kalland), 마이어(Margit Mayer), 네스(Arné Naess), 리차드(Paul Richards), 로텐버그(David Rothenberg), 스나이더(Katherine Snyder), 워런(Carol Warren), 우스터(Donald Worster) 등이 그들이다. 나는 특별히 예일의 시바라마크리쉬난(K. Sivaramakrishnan)에게 진 빚이 크다. 그는 인도에서는 확보할 수 없는 저서와 논문들을 계속 나에게 공급해 주었다.

다시 고향으로 눈을 돌려 인도 환경운동을 연구하는 학생들과 학자들을 떠올린다. 나는 그 누구에게보다도 그들에게 큰 빚을 졌다. 오랜 세월을 두고 이어진 고쉬(Anjan Ghosh), 가길(Madhav Gadgil), 비스바나단(Shiv Visvanathan)과의 토론은 나로 하여금 보다 명백하게, 냉혹한 세계의 관점에서 인도를 보고, 인도의 따듯한 불길을 통해 세계를 볼 수 있도록 해 주었다. 바비스카(Amita Baviskar)와 코타리(Ashish Kothari), 랑가라잔(Mahesh Rangarajan), 순다르(Nandini Sundar)와 같은 보다 젊은 동료들의 글과 열정이 나에게는 도전이 되었고 각성제가 되었다. 매우 명성이 높은 원로학자인 베티렐(André Béteille)과 경험이 풍부한 환경관료인 데지라주(Keshav Desiraju)는 이 책의 원고를 읽고 많은 도움의 말을 주었다. 원고에 귀중한 도움말을 주신 분들 가운데는 도젠(Randall Dodgen, 소노마 주립대학), 엔텐만(Robert Entenmann, 성 올라프 대학), 레벤(Vera Reben, 쉬펜스부르그 대학), 스키드모아-헤스(Cathy Skidmore-Hess, 남 조지아 대학)와 스틸(Tracey Steele, 샘 휴스톤 주립대학)이 포함된다. 나는 또한 이 책의 출판에 핵심적인 작업인 편집을 맡아준 애디슨 웨슬리 롱만(Addison Wesley Longman, New York) 출판사의 고든(Pam Gordon)과 옥스포드대학 출판부(Oxford University Press, New Delhi)의 애드바니(Rukun Advani)에게도 감사를 표시하고 싶다.

물론, 이 책의 출판을 처음부터 가능하게 해 준 것이 이 총서의 편집자라는 사실은 부정할 수 없다. 그는 부드럽게 말하고 나의 말을 경청해 줌으로써 이 책이 보다 믿을 만한 출판물이 되도록 이끌어 왔다. 아다스(Michael Adas)는 나로 하여금 세계 환경운동에 관해 책을 쓰도록 초대했고, 내가 마감일을 어기고 또 어길 때마다 믿음을 가지고 기다려 주었다. 그리고는 드디어 장별로 초안을 받을 때마다, 그는 지겨울 정도로 깨알같이 논평을 써 보내 주었다. 나는 기꺼이 이 모든 것에 감사하며, 내가 그와 처음 만난 예일(Yale)에서의 행복했던 날들은 나의 기억에 기쁨으로 남아 있다.

차 례

제1부 | 환경주의의 첫 번째 파도

1

녹색 나가다

환경운동은 1960년대에 태어나 아직도 자기의 길을 가고 있다. 이 저항의 시기에 나타난 다른 현상들, 가령 평화주의, 대항문화, 시민권 항쟁은 이미 사라졌거나 길을 잃어버린 상태에 있다. 그러나 녹색 파도는 가라앉을 기미를 보이지 않는다. 환경운동은 사라지기를 거부해 왔고, 이런 표현이 어떨지 모르지만, 나이 들기를 거부하고 항상 젊은 사회운동의 열정과 강도는 물론 조급성과 비관용성을 유지해 오고 있다. 1960년대의 여러 운동들 가운데 유독 환경운동만이 점진적으로 힘과 명성, 그리고 다른 어떤 것보다도 중요한, 시민들의 지지를 얻어 왔다.

대중적 지지의 문제를 떠나서 생각할 때, 환경운동은 다른 어느 곳보다도 미국에서 가장 효율적인 성공을 이룬 것으로 평가된다. 그것은 법률의 폐지와 제정의 영역에서는 물론 환경운동이 등한시해 온 숲과 야생동물 보호의 분야에서도 잘 드러난다. 미국에서는 포괄적이고, 대체로 잘 조직된 국립공원의 경영체제를 만드는 데 정부의 자율적인 조치보다도 환경주의자들의 압력이 훨씬 더 큰 기여를 했다. '개발' 의 위협으로부터 야생의 큰 덩어리를 보호하는 데 성공한 미국 환경운동은 관심의 방향을 점점 유해한 산업화의 부산물, 가령 대기 및 수질 오염, 유독성 및 방사성 폐기물을 통제하는 데로 돌렸다. 여기서도 역시, 환경운동은 국회로 하여금 70개가 넘는 환경규제를 법률로서 제정하게 하는 등 뚜렷한 성공을 거두었다. 그 가운데 대표적인 것이 1969년에 제정된 〈국가환경보호조례〉(National Environment Protection Act of 1969)이다. 이 조례는 매우 포괄적인 입법으로, 자국 정부에게 최소한의 환경표준을 부과하기 위해 투쟁하고 있는 많은 나라 환경주의자들의 선망의 대상이 되고 있다.

여론조사에 따르면 미국에서는 시민들의 2/3 이상이 계속 보다 강력한 환경규제를 지지하고 있으며, 이를 위해 기꺼이 힘들게 번 돈을 기증할 뜻을 보이고 있다. 그러나 녹색 의제는 아직도 지방 및 주, 그리고 연방 선거결과에 영향을 주고 있다. 양당[공화당과 민주당] 정치인들은 열심히 녹색 이미지를 보존하고 녹색 선거구를 꾸리려 하고 있다. "지금은 우리 모두가 환경주의자다"라는 유명한 말을 한 것은 공화당 대통령 부시(George Bush)였다. 민주당원들은, 이에 지지 않으려고, 환경 딜레마에 관한 책 중 좋은 평을 받고 있으며 내용이 포괄적이고도 가장 잘 팔리는 *균형잡힌 지구(Earth in the Balance)*의 저자 고어(Al Gore)를 부통령 후보로 내보냈다. 정치학자인 앤드류스(Richard Andrews)가 지적한 바와 같이, "환경운동의 영향은 지속적인 미디어의 관심을 통해서는 물론 모든 수준의 정부에서 이루어지고 있는 엄청난 양의 입법, 규정, 예산 배정을 통해 확인할 수 있다." 한편 *뉴욕 타임스*의 편집자인 옥스(John Oakes)는 미국 환경운동의 가장 자랑스러운 업적을 "대부분의 미국인들에게 국립공원을 국기, 모성, 애플파이처럼 신성하게 만든 것"이라고 쓰고 있다.

국립공원은 애플파이와 같이 분명하게 미국적이지만, 성조기와는 달리 유일하게 미국적인 것은 아니다. 서식하는 종과 군락의 아름다움과 다양성으로 따지면 탄자니아의 세렌게티가 와이오밍의 옐로우스톤보다 더 축복을 받았을 것이고, 인도 동부의 마나스도 적어도 캘리포니아의 요세미트 만큼은 훌륭할 것이다. 확실히 오늘날 환경주의는 진정한 의미의 국제적인 운동이다. 이제 지구상의 여러 나라들 사이에 차이란 크고 작음의 문제일 뿐이다. 개별 국가의 환경운동은 꼭 고립적으로 움직이지도 않는다. e메일과 팩스의 시대에는 한 나라에서 생성된 정보는 즉각적으로 다른 나라로 전송된다. 이와 같이 환경주의는 공간적으로 멀리 떨어져 있는 개인들과 조직들이 종종 국가의 경계를 초월하는 운동을 만드는 일에 협력하고, 때로는 경쟁하는 힘의 장을 이루게 되었다.

II

미국의 경험을 출발로 하여 더 밖으로 나아가, 이 책에서는 환경운동의 지구사를 제시하고자 한다. 이 책의 초점은 환경 악화의 본질과 정도에 두고 있지 않다. 즉, 아열대 우림의 파괴나 종의 소멸, 대기 중 탄소 누적 속도에 대해 거의 얘기하고 있지 않다. 이들에 관한 사실은 과학자들을 위해 유보해 두는 것이 좋을 것이다. 오히려 이 책에서는 환경적 관심의 기원과 다양한 표현에 관련된 문제에 대한, 그리고 어떻게 개인과 제도가 자신들이 겪고 있는 환경 악화의 경험을 인지하고, 전파하고 그것에 대항해 행동하는지에 대한 역사적 설명과 분석을 행하고 있다. 한마디로, 이 책은, 자연의 상태에 관한 과학적 연구나 지구에 대한 인간 영향의 계산서라기보다는, 인간의 성찰과 행동의 자극제로서의 환경에 관한 논의로 이루어져 있다.

국가나 사회가 채택할 구체적인 정책들을 분명하게 제시하는 정치개혁의 프로그램으로서의 환경주의는, 보다 좁은 자연세계에 대한 미적 또는 과학적 판단과는 구분할 필요가 있다. 고전문학은 전통적으로 자연경관과의 혼연일체를 보여준다. 아마도 새, 동물, 강, 농장의 아름다움을 묘사하였다는 점에서 로마의 시인 버질(Virgil, *c.* 70-1 BC)과 산스크리트 극작가 칼리다사(Kalidasa, *c.* AD 375-415)는 '자연 애호가'의 자격을 얻을 수 있을 것이다. 더 내려와 중세로 오면, 유럽 여행자들의 아시아와 아프리카 탐험 또한 자연의 풍성함과 다양함에 대한 깊은 관심을 불러일으켰다. 모든 층의 유럽 과학자들이 아열대의 식물과 동물에 대한 열광을 문서로 남겼다. 그 가운데 가장 잘 알려지고 가장 영향력이 있었던 사람은 아마도 다윈(Charles Darwin, 1809-82)이었을 것이다.

그러나 이 책의 입장과 마찬가지로, 환경주의는 자연경관에 대한 문학적 찬사나 종에 대한 과학적 분석을 뛰어넘는다. 나에게 환경주의는 하나의 *사회적* 프로그램, 즉 아끼는 서식환경을 보호하고, 그것의 악화를 막고, 덜 파괴적인 기술과 생활양식을 처방하는 것을 추구하는 행동헌장이다. 그러면 환경운동은 언제 시작되었는가? 미국 환경운동에 대한 대부분의 논의는 1962년에 출간된 그리고 현대 환경주의의 '성서', '형성계기' 등 여러 가지로 서술되고 있는 살충제 오염에 관한 카슨(Rachel Carson)의 저서인 *침묵의 봄(Silent Spring)*을 그 효시로 삼는다. 환경주의가 대중적 운동으로 등장하여, 길거리에서의 항거와 권력기관 복도에서 행해지는 법률 제정자들에 대한 로비를 통해 공공정책에 성공적으로 영향을 미치기 시작한 것은 1960년대에 이르러서이다. 그렇지만 자연의 보호와 보존에 관한 지적인 관심이 나타난 것은 적어도 18세기의 마지막 10년으로까지 거슬러 올라간다. 이때의 조심스런 관심은 19세기에 이르러 급속히 팽창하였고, 열성적인 지지자들은 당시 근대화되어 가고 있던 북미와 유럽의 정부들에 대해 영향력을 행사하려 하였다. 항상 대중적 기반을 전제로 하지는 않았지만, 이들 초

기 세대의 환경주의자들은 숲과 수질 보전에 관한 광범한 프로그램을 만들어 실시하였고, 최초의 국립공원들을 세우는 일을 도왔다.

대부분의 나라에서 환경주의의 역사는 대체적으로 비슷한 유형을 보이며 전개된다. 개척적이고 예언적인 초기 시기를 거쳐 최근에 오면서 광범위한 사회운동으로 발전한다. 이러한 관점에서 우리는 산업화의 시작에 대한 초기 반응으로서 나타난 환경에 대한 관심을 환경주의의 *첫 번째 파도*로, 그리고 전반적으로 지적인 반응이 모양새를 갖추고 고조되는 대중적 지지로 힘을 얻는 때를 환경주의의 *두 번째 파도*로 불러도 좋을 것이다. 이와 같이 환경주의는 일상적으로 받아들이는 것보다 훨씬 길고 명백한 혈통을 가지고 있다. 그 현대적 모습은 확실히 1960년대에 태어난 아이의 것이다. 그러나 이 책에서 보여주듯이, 그 아이는 1860년대 아이의 후손으로 볼 수 있다.

환경주의의 첫 번째 파도는, 그 자체가 인간 역사에서 가장 원대한 사회변화의 과정인 산업혁명과 보조를 맞추어 한걸음 한걸음씩 진행되었다. 전세계의 산업화는 새로운 자원 채취와 생산방법, 교통수단의 개발을 통해 자연세계를 극적으로 바꾸어 놓았다. 자연 이용(또는 남용)의 규모와 강도는 여러 배 증가하였다. 동시에 의료기술의 발달은 인구수의 점진적 증가를 이끌었다. 보다 많은 사람들의 보다 많은 생산과 보다 많은 소비가 보다 큰 오염과 서식지 악화로 이어지는 것은 당연한 공식이다. 환경파괴의 속도는 엄청나게 빨라졌다. 자연은 원하지 않은 경제성장의 잔여물의 투매장인 동시에 값싼 원료의 공급원이 되었다. 노천광산과 끊임없이 커지는 기업의 식욕은 숲과 야생지를 집어삼켰다. 새로운 그리고 위험한 화학물질은 강과 대기로 배출되었다.

유럽의 산업화는 농촌경제에도 중요한 변화를 가져왔다. 공장들과 도시들은 작업을 하고 소비를 하기 위해 자재를 필요로 하였고, 이들의 요구는 보다 자본집약적이고 시장지향적인 생산방법의 도입을 통해 농업의 전환을 이끌었다. 목초지와 산울타리, 그리고 다양한 곡물을 생산하는 소규모 농장들의 모습은 거대하게 펼쳐지는 단일 곡물을 경작하는 토지의 단조로운 경관에 자리를 내어 주었다. 더욱이 유럽의 경제성장은 자신의 지역을 벗어나 아시아와 아프리카, 북미의 자연환경에도 영향을 끼쳤다. 산업화는 식민주의적 팽창과 유기적 연관을 가졌다. 백인 식민이주자들은 지구의 많은 땅을 소유했고 지역경제를 메트로폴리스의 요구에 맞도록 재조정하였다. 영국의 배는 버마의 목재로 만들어졌고, 선원들은 인도에서 기른 면으로 만든 옷을 입었고, 카리브해 지역에서 재배된 설탕을 넣은 케냐 커피를 마셨다. 미국의 동북지역과 아프리카, 인도의 서부 갓츠지역의 숲들—세 개의 지역만 예로 든다면—을 마구 파헤치면서, 영국 사람들은 18세기와 19세기를 통해 산림벌채의 세계적 지도자로 떠올랐다. 네덜란드, 포르투갈, 프랑스, 벨기에, 독일 등 강대한 유럽 사람들이 영국인들과, 다소의 차이가 있을지언정, 우열을 다투었다. 이들은 모두 그들의 식민지에서 환경파괴의 가장 핵심 행위자가 되었다.

환경 *문제*는 과거에는 전혀 알려지지 않았다. 그러나 인간 역사상 처음으로 지금의 환경 *위기*의 관념이 등장했다. 그것은 환경주의의 첫 번째 파도에 의해 포착된 관념이다. 그것은 근대적 산업화에 의해 나타난 엄청난 부의 증가와 번영이 과연 지속 가능한가를 묻고 있다. 놀랍게도, 산업도시가 생태 열악화의 주범임에도 불구하고 그 짐의 대부분은 농촌과 식민지가 졌다. 앞으로 살펴보겠지만, 환경주의의 첫 번째 파도를 이끈 사람들은 윌리엄 워즈워스(William Wordsworth)와 같은 농촌의 주민들과 '마하트마' 간디(Mohandas Karamchand 'Mahatma' Gandhi)와 같은 본인의 의사와는 관계없이 식민지에서 살게 된 사람들이었다.

산업혁명에 대한 역동적인 사회적 반응으로서의 환경주의는 근대 세계의 세 가지 다른 운동, 즉 민주주의, 사회주의 및 여성주의에 비견할 수 있다. 절대주의에 대한 대항으로 정의되고 있는 민주주의는 사람들의 삶에 영향을 주는 결정에 보통 시민들의 보다 큰 목소리를 요구한다. 봉건주의와 자본주의에 대한 대항으로 정의되는 사회주의는 보다 공평한 부와 생산자원의 분배를 요구한다. 가부장제에 대한 저항으로 정의되는 여성주의는 여성에게 보다 큰 정치적 · 경제적 권리를 부여할 것을 요구한다. 그 사이 환경운동은 지속 가능한 생활양식뿐 아니라 자연의 권리에 대한 관심을 요구함으로써 '권리'와 '정의'에 대한 인간 이해의 영역을 확장시켜 왔다. 그 의제는 때로는 다른 운동의 의제와 보완적이었고, 때로는 경쟁적이기도 했다. 환경주의를 한편으로 하고 민주주의, 사회주의, 여성주의를 다른 한편으로 하여 이루어지는 이들 사이의 연관성은 이 책의 중요한 주제를 형성하고 있다.

모든 사회운동과 마찬가지로 환경운동도 그 쌈지 안에 각기 다른 개인들과 추세들, 전통들, 이념들을 품고 있다. 여성주의가 그런 것과 똑같이 환경운동도 다양성을 보여 왔다.

이 책의 제1부에서는 환경주의의 세 가지 다양한 모습을 탐색적으로 제시하고 있다. 아래에서 보는 바와 같이, 이들 각각은 산업사회의 등장과 영향에 대한 독특한 반응으로 구성되어 있다.

1. 우리는 무엇보다도 먼저, 여기서는 *땅으로 돌아가라*는 말로 명명된, 산업혁명에 대한 도덕적 · 문화적 비평을 제시한다. 블레이크(Blake)와 워즈워스와 같은 위대한 낭만주의 시인들에게 산업시대의 "어둡고 악마적인 디딜방아"는 그들의 푸르고 즐거운 대지, 즉 농촌과 전통 영국의 목가적 전원 풍경을 영원히 말살하려는 위협으로 받아들여졌다. 디킨스(Charles Dickens)와 같은 소설가들과 엥겔스(Friedrich Engels)와 같은 정치 사상가들도 당시의 비인간적인 작업 및 생활 조

건, 즉 황폐한 가정과 어둡고 축축하고, 오염된 공장들에 대해 비판적으로 썼다. 다른 사람들, 예로서 인도의 성인이며 정치가인 마하트마 간디와 같은 이들은, 단순한 생활양식과 도덕적 비평을 결합시켜, 근대문명이 가져온 욕구의 폭증을 애통해 하고 이 땅에서 온화하게 살 것을 주장했다.

2. 두 번째는 *과학적 보존*의 줄기로, 이들은 산업사회에 등을 돌리지 말고 대신 그 잉여를 무기력하게 하는 일을 할 것을 주장한다. 순수하게 예술적이고 감성적인 반응보다는 잘 짜여진 경험적 연구에 기초하고 있는 이들 환경주의 분파는 전문가의 조심스러운 인도 없이는 산업화는 급속하게 자원을 소모하고 환경을 오염시킬 것이라고 주장한다. 그들에게 보존은 '효율성의 복음'으로 자연과 자연자원의 효율적이고 장기적인 관리를 위한 과학의 사용을 뜻하였다. 여기에서 중요한 것은 인간의 물고기나 숲, 물이나 야생물의 이용이 자본재고를 축소시켜서는 안 되고 문제의 자원의 매년 증가분만큼만으로 소비를 제한해야 한다는 믿음, 즉 '지속 가능한 수확'의 관념이다. 19세기 말까지 과학적 보존은 지구적 운동으로 등장하였고, 산림 전문가들이 앞장서서 과학적 지침에 따라 운영되는 자원관리 기구들을 아시아, 유럽 및 북미에 세웠다.

3. 환경주의의 세 번째 줄기는, 도덕성, 과학 및 심미성의 요소들을 결합한 것으로, 이는 *야생성 관념*으로 알려져 왔다. 유럽의 산업화와 유럽 인구의 신세계 정착과 확산은 엄청난 지역의 숲과 야생지를 초토화시켰다. 이에 대한 반응으로 일어난 것이, 예술가들과 과학자들이 시작한, 아직 손길이 닿지 않은 곳에 자물쇠를 잠그고 그곳을 인간의 교란으로부터 자유롭게 하고자 하는 운동이었다. 멸종 위기에 있는 종, 예를 들어 회색 큰곰(grizzly bear)을 보호하려는 운동이 있었는가 하면,

요세미트와 같은 경관이 좋은 서식지를 지키려는 운동도 있었다. 비록 다른 곳에도 전초기지들이 있었지만, 야생성 운동이 가장 눈에 띄게 꽃을 피운 곳은, 이 책에서 많은 지면을 할애해 다루고 있는 데서 알 수 있듯이, 미국이었다.

땅으로 돌아가라, 과학적 보존, 그리고 *야생성 관념*은 환경주의의 세 가지 통상적 모형을 구성한다. 이 책의 제1부에서는 이들 모형을 정의하고 관련 문헌을 살피고, 세기를 지나면서 그리고 대륙을 가로질러 나타나는 이들 모형의 진화와 표현양식의 차이를 추적하고 있다. 제2부에서는 환경주의의 두 번째 파도로 넘어가 지식인의 반응에 기초한 운동에서 대중운동으로의 전환에 대해 다룬다. 여기서 우리는 1960년대 이후 이들 세 줄기가 어떻게 다시 등장하는지 살핀다. 다음으로 지구 환경주의의 새로운 차원들로 등장한 인구폭발에 대한 공포, 여성들의 주장과 헌신, 그리고 특별히 〈북쪽〉의 부자 나라들과 〈남쪽〉의 대부분 가난한 나라들 사이의 분열에 대해 논의할 것이다. 이 책은 어떻게 여러 나라에서 차례로 자연을 보호하거나 복구하는 일에 헌신된 동적이고 대중적인 사회운동이 일어났는지를 보여줄 것이다. 제1부는 영국의 전통을 검토하는 데서 출발한다. 제2부는 미국 추세의 분석으로부터 시작된다. 이러한 선택은 환경주의의 생성요인으로서 산업화에 대한 강조와 궤를 같이하는 것이다. 영국이 최초 산업혁명의 고향이었다면, 미국은 산업적 생활양식의 정교화로 세계를 이끌어 왔다. 영국이 결과적으로 첫 번째 환경주의 파도의 선구자였다면, 미국은 두 번째 파도의 길을 열어주었다. 따라서 이 책의 두 부분은 각기 전형적인 한 나라를 도약판으로 삼아 잇달아 나타나는 다른 문화에서의 환경주의에 대한 논의를 시작하고 있다. 논의는 유사성과 똑같이 차이에도 초점을 맞추고 있다. 그것은 사용하는 저항의 기법이나 누리고 살아야 하는 가치 있는 환경을 구성하는 것이

무엇인지를 규정하는 관념에 있어 개별 '국가적' 운동들은 서로 광범한 차이를 보이기 때문이다.

III

환경주의와 같이 복잡하고 널리 퍼진 현상만이 아니라, 어떤 주제든 세계사를 쓴다는 것은 야만적일 만큼 선택적이 되지 않을 수 없다. 자주 사용하는 실례의 다수는 불가피하게 내 자신에게 보다 친숙한 두 나라, 즉 미국과 인도에서 나올 수밖에 없다. 그러나 나는 그물을 보다 넓게 쳐 보다 오랜 시간에 걸쳐 그리고 먼 지역으로부터 예들과 전형들을 끄집어내려고 노력했다. 인도와 미국의 자료들이 내 자신의 연구에서 나온 것이라면, 아프리카와 유럽뿐 아니라 아시아와 라틴 아메리카의 환경주의 역사는 많은 사람들의 저술과 경험에서 걸러낸 것들이다. 그렇다 하더라도, 독자들 가운데는 자신들이 선호하는 나라를 뺐다거나 자신들이 선호하는 환경주의자들을 존중하지 않았다고 불만을 토로하는 이들도 있을 것이다.

미국 환경주의 역사에 대해서 쓴 글은 셀 수 없이 많다. 역사학자, 언론인, 과학자, 사회학자 들—모두 미국인—이 썼다. 그들의 인도로 다른 곳의 학자들은 자신의 나라의 환경주의 역사를 썼다. 미국에 관한 연구는 아직도 도서관의 '환경운동'이라고 표시된 서가의 대부분을 차지하고 있다. 그러나 이곳에 독일, 스웨덴, 영국이나 브라질의 환경주의 역사에 관한 업적들이 빠른 속도로 늘어나고 있다. 이 책은 기존의 유형을 파괴하여, 또 다른 한 나라의 역사가 아니라, 세계 여섯 대륙에서 보이는 역사적 과정을 비교하고 대비시킴으로써, 환경주의 논쟁의 초국가적 전망을 제공하고 있다. 이 책에서는, 다른 문화의 경험들을 불러들이고 이것을 미국 환경주의에 관한 새로운 논의와 병치시킴으로써, 미국의 경험을 지구적 맥락에 보다 적절하게 위치시키려 노력하고 있다.

이 책의 두 번째 목적은 문화의 벽을 넘는 관념의 흐름, 즉 한 나라에서 환경운동이 외부의 영향으로 변형되고 활성화되고 때로는 왜곡되는 방법을 문서화하는 데 있다. 여기서 간단히, 뒤에 길게 논의가 되지만, 몇 가지 예를 살펴보자. 〈미국 산림청〉(United States Forest Service)의 창시자인 핀쇼(Gifford Pinchot)는 독일 식물학자 브란디스(Dietrich Brandis)를 그의 스승으로서 그리고 주된 영감의 근원으로서 받들었다. 브란디스는 이미 이전에, 아마도 세계에서 가장 크고 가장 영향력 있는 자연자원 관료기구인 인도의 〈산림성〉(Forest Department)을 세운 사람이다. 그 빚은 한 세기 후에 현대 환경주의의 가장 유력한 정치적 표상인 독일 녹색당이 마하트마 간디의 사상을 자유로이 차용함으로써 이자까지 더해 갚게 되었다. 간디 그 자신은 종종 가장 순수한 인도, 또는 힌두사상가로서 간주된다. 그러나 그 또한 여러 사람의 영향을 받았다. 거기에는 주로 서신으로 교류하던 톨스토이(Leo Tolstoy)를 통한 러시아 인민주의의 영향, 간디가 자신의 정치적 성서로 간주했던 소로우(Henry David Thoreau)의 시민 불복종에 관한 에세이를 통한 미국의 급진적 개인주의의 영향, 그리고 가장 중요하게는 비평가인 러스킨(John Ruskin)의 저술을 통한 영국의 반산업주의의 영향이 포함된다. 마지막으로 오늘날 미국 환경운동의 선두를 다투는 심층생태론(Deep Ecology) 운동을 예로 들어 보자. 이들은 생명중심적 평등, 즉 인간을 다른 종과 동등한 위치 또는 다른 종들보다 높지 않은 위치에 놓기 위해 싸운다. 그 신봉자들의 대부분은 미국 서해안 지역에서 발견되지만, 심층생태론의 관념은 한때 간디에 대한 논문을 썼던 노르웨이 철학자인 네스(Arné Naess)에 의해 형성되었다.

그러나 이 책에서는 공간적인 것만큼 시간적인 구분도 넘나들고 있다. 학술적인 분업에 따르면 역사학자들은 과거를 연구하고 사회학자와 인류학자들은 현재를 다룬다. 초기의 업적들은 첫 번째 아니면 두 번째 환경주의 파도 중 어느 하나에 집중하는 경향이 있었고 둘 다를 다루는 일을 매우 드물었다. 이와는 대조적으로, 이 책에서는 현재를 과거에 위치시킴으로써 해를 넘어 지속되어 왔거나 또는 다시 재등장을 기약하며 지하로 숨어든 유형들과 과정들이 오늘날의 운동에 어떠한 영향력을 행사하는지를 보여주고 있다. 이는 스탠포드의 시인인 스티그너(Wallace Stegner)의 다음과 같은 글에서 영감을 얻은 것이다.

> 관념의 추적은 추측 놀이이다. 우리는 누가 최초로 어떤 주어진 관념을 가졌었는지 말할 수 없다. 우리는 오직 누가 최초로 그것을 영향력 있게 사용했으며, 누가 그것을 어떤 형태나 시나, 수식이나, 그림으로 구성했는지를 말할 수 있을 뿐이다. 어떤 사람들에게는 그것을 인정하는 것이 큰 충격일 수도 있다. 서식지에 대한 우리의 태도를 바꿔온 급진적 관념은 항상 우리 주위에 존재해 왔다.

나는 다만 이 시인의 '항상'(forever)을 보다 덜 감정 폭발적이고 역사적으로 보다 더 정확한 문구인 '적어도 100년 동안'으로 바꾸고 싶을 뿐이다.

2

땅으로 돌아가라

영국의 시골에 대한 사랑

18세기와 19세기에 영국의 자연경관은 산업혁명으로 그 모습이 달라졌다. 석탄광산과 섬유공장, 철도와 항만은 영국을 세계에서 가장 앞선 경제적 강국으로 만든 산업 및 교역의 거대한 확산을 단적으로 보여주는 징표였다. 산업화는 빠른 도시화와 병행하여 일어났다. 1801년에서 1911년 사이에 도시에 사는 영국 인구는 20%에서 80%로 늘었다. 새로운 혈통의 지주들이 도시시장을 상대로 양모, 면, 곡물을 생산하면서 농촌지역 역시 변모되어 갔다. 중세시대에 농촌경제의 근간을 이루었던 농부와 목자들, 장인들은 점점 소유를 박탈당한 층에 속하게 되었고, 일거리를 찾아 도시에 모여들게 되었다.

영국은 산업화의 본고장이다. 그러나 또한 산업화에 대한 저항의 고향이기도 하다. 인류학자 맥파레인(Alan Macfarlane)은 이러한 역설을 잘 잡아냈다. 19세기 중반에 그는 다음과 같은 글을 쓰고 있다.

> 영국은 세계에서 가장 도시화된 나라이다. 그러나 시골과 농촌적 가치에 대한 그리움이 가장 발달해 있는 나라이기도 하다. 영국의 이상스럽게도 반 도시적인 선입관은 널리 분포되어 있는 공원들, 도처에 있는 화원들, 시골의 휴일 산업, 인동덩굴로 덮인 시골집으로 은퇴하고자 하는 꿈, 낭만주의 및 전(前)-라파엘주의 운동에서 보이는 '자연'과 농촌적 가치에 대한 강조에서 잘 나타난다.

새로이 떠오르는 도시-산업 문화와 직접적으로 대립되는, 이러한 시골생활에 대한 찬양은 매우 감동스럽게도 풍부한 문학적 전통으로 표출되었고, 가장 훌륭한 영문학 작품들 사이에서 꽃을 피웠다.

이러한 전통의 초기 대표자의 한 사람이 워즈워스(1770-1850)이다. 그의 시는 자연세계와의 깊은 친화를 표현하고 있다. 자신의 생애 동안 워즈워스는 영국을 175,000마일 정도 걸었고, 또한 문학사가인 베이트(Jonathan Bate)가 평한 것처럼, 그는 독자들에게 "어떻게 자연과 함께 걷는지"를 가르쳤다. 여행을 하면서 워즈워스에게는 오직 산업혁명이 가져온 "위대한 변화의 어두운 면," 즉 도시와 공장들이 "자연에 대해 행한 난폭," 가령 보통 사람들은 더 이상 "신선한 공기를 숨쉴 수 없다"든가, "푸른 땅을 밟을 수 없다"는 것만이 보였다. 시인은 몰개인적이고 모든 가치 가운데 돈벌이를 가장 치켜세우는 도시생활의 규범에 철저하게 거부감을 나타냈다. 시골에서, 오직 그곳에서만, "인간성의 비밀스런 영(靈)"이 누울 수 있다. 그 영은 전쟁과 혁명, 경제변화에도 불구하고,

자연의 숨죽이듯 고요한 성향 가운데,
그녀의 식물들, 그녀의 잡초와 꽃들 가운데,
그리고 소리 없는 무성한 자람 가운데, 아직도 살아 있다.

워즈워스의 시와 철학의 밑바닥에는 농민과 양치기들의 자연과의 유기적 연합을 옹호하고, 산업화와 시장농업의 죽음의 결합을 끊어 버리고자 하는 삶의 방식이 자리하고 있었다. 비록 촌사람들이 무식하고 세련되지는 못했지만, 그들은 도시 주민들보다 더 가까이서 자연과 접촉하고 있었다. 그는 이렇게 말하였다. "사람들이 이것들을 상상하지 않는다는 것은 엄청난 실수다' —

푸른 계곡들, 그리고 개울들과 바위들
이것들은 양치기의 생각에 관심이 없는 것들.
들판들, 거기서 양치기는 즐거운 영들과 함께
같은 공기를 숨쉬고, 그렇게 자주 오른 언덕들
힘찬 발걸음으로; 마음에
그렇게 많은 어려움, 기술과 용기, 기쁨과 공포의
사건들을 찍어 넣은;
마치 책이, 양치기가 구하고 먹이고 재워준
어리석은 동물들에 대한 기억을 보관하듯 …
　　이 들판들, 이 언덕들
그것은 양치기의 살아 있는 존재,
자신의 혈육 그 이상— 무엇이 그 이하일 수 있을까?
그의 사랑에 강하게 묶여 있는, 그에게는
눈먼 사랑의 즐겁기만 한 느낌,
삶 자체에 있는 즐거움.

이 시는 워즈워스가 가장 가깝게 자신을 동일시한 지역인 호수지구의 양치기들에 관한 것이다. 그는, 지금은 잊혀졌지만 당시에는 베스트셀러였던,

호수지구 사람들과 경관에 대한 안내서를 쓰기까지 했다. 이 책은 명망 높은 그의 시보다 더 많은 돈을 그에게 안겨 주었다. 워즈워스는 말년에, 이 지역의 아름다움과 통합성을 해칠 것을 염려하여, 호수지구로의 철도 연장에 항의하는 운동을 시작하였다.

그가 좋아하는 이곳에 대해 집필한 워즈워스의 책은 여러 가지 판형에 여러 가지 제목으로 출판되었다. 1842년 판에는 19세기의 유행에 따라 장황한 제목이 붙여졌다. 그 제목은 다음과 같다. *호수들로의 완전한 안내서, 워즈워스의 지역의 경관에 대한 서술 등과 함께 주어지는 관광객을 위한 정밀한 서술. 그리고 세즈윅(Sedgwick) 목사 겸 교수가 쓰고 출판사가 편집한 호수지구의 지질에 관한 편지 3통*. 이름으로 보면 이는 오히려 소책자로, 시인의 원래 신조를 요약한 것 이상이 아니다. 베이트는 그의 책 *낭만적 생태론(Romantic Ecology)*에서 워즈워스를 그의 시대와 우리 시대의 맥락에 멋지게 위치시키고 있다. 그는 이 안내서의 가치를 다음과 같이 얘기하고 있다.

> 나라 전체의 이익을 위해 그곳을 보존하는 것; 손닿지 않은 (빼어난) 시골을 특히 강조하는 자연경관의 아름다움에 대한 관념화; 야외의 중요성에 대한 신념; 그리고 전통농업 방법이 지역의 정체성과 통합되어 있다는 인식. 워즈워스는 웨스트모어랜드와 쿰버랜드의 언덕에서 아직도 양치기들이 일을 하는 것을 기뻐했을 것이다. 그것은 미국의 모형과는 대조적으로, 잉글랜드와 웨일스의 국립공원들은 정부 소유의 울타리 땅으로 되어 있지 않기 때문이다. 그 안의 땅들은 개인 소유로 남아 있고 …보존은 소유보다는 계획에 의해 추구된다.

워즈워스의 연하 동시대인의 하나로 농사꾼 출신의 시인 클레어(John Clare, 1793–1864)가 있다. 클레어는 가장 유명한 그의 시 구절에서 부자 지주들에 의한 토지종획이 도시시장에 내기 위해 곡물을 키우는 마을의 공유지에 미치는 영향을 다루었다. 토지종획은 농촌의 가난한 사람들의 권리를 일거에 빼앗았고, 오랫동안 영국 풍경의 특징적 모습이었던 생명형태의 다양성을 파괴하였다. 클레어는 그의 *시 마을 풍경(The Village Ministrel)*에서 다음과 같이 얘기하고 있다.

> 그곳에는 한때 멈춰진 자연의 자유로 가는 꼬불꼬불한 길들이 있었다.
> 그곳에는 한때 모든 계곡을 엮는 오솔길들이 있었다.—
> 토지종획은 왔고, 모든 오솔길은 끊겼다;
> 모든 폭군들은 길이 있었던 곳마다 자신의 표지판을 세웠다.
> 그 땅을 지나는 사람은 이제는 무단 침입자라는 것을 알리려고:
> 정의는 그들이 명령하는 대로 얘기하도록 되었고;
> 신작로는 이제 제각각 끊겨지게 되었다:
> —토지종획, 너는 대지에 대한 저주,
> 그리고 밥맛없는 것은 그대의 존재를 계획하는 비열한 것들…
> … 울새의 눈에 그렇게 소중했던 너희 들판들, 너희 풍경들,
> 너희 초원의 피어오름, 너희 초장의 꽃들이여, 안녕!
> 너희 쫓겨난 나무들이여, 너희는 나를 깊이 한숨짓게 한다,
> 토지종획은 왔고, 너의 모든 영광은 떨어졌다.

다음 영국 낭만적 환경주의 전통은 예술가 겸 예술 비평가이며, 한때 옥스퍼드대학에서 시학 교수를 했던 러스킨(1819-1900)에게서 찾을 수 있다. 러스킨은 근대도시들을 "썩어가는 동물물질의 악취와 혼합된 유해한 연기와 냄새, 그리고 화농성 질환으로부터 나오는 전염성 독극물의 천국을 만드는 실험실 이상이 아니"라고 생각하였다. 공기는 더러웠고, 물도 역시 그랬다. 영국의 모든 강이 "공공 하수구로 바뀌어 아기들이 오물을 뒤집어쓰지 않고서는 세례를 받을 수 없게 되었다. 그렇게 하지 않으려면, 내리는 비도 더럽지만, 그래도 아기를 안고 얼굴에 비를 맞히는 수밖에 없었다." 그는 이와 같은 파괴는 근대인이 자연을 탈신성화시켜, 자연을 오직 착취해야 할 원자재의 공급원으로서 보고, 따라서 자연에서 신비와 경외 그리고 근대 이

전 사람들이 자연세계를 볼 때 사용한 *신성을 제거해 버렸다*는 사실에 기인하는 것으로 생각했다. 러스킨의 유려한 문장을 통해 이러한 대비를 살펴보자.

> 중세인은 그 안에 천사를 넣을 목적이 없이는 절대 구름을 그리지 않았다. 그리고 그리스인은 그 안에 있는 신을 만나기를 기대하지 않고는 절대 숲에 들어가지 않았다. 그러나 우리는 구름에서 천사가 나타나는 것이 완전히 부자연스럽다고 생각하고, 어느 곳에서든지 신을 만난다는 것을 매우 놀라움으로 받아들인다. 숲에 대한 우리의 주된 생각은 밀렵과 관련되어 있다. 우리는 구름이 그 많은 양의 물과 우박 이상의 것을 품고 있다는 것을 믿지 못하고, 우리의 연못과 도랑으로부터는 오리와 물냉이 이상의 어떤 신성한 것도 기대하지 않는다.

워즈워스와는 달리 러스킨은, 공기와 물의 오염, 이들 오염의 인간건강과 자연경관에 대한 영향 등, 영국 산업화의 물리적인 결과들에 주로 초점을 맞추었다. 그러나 그의 작업에 대한 시인의 영향은 1876년에 그가 호수지구로의 철도의 연장을 막기 위해 새로운 캠페인을 시작했을 때(*상자* 참조) 더 이상 확인이 필요 없을 정도로 분명히 드러난다. 러스킨은 기차와 기차가 몰고 올 관광객의 무리가 그 지구를 파괴할 것으로 믿었다. 워즈워스와 마찬가지로, 러스킨의 땅에 대한 사랑은 그가 살고 있는 시골생활에 대한 사랑과 떼어놓고 생각할 수 없다. 철도에 반대함으로써, 그가 지키고자 한 것은 자연과 함께, 기계적 노후와 상업적 불명예의 시대 이전의 영국의 몸과 정신을 대표하는, 힘과 덕성이 아직도 살아 움직이는, 마을 사람들의 도덕적 자질이었다.

그의 저술의 주장과는 다르게 러스킨은 또한 급속하게 잃어가고 있는 세계의 향기를 회복시킬 제도를 만드는 일을 하였다. 그는 성 조지(St. George)의 이름을 딴 길드를 만들어 자족성과 단순성을 강조하고 자신들에게 필요한 식량을 생산하는 농장과 천을 짜는 장인공장을 경영하였다. 수공예품의 부활은 그의 제자인, 그래서 그 시대에 가장 뒤떨어진 사람이 된 모

러스킨, 철도에 반대하고 호수를 옹호하다

유려한 산문 형식으로 쓰여진 존 러스킨의 환경주의자의 열정에서

광폭한 탐욕이 매일 우리의 뱃사람들을 익사시키고, 우리의 광부들을 질식시키고, 우리의 자녀들에게 독을 먹이고, 경작 가능한 영국의 땅들을 폭파하여 나무 하나 없는 잿더미 쓰레기로 만드는 이때, 양의 무리가 헤블린 언덕에서 쫓겨나거나, 틸미어의 조그만 연못이 셰일 암석으로 가득 채워지거나, 성 요한 골짜기의 몇몇 야생의 꽃들을 영국 봄을 장식하는 화관에 빼앗기는 것이 진정 무슨 문제이겠는가? 누구에게도 별 것 아니다. 그리고 —다른 얘기 이전에 이 말을 해야겠다— *나에게도 아무것도 아니다.* 아무도 이 시대에 뒤떨어진 언덕들을 보호하기 위해서, 어떤 말이나 행동으로도 나를 이기심을 가지고 비난할 필요는 없다. 내가 이제까지 보여준 바와 같이 나는 이러한 조그마한 일을 가지고는 움직이지 않는다. 왜냐하면 나는 코니스톤(던메일 레이즈에 의해 움직이는 쇠바퀴 소리가 미치지 않는 곳)에 살기 때문이다. 나는 그의 작은 라이달 못가에 피는 수선화보다 워즈워스를 잘 기억하게 하는 다른 곳을 찾을 수 없기 때문이다. 그가 가르쳐 준 것과 같이, 내 앞에 무슨 생각과 일이 있는가는 모든 협소한 인연들과 별개의 것이어야 한다. 내 자신이 아끼는 모든 산의 땅들과 보석 같은 도시들, 카모니, 인터라첸, 루세르네, 제네바, 베니스는 오래전에 유럽의 대중에 의해 파괴되었다. 지금 나에게 그들이 무슨 일을 더 하느냐는 관심거리가 아니다. 그들은 아마도 카트리네호의 물을 빼고, 로몬드호의 물을 마시며, 모든 웨일스와 컴버랜드를 석판판자 지붕 덩어리로 뒤덮어 버릴 수도 있을 것이다. 그래도 세계는 내가 머물기로 정해진 날들 동안 나에게 피난처를 제공할 만큼 충분히 넓다. 그러나 나의 의무는 달콤한 영국의 경관이 아직도 귀중한, 나의 어린 시절에 나에게 가르치던 것들을 아직도 가르치고 있을지도 모를, 내가 배우려 하지 않는다면 아직도 가르치려고 할, 그러한 사람들의 대의에 있다. —나의 의무는 이들 신성하고 신비로운 책들이 멸망으로부터 다시 부활될지도 모른다는

것을 내 딴에는 열심을 다해 설득하는 데 있다.

… 나는 이 철도 저항에 대한 나의 관심이 이기적인 것이 아니라는 얘기를 해 왔다. 지금도 나의 관심에는 사심이 없다. 내가 열정적으로 바라는 바는 바로 대중들의 마음을 바르게 하는 것이다. 나는 내 자신의 마음과 힘과 재산을 전적으로, 그들이 취한 채 헬벨린을 보기를 원치 않는, 그러한 목적에 쓰고 있다. 내 생각으로는 현재 살아 있는 사람들 가운데 진실되게, 자연의 아름다움이 인간을 위한 가장 큰 축복이며 가장 필요한 교훈이라고 느끼고, 자신의 국민들에게 들판과 새들과 꽃을 사랑하도록 가르치기 전까지는 모든 다른 교육적 노력이 헛되다고 느끼는 사람은 거의 없다. —그렇게 열심히 선언하는 사람은 아무도 없다.— 나의 자애로운 친구들이여 와서 나와 함께 이런 가르침을 가르칩시다.

출처: "The Extension of Railways in the Lake District" (1876), in *The Works of John Ruskin,* Volume XXXIV, edited by E. T. Cook and Alexander Wedderburn (London: George Allen, 1908), pp.137-8, 142.

리스(William Morris, 1834-96)에 의해 더욱 열정적으로 추진되었다. 그는 —작가 마쉬(Jan Marsh)가 지적한 대로— "가능한 한 19세기보다는 14세기에 살기를 원한" 사람이었다.

시인으로, 예언자로, 디자이너로, 건축가로, 그리고 사회주의자로 모리스는 여러 영역의 생을 살았다. 그래서 그는 수많은 예술 및 정치 운동의 조상으로 받들어지고 있다. 환경운동도 다른 어떤 분야 못지않게 같은 주장을 하고 있다. 본토백이 런던 사람인 모리스는 런던의 성장을, 즉 그것이 "자비도 희망도 없이 들과 나무와 건강을 역겹기 그지없이 집어삼키고, 연기로 가득한 하늘과 더럽혀진 강에 있는 조그만 악마들에 대항하려는 연약한 시도조차 조롱하는 것"을 개탄했다. 모리스는 영국을 "더러운 작업장 뒷마당에서 정원으로" 돌리기를, 거기에서 공장들이 사라지고 도시와 시골이 조화와 상호부조의 관계를 다시 찾기를 희망했다. 그의 긴 서사시인 '지상의 낙원' (The Earthly Paradise)은 독자들에게 이렇게 부탁하며 시작한다.—

일자 연기로 뒤덮인 여섯 지방을,
잊자 내뿜는 증기와 피스톤의 때림을,
잊자 섬뜩한 도시의 확산을;
생각하자 낮은 언덕에 짐 실은 말을,
그리고 꿈꾸자 조그만, 하얀, 그리고 깨끗한 런던을,
투명한 테임즈강, 그 옆에 초록의 정원들이 늘어선 …

끝으로, 모리스의 협력자로 그와 함께 영국의 '땅으로 돌아가라' 운동을 국제적 운동으로 바꾼, 카펜터(Edward Carpenter, 1844-1929)로 옮겨가자. 수학자로 훈련을 받고 사제로 서품된 카펜터는 땅으로 돌아가기 위해 성직과 명예로운 캠브리지대학 이사직을 사임했다. 몇 명의 친구들과 함께 그는 공장 도시인 쉐필드언덕 꼭대기에 코뮌을 세워 산업화된 문명에 대한 대안으로서 육체노동을 하며 맑은 공기를 즐기는 삶을 추구하였다. 이는 모리스뿐 아니라, 단순한 삶의 메시지를 열광적으로 포용한 미국인 휘트만(Walt Whitman)과 소로우의 영향을 받은 것이었다. 이 코뮌에서는 스스로 자신들이 먹을 식량과 채소를 재배하고 빵을 구웠다. 그 성원들은, 노동자 계급 배경을 가진 사람들을 포함하고 있었는데, 가진 옷의 대부분을 불필요한 것으로 여기고 버렸다. 그들의 농장은, "세 개의 들판이 아래쪽 개울을 향해 뻗어 있고, 그 아래에 숲으로 이루어진 계곡이 있고, 그 위에 황무지가 펼쳐지는, 순수한 전원마을(Arcadia)"로 서술되었다. 도시 쉐필드와는 날카로운 대조를 보였다. 1889년 5월 쉐필드를 내려다보는, 카펜터의 눈에 비친 것은 —

엄청나게 빽빽한 구름이 있을 뿐, 구름이 너무 두꺼워 거기서 어떻게 인간이 생명을 지탱할 수 있을까 의문스럽다. 구름은 거대한 제단에서 피어오르는 연기 같이 하늘로 올라간다. 제단, 확실히 나에게는 그렇게 보이는데, 거기에서 수천 명의 생명이 희생된다. 내 뒤의 언덕

위에서는 햇볕이 반짝이고, 종달새들이 지저귄다. 그러나 저 아래에서는, 어린이들을 빼고도, 수만 명의 다 자란 사람들이 한줌의 태양과 공기를 위해 싸우고, 힘들게 일하고, 억척같이 일하고, 질식의 삶을 살고, (위생 보고서들이 너무도 생생하게 보여주듯) 더러운 공기와 햇빛 부족으로 발생하는 질병으로 죽어가고 있다. — 이 모든 것이 무엇을 위해서인가? 몇 명의 사람들을 부자로 만들기 위함이 아닌가!

워즈워스와 러스킨, 모리스, 카펜터의 글은 19세기 말, 일단의 환경단체 설립의 촉진제가 되었다. 여기에는 1865년에 여러 마을공동체들이 휴양지로 사용하던 산림과 관목 지역에 도시 침입을 막기 위해 활동을 시작한 〈하원 보전위원회〉(Commons Preservation Society), 모리스 자신이 1877년에 세운 〈옛 건물 보호협회〉(Society for the Protection of Ancient Buildings), 꿋꿋이 워즈워스-러스킨의 혈통을 이어받아 1883년에 설립된 〈호수지구 방어협회〉(Lake District Defence Society), 1885년에 희귀 새들과 아름다운 꽃들과 위협당하고 있는 경관을 보호하기 위해 18세기 자연주의자의 이름을 따 만든 〈셀본연합〉(Selborne League), 그리고 카펜터의 저술 영향으로, 정부로 하여금 잘못된 공장에 대한 오염규제법을 강요하기 위해, 1898년 독립된 압력단체로 시작된 〈석탄연기 줄이기 협회〉(Coal Smoke Abatement Society) 등이 포함된다. 이들 모두에 앞서 에딘버러시 주위의 산책지역을 보호하기 위해 1843년에 〈스코트랜드 산책권협회〉(Scottish Rights of Way Society)가 설립되었다.

이러한 것들 가운데 가장 영향력을 가졌던 협회의 하나가 1895년에 창립된 〈국민신탁기금〉(National Trust)이다. 이 신탁기금 설립을 뒤에서 추동한 사람은, 아마도 최초의 중요한 여성 환경주의자라고 할 수 있는, 힐(Octavia Hill, 1838-1912)이었다. 러스킨의 친구인 힐은, 그 시대 동료들처럼, 환경보호를 사회개혁과 짝지었고, 도시 빈민을 위해 깨끗하고 쾌적한 주거를 만드는 일을 한 개척자였다. 그녀는 많은 환경 캠페인에 적극적으로 참여하였다. 그녀는 런던에서 최초로 반 매연 전시회를 조직하였고, 〈하원 보전위원회〉의 위원으로서 많은 도시지역을 침식과 열악화로부터 보호하는 데 도움을 주었다. *전국 전기사전(Dictionary of National Biography)*에서 보듯이, "팔리아멘트 힐(의사당 언덕)과 다른 많은 크고 작은 야외 공간을 일반인들이 사용하고 즐길 수 있도록 확보할 수 있었던 것은 주로 그녀의 노력 덕분이었다." 힐은 또한 〈국민신탁기금〉의 목적을 정의하는 데도 기여했다. 첫 연간 보고서에 제시된 이 기금의 개괄적인 목적은 다음과 같다.

> 국민의 이익을 위해 아름답고 역사적 관심의 대상이 되는 토지와 주거(건물을 포함하여)의 영원한 보전을 추진하기 위해; 그리고 토지에 관해, (가능한 한) 자연적 측면들, 모습들, 동물과 식물의 삶을 보전하기 위해; 이런 목적을 위해 개인 자산가들로부터 기부금과 흥미롭고 아름다운 장소를 기증받고, 국가적 이용과 향유를 위해 신탁된, 이렇게 얻은 토지와, 집과 다른 자산을 유지하기 위해.

이러한 목표는 오늘날 〈국민신탁기금〉의 목적으로 주로 알려진 오래된 건물과 위엄 있는 집들을 보호하는 것보다 훨씬 더 넓게 규정된 것이었다. 동시에, 이는 시계를 거꾸로 돌려, 예쁜 목초지들과, 호화스런 떡갈나무 숲과, 쏜살같이 흐르는 깨끗한 강들 사이에 둥지를 튼, 아늑한 마을들과 관리하기 쉬운 조그만 도회들로 이루어진 영국의 시골을 다시 살리고자 한 러스킨이나 카펜터의 것보다는 협소한 것이었다. 확실히, 역사를 통해 볼 때, 환상적 목표들은 보다 겸허한, 또는 *산발적이라고* 얘기할 수도 있는 개혁의 원천으로 봉사해 왔다. 숲과 습지를 빼어 돌리고 역사적 건물이나 공원을 보전함으로써, 19세기에 시작된 환경단체들은 적어도 영국의 상당한 부분을 도시-산업 문명의 오염으로부터 구하는 데 성공하였다. 이것들이, 사용된 방법이 매우 제한적이긴 했지만, 러스킨과 그 동료들의 생각과 열망을 실행에 옮긴, 땅으로 돌아가라 운동의 손에 잡히는 대표적인 열매에 속한다. 이들 영국 환상가들의 국제적 영향은 이 장의 뒷부분에서 살필 것이다. 여기서는 이제 궤도를 조금 벗어나 우회해 보자.

우회: 과거 나치가 녹색이었는가, 그리고 오늘날 녹색이 나치인가?

19세기 후반에 이르러 독일은 기술과 산업 발달에 있어 선두주자인 영국을 앞질렀다. 여기서도 역시, 시인과 작가들은 그들의 땅과 숲을, 도시의 탐욕과 거기에 있는 공장들의 배설물로 오염되지 않은, 전원과 처녀지로 지키기 위한 운동의 선봉에 섰다. 1901년에 출판된 릴케(Rainer Maria Rilke)의 시에서 따온 아래 구절을 보자.

> 모든 것은 다시 위대하고 강력하게 되었다,
> 땅은 단순하고 그리고 물은 솟아나고,
> 나무는 거대하고 그리고 담은 매우 작고,
> 그리고 강인하고 각양각색인 골짜기에,
> 양치기들과 농사짓는 농부들의 나라.

그에게 독일은 실제와는 다르게, 빠르게 변해 가고 있는 공장 노동자들과 기업가들의 나라가 아니라, 농부들과 양치기들의 나라였다. 릴케적인 전망에서 농부들은 국가의 등뼈로서 축복받은 자였다. 아직 시인들, 음악가들, 예술가들의 영감의 근원인 독일 문화의 저수지로서 보다 중요한 것은 숲이었다. 스스로 '들과 숲의' 사회학자라고 명명한 라일(William Heinrich Reill)은 1861년에 "산림은 [독일] 민속문화의 심장이며… 따라서 숲이 없는 마을은 역사적 건물, 극장, 미술관이 없는 도시와 같다. 숲은 젊은이들의 놀이터이고 노인들의 연회장이다."라고 썼다. 그러나 농부들을 시장에 휘둘리는 농민으로 만듦으로써, 그리고 숲을 파괴하여 목재조림지로 바꾸면서, 산업화는 '독일적인 것'의 기조 자체를 훼손시켰다. 낭만주의 전통을 배경으로 한 독일 환경주의는 애국주의와 결합하여, 농부들과 숲, 국가를 하나의 유기적 전체로 묶었다. 한 19세기 신학자는 "독일 국민은 사람이 포도주를 필요로 하는 것과 같이 숲을 필요로 한다"고 썼다. 덧붙여, 그는 "우리는 단순히 겨울에 솥이 차가워지지 않도록 하기 위해서 뿐 아니라, 국민 삶의 맥박이 따듯하고 행복하게 뛸 수 있도록 하기 위해, 즉 독일이 독일적으로 남아 있도록 [하기 위해]"라고 했다.

물론 영국에서와 같이 독일에서도, 전원 낭만주의자는 매우 소수였다. 두 나라의 지배적인 산업문화는 현대기술의 무서운 파괴력을 드러낸 제1차 세계대전에서 마주쳤다. 몇몇 관찰자들에게 전쟁의 대가는 —천만 명 정도의 죽음은— 전적으로, 고삐 풀린 영토에 대한 굶주림과 허욕의 추구를 가져온, 산업화와 자본주의적 발전의 결과였다. 제1차 대전이 끝나자마자 유럽 전역에서는 농업적 이상이 다시 살아났다. 이것은 1928년에 세워진 〈영국농촌 보호위원회〉(Council for the Protection of Rural England), 동유럽에서 도시 거주자들의 착취로부터 농부를 보호하고자 하는 농민정당들의 성장, 스칸디나비아에서 노벨상 상금을 오래된 농장을 재생시키는 데 사용한, 소설가 함순(Knut Hamsun)의 작품을 통한 전원주의 이념의 확산 등 다양한 형태로 발현하였다.

독일에서 1920년대 농부 환경주의의 재등장은 국가사회주의(나치: Nazi)의 발흥과 길을 같이한다. 의심의 여지없이, 환경주의자들의 관점과 나치의 관점 사이에는 일치하는 바가 많았다. 몇몇 나치 사상가들은 농부와 숲과 민족정신의 신비한 통합을 강조하기도 하였다. 다른 사람들은 도시 성장의 반대를 중심으로 뭉치기도 하였다. 당의 기관지는 1932년에 "메트로폴리스의 영향은 지나치게 강해졌다. 도시의 아스팔트 문화는 농부적 사고, 전원생활양식, 그리고 [국가의] 힘을 파괴하고 있다"고 걱정을 토로하였다. 나치의 지도급 인사들은 두드러지게 환경주의적 대의를 내세웠다. 농업성 장관이었던 다레(Walter Darré)는 유기농업에 열성적인 사람이었다. 히틀러(Adolf Hitler) 바로 다음의 제2인자였던 괴링(Herman Göring)은 강력하게 자연보호를 지지하여, 자기 자신을 독일 산림위원장은 물론 독일 사냥위원장에 임명하기도 하였다.

나치주의와 녹색 이념의 피상적 친화성 때문에 몇몇 비평가들은 환경주의는 권위주의적 사고를 유도한다고 주장하기도 하였다. 1970년대에 〈독일 녹색당〉(German Green Party)이 탄생했을 때 (제5장에서 보다 자세히 다룸), 반대자들의 일부는 국가사회주의들이 첫 녹색당원이었다고 암울한 제창을 하였다. 그러나 역사가인 도미니크(Raymond Dominick)는, 이 주제에 대한 조심스런 연구 끝에 "비록 국가사회주의와 몇 가지 본질적인 합의의 영역을 도출할 수는 있지만, 보존주의자가 나치 진영으로 넘어갈 수 있기 위해서는 뻔뻔스러운 인종주의를 받아들여야 했다"고 지적하고 있다. 많은 환경주의자들이 '피와 흙' 이라는 나치 표어 가운데 오직 후자와만 자신을 동일시하였다. 더욱이, 실제로 나치는 —부분적으로는 전쟁준비를 위해— 그들이 때때로 지킬 것을 주장해 온 농부이념과는 전적으로 맞지 않는 산업경제를 이룩하였다. 언론인 하프너(Sebastian Haffner)는, 히틀러 정권에 의해 강제로 망명을 하게 되었는데, 1944년에 다음과 같은 글을 썼다. "독일에서 나치가 정권을 잡자마자 그들은 열병에 걸린 사람들처럼 건설을 시작했다. 제일 먼저 자동차도로, 비행장, 군수공장, 요새건설 작업이 시작되었다. 거기에 환경주의자들의 의제는 거의 없었다." 그들 가운데 대표적 건축가 한 사람이, 한 다발의 명령서를 손에 들고 외친 바와 같이, 나치는 "콘크리트와 대리석으로 우리 시대의 위대함의 영원한 증거를 남기기"를 바랐다. 그들은 또한 열심히 소비주의를 촉진시켰다. 히틀러는 한때 모든 독일 시민에게 폭스바겐 차를 약속하고, 사람들이 그것을 타고 달릴 것을 예상하고 고속도로를 건설했다. 스페인 학자 마르티네즈-알리에르(Juan Martinez-Alier)는, 나치의 실체를 '피와 흙'이 아니라 '피와 고속도로'에 빗대었다.

나치 중 일부는 틀림없이 〈녹색〉(Green)이었다, 그러나 대부분은 그렇지 않았다. 어떤 경우에도, 〈녹색〉이 된다는 것은 —그때나 지금이나— 나치와는 연관이 없다.

단순한 삶에 대한 간디의 관념

1889년 카펜터는 *문명: 그 원인과 치료(Civilization: Its Cause and Cure)*라는 책을 출간하였다. 이 책은 '자연으로 돌아가라 운동의 교재'의 하나로 명명되었다. 초기에 이 책을 칭송한 독자의 하나가 런던에 도착한 지 얼마 되지 않은 20세의 인도 청년이었다. 이 인도인은 카펜터를 알지 못했다. 그러나 얼마 지나지 않아, 그는 평화주의자이며 동물권리 운동가로 자연으로의 회귀를 설파하고 시골생활의 단순성을 칭송한, 카펜터의 제자인, 솔트(Henry Salt)와 가깝게 되었다. 이 인도 청년이 뒤에 빽빽하게 인쇄된 90권의 책으로 이루어진 일생의 업적의 시작인 그의 첫 번째 글을 출간한 잡지가 솔트가 발간하는 *채식주의자협회지(Journal of the Vegetarian Society)*였다.

이 인도인이 모한다스 카람찬드 간디(Mohandas Karamchand Gandhi)였다. 그는 신문 *인터내쇼날 헤랄드 트리뷴(International Herald Tribune)*을 비롯해 수없이 많은 조직과 개인들이 가장 위대한 20세기인으로 인정한,

완벽한 솜씨로 놀랄 만한 업적을 남긴, 정치 및 정신적 지도자였다. 간디는 20년 이상 살았던 남아공에서는 인종주의에 대항해 싸운 용맹스런 투사로서, 아시아와 아프리카에서는 영국지배에 대한 저항을 통해 수없이 많은 반식민운동을 고취시키는 데 기여한 자유투사로서, 미국의 시민권운동에서 폴란드의 솔리다리티(Solidarity)에 이르기까지 다양한 맥락에서 사용되어 온 비폭력 저항기법의 완성자로서 유명하다. 이 모든 것에 더하여, 그는 또한 산업경제와 소비자사회의 자연에 대한 해로운 영향을 예견한 초기 환경주의자이기도 하였다.

자서전에서 간디는 그가 청년시절에 읽은 책들을 회상하면서, "내 삶에 즉각적이고 실용적인 전환을 가져온 것은 [러스킨의] *이 마지막까지*(*Unto this Last*)"라고 하였다. 간디는 1909년에 출간된 그의 첫 번째 책 *인도의 자치(Hind Swaraj)*에서 러스킨과 카펜터 두 사람 모두에게 빚을 지고 있음을 얘기하고 있다. 간디가 서양에서 —개인적으로 그리고 러스킨과 그 동료들의 글을 통해— 관찰한 산업사회는 이기적이고 경쟁적이고, 전적으로 자연파괴적인 것이었다. 그는 "근대문명의 가장 뚜렷한 특징은", 욕구충족을 위해서는 끊임없이 원자재와 상품을 찾아 나서지 않으면 안 되게 만드는, "욕구들의 무한한 증폭"이라고 생각했다. 이와는 대조적으로 간디는 전 산업사회 문명의 특징은 "욕구들의 불가피한 제한과 엄격한 규제"라고 믿었다. 매우 예외적이지만 난폭한 말씨로, 그는 "거리와 시간을 파괴하고, 동물적 식욕을 증진시키고, 이를 만족시키기 위해 지구의 끝까지 좇아가는, 온 몸이 떨릴 정도로 역겨운 미친 욕구"에 대해 언급하고, "만약 이 모든 것을 지지하는 것이 근대문명이라면, 내가 이해하기로는 그렇다고 보는데, 나는 근대문명을 악마라고 부를 것이다"라고 말하고 있다.

간디는 대안으로서 욕구를 최소화하고 재생된 자원을 사용하는 자발적 단순성의 규약을 제시했다. —그는 스스로 이미 사용된 종이 뒷면에 편지를 썼다. 가장 잘 알려진 간디의 격언의 하나는 절묘하게 한 줄로 표현된 환경윤리강령인, "이 세계는 모든 사람의 필요를 충족시키기에 충분하지만, 한 사람의 탐욕을 채우기에는 충분치 않다"는 것이다. 이것은 그가 스스로 실천한 윤리였다. 1948년 그가 죽었을 때, 추종자가 수천만 명이 넘고, 역사상 가장 강력한 제국을 무너뜨리는 데 기여한 이 사람의 소유는 조그마한 상자 하나에 담을 수 있는 정도였다. 두세 벌의 갈아입을 옷과, 시계 하나, 안경 하나, 그리고 몇 개의 나무랭이가 전부였다.

간디의 자유 인도에 대한 웅대한 비전은 농촌적인 것이었다. 그는 전 세계적인 산업화와 도시화의 추세에 반하여 농촌마을의 재생을 위해 힘썼다. 그 이유는 도덕적인 것뿐 아니라, —한 나라의 산업화에서 명확히 보듯이 전 세계의 산업화를 위해서는 자연의 한계가 명백하다는 점에서, 말하자면— 생태적인 데 있었다. 그는 1928년 12월에 이렇게 썼다. "하나님은 인도가 서방의 방법을 좇아 산업화하는 것을 절대 금하셨다. 한 조그만 섬나라[영국]의 경제적 제국주의가 오늘날 세계를 쇠사슬로 묶어 놓고 있다. 만약 3억[당시의 인도 인구]의 나라 전체가 비슷한 경제적 착취를 감행한다면 이는 메뚜기 떼가 땅을 황폐하게 하듯 이 세계를 벌거벗게 할 것이다."

러스킨이나 모리스와 마찬가지로, 간디에게 도시와 공장의 성장은 농촌지역에 대한 일방적인 착취에 의해서만 가능한 것이었다. 그는 1946년 7월에 "마을의 피는 도시의 외양을 건설하는 시멘트다"라고 썼다. 그는 스스로 "도시의 동맥을 팽창시키는 피가 다시 한 번 농촌의 혈관에 흐르는 것을" 보기 원하였다.

간디는 또한 농업의 산업화, 즉 쟁기를 트랙터로 대치시키고, 단기간에는 틀림없이 생산성을 증가시키지만 결국 실업을 만들고 땅의 영양소를 고갈시키는 방법인 화학비료의 확산에 반대했다. 그는 "토지의 비옥함을 이른 수확, 많은 수확과 교환하는 것은 재앙을 잉태한 근시안적인 정책"이라고 경고했다. 그는 대신 땅을 비옥하게 하는 퇴비사용의 촉진, 효율적인 쓰레기 처리를 통한 마을 위생의 증진, 값나가는 외환의 절약을 실천하였다. 그러나 농촌경제의 재활성화는 또한 장인산업의 부활에 달린 것이었다(상자의 마을 재생에 관한 그의 전망 참조). 한때 꽃을 피웠던 인도의 직조와 수공예 전통은 영국의 지배하에서 대부분 파괴되었고, 간디는 이들을 살려내기 위해 두 개의 조직을 만들었다. 〈인도 마을산업연합회〉(All India Village Industries Association)와 〈인도 직조인연합회〉(All India Spinners' Association)가 그것이다.

이들 조직들은 간디의 가장 가까운 추종자의 한 사람인, 마을을 재건하는 일을 위임받은 경제학자인, 쿠마라파(J. C. Kumarappa)가 운영하였다. 쿠마라파는 1920년대에 인도 민족주의 운동에 가담하기 전에 런던에서 회계학을, 뉴욕의 컬럼비아대학에서 경제학을 공부했다. 간디와 일하면서 쿠마라파는 농부농업과 자연세계의 관계를 탐구했다. 인도 농부들에게 토양의 배양은 외부로부터 영양소들이 유입되어야만 가능한 것이었다. 작은 호수나 강으로부터 들어오는 물과 소똥과 숲으로부터 공급되는 퇴비가 그것이다. 이는 관개탱크나 목초지와 같은 공동자산의 조심스런 관리가 농업생산에 있어 개인소유의 농토의 관리 못지않게 중요함을 뜻한다. 한때 이런 목적을 위해 마을수준의 제도들이 매우 활성화되어 있었다. 그러나 이들은 영국 지배하에서 쇠잔하였다. 물과 초원은 인도 농부농사에 핵심적인 자연의 선물이었다. 그리고 쿠마라파의 관점에 따르면, 이들의 관리를 위한 집합적 제도들의 부활은 자유 인도 경제정책에 중요한 목표의 하나가 되지 않을 수 없었다.

그의 선생과 마찬가지로 쿠마라파는 '영원의 경제'는 오직 농업 위에서만 세워질 수 있다고 믿었다. 그는 "강탈 없이 산업화는 있을 수 없다. 반면 농업은 인간이, 자연과 환경으로 하여금 최고의 결과를 생산하도록 노력하

이상적 마을

간디의 산문적이고 진솔한 이상적 인도 마을에 대한 묘사,

1937년 1월에 제공

마을에는 충분히 볕을 받고 통풍이 잘되는, 반경 5마일 내에서 얻을 수 있는 자재로 지어진 오두막들이 있을 것이다. 오두막에는 가구원들이 집에서 사용할 채소를 심고 가축의 거처를 마련할 수 있는 마당이 있을 것이다. 마을의 좁고 넓은 길들은 해로운 먼지로 고생하지 않아도 될 것이다. 마을에는 필요한 만큼 우물이 있고 그것은 누구나 사용할 수 있을 것이다. 거기에는 모든 이들을 위한 예배 처소들과, 공회당과 소에게 풀을 먹이는 마을 공용지와 협동 낙농실, 산업[여기서는 직업]교육을 중점으로 하는 초등 및 중등 학교가 있을 것이다. 마을은 자신들이 소비할 곡물과 채소와 과일과 카디[손으로 짠 목화]를 생산할 것이다. 이것이 대략 내가 생각하는 마을의 전형이다.

출처: *Collected Works of Mahatma Gandhi,* Volume LXIV (New Delhi: Publications Division, 1976), p. 217.

는 것으로서, 모든 직업들 가운데 가장 위대한 것이고 그래야만 한다"고 보았다. 이러한 대조는 자연세계에 대한 상대적인 영향을 기준으로 이루어진 것이다. 이와 같이 —

농업문명의 경우, 자연에 의해 성별된 체계는 그렇게 크게 방해받지 않는다. 만약 거기에 변종이 나타난다면 그것은 자연변이의 과정을

따른다. 농업은 오직 자연을 돕거나, 오랜 기간에 걸쳐 자연에서 진행되어 온 그 무엇을… 단기간에 집중적으로 표출할 뿐이다. [산업사회의] 경제체계하에서는… 수요에 관계없이 많은 양의 물품을 생산하고, 영리한 광고를 수단으로 물품에 대한 수요를 창출하기 위해 자연이 매우 난폭하게 변형되는 것을 발견할 수 있다.

러스킨과 간디의 철학을 비교하면서, 저명한 인도 경제학자인 단트왈라(M. L. Dantwala)는 이 두 사상가에게 "산업화는 모두 자신들이 살고 있던 평화롭고 자기 충족적인, 즉 일꾼들이 자신의 원자재를 직접 사서, 실을 만들고 천을 짜고, 완성된 제품을 농촌마을에 파는, 농촌사회의 소박한 풍경을 파괴하는 범죄자였다"고 논평하였다. 단순한 삶에 대한 간디적 소견은 확실히 여러 측면에서 영국의 모형을 따른 것이었다. 육체노동에 대한 강조, 인간사회의 최상의 형태로서 마을의 평가, 따라서 폭력적이고 경쟁적이고 자연 파괴적이고 결국에는 지속 불가능한, 산업문화에 대한 거부가 그것이다. 다시 단트왈라를 인용하면, 간디와 러스킨의 업적은 "사춘기 산업화의 엄청난 과잉에 대한 반응"으로 가장 잘 이해된다. 그럼에도 불구하고, 인도적 전통은 적어도 두 가지 면에서 영국의 것과 구분된다. 첫째, 간디의 비전은 워즈워스와 그의 동료들의 서정적 낭만주의에서 탈피한 매우 현실적인 것이었다. 간디는 예술이나 시, 음악에 관심을 기울일 시간이 없었다. 그의 관심은 오직, 도시에 의해 그리고 영국의 식민통치에 의해 정복된 마을 사람들의 생계와 존엄성의 회복을 위한 경제적 · 정치적인 문제에 초점이 맞추어져 있었다. 둘째, 19세기 영국에서는 산업혁명으로 농부들과 장인들이 대체로 소멸되었다. 이런 의미에서 땅으로 돌아가라는 당시의 지배적인 에토스와 보조를 같이하지 못하는, 이와는 거리가 먼 반항적인 성격의 행동이었다. 압력집단들과 환경단체들을 통해 산업화의 진전을 약화시킬 수 있었을지는 몰라도, 그것을 멈추는 것은 감히 희망조차 할 수 없었다. 반대로 간디와 쿠마라파가 일하고 글을 쓰던 시절의 인도는, 전통적인 방식의 경작과 목축과 장인공업이 아직도 공장제품과의 경쟁에서 충분히 버텨낼 수 있는 가능성을 가진, 700,000개의 마을로 이루어진 땅이었다. 러스킨의 농업의 이상은 하나의 이상에 그친 것이었지만, 간디의 것은 자유 인도에서 사회재건의 기초를 형성해 온 그 무엇으로 생각할 수 있다.

3

과학적 보존의 이념

보존 국제주의

1864년 5월, 매우 유명한 뉴욕의 출판사인 찰스 스크라브너(Charles Scribners)사는 *인간과 자연: 또는 인간행동에 의해 변형된 자연지리(Man and Nature: Or, Physical Geography as Modified by Human Action)*라는 책을 출간하였다. 이 책은 수년간에 걸친 조심스런 연구와 성찰에 기초해 집필한 것이다. 저자는 마쉬(George Perkins Marsh)라고 불리는 버몬트의 학자며 외교관으로, 그는 이 책이 사람들에게 별 영향을 주지 못할 것으로 예상했다. 이 책의 판매전망을 매우 의심스럽게 여긴 마쉬는 저작권을 〈미국 위생위원회〉(United States Sanitary Commission)에 기증하였다. 그러나 사려 깊은 친구들이 저작권을 다시 사 저자에게 돌려주었는데, 그것은 매우 현명한 판단이었다. 마쉬의 예상과는 반대로 *인간과 자연*은 미국 환경주의의 첫 번째 파도의 불꽃을 지핀 책으로서 정전(正典)의 지위를 누리게 되었다. 역사가며 비평가인 멈포드(Lewis Mumford)는 마쉬의 저작은 "생태학이라는 용어가 고안되기 전의 포괄적인 생태학적 연구"로 "보존운동의 수원"이라고 평한 바 있다.

마쉬의 책이 처음 선을 보인 같은 해에, 영국령 인도 정부에 고용된 한 독일 식물학자는 새롭게 창설된 전국을 관할하는 〈산림청〉(Forest Service)의 청장으로 초빙을 받았다. 이 사람은 브란디스(Dietrich Brandis)로서 마쉬와 알고 지내며 서신을 주고받는 사이였다. 그와 이 미국인은 산림벌채의 속도에 대한 우려를 함께 하고, 과학적 전문성의 힘으로 산림을 되돌릴 수 있다는 신념을 공유하고 있었다. 브란디스가 20년 가까이 이끌어온 〈인도 산림성〉(Indian Forest Department)은 세계 보존역사상 가장 영향력 있는 기구 가운데 하나였다. 1864년에 창립된 이 기구는 18세기 말에 이미 인도 영토의 1/5 이상을 통제하기에 이르렀다. 이 기구는 당시 이미 매우 넓은 나라의 가장 큰 지주였고, 그 지위는 오늘날까지 유지되고 있다.

비록 약 10,000마일[16,000km]이나 떨어진 곳에서 일어난 일이지만, 미국에서의 *인간과 자연*의 출판과 〈인도 산림성〉의 창립은 동일한 역사적 과정의 일부로서 보지 않으면 안 된다. 18세기 말부터 서양 과학자들은 산림벌채와 물 고갈, 가뭄의 연계를 탐구하기 시작하였다. 농업식민화와 산업발전으로 인한 빠른 숲의 제거는 토양유실을 가속화하고, 어떤 과학자는 반대 논쟁을 제기하기도 하지만, 강수량을 감소시키기까지 하였다. 대륙에서는 물론 북미에서도 인구증가와 교역과 산업의 팽창으로 나무제품은 부족해지고, 제품 값은 가파르게 상승하는 현상이 나타났다. 아프리카와 아시아에서 역시, 유럽의 식민지배로 고삐 풀린 정력적인 세력들이, 구릉에 형성된 우림은 차 재배농장으로 바꾸고 초원의 목초지는 면화나 사탕수수와 같은 상업성 곡물 재배지로 바꾸는 등, 대규모 환경파괴를 이끌었다.

독일의 과학자며 탐험가인 훔볼트(Alexander von Humboldt, 1769-1859)는 지구적 산림벌채에 관한 분석의 선구자다. 한 베네주엘라 호수 수면의 기복에 관한 연구에서, 그는 다음과 같은 일반적인 결론을 도출하였다.

> 발렌시아 호수의 계속적인 물 감소를 설명하는 강력한 요인으로는, 한편으로 숲의 파괴와 식물의 벌채 그리고 쪽의 지배와 결합하여 반 세기도 안 되는 기간에 만들어 낸 흘러 들어오는 물의 양의 변화를, 다른 한편으로 토양의 수분 증발과 대기의 건조화를 들 수 있다.… 산의 꼭대기와 등성이를 덮고 있는 나무들을 베어냄으로써, 사람들은 어떤 기후에 살든지 한번에 두 가지 재앙을, 즉 연료의 결핍과 물의 부족을, 미래 세대에게 제공하고 있다.… 유럽의 농장주들은, 미국 모든 곳에서 그랬듯이, 강수량에 대한 대비책 없이 숲을 파괴하였고, 그러면 샘들은 완전히 말라버리거나 물이 훨씬 줄어들게 된다. 강의 바닥은 1년 중 한동안 말라 있고 고지대에 큰 비가 내리면 이곳은 여울로 변하게 된다. 비로 내리는 물 가지고는 산등성이에서 관목과 함께 이끼와 풀이 사라지는 것을 더 이상 막을 수 없다. 그리고 빗물은 부단한 침투를 통해 강의 수면을 천천히 끌어올리는 대신, 폭우 때에는 언덕 옆으로 고랑을 파고, 느슨한 토양을 쓸어내고, 갑자기 전 지역을 침수시켜 황폐하게 만든다. 이와 같이 숲의 파괴, 영구적인 샘의 부족과 여울의 존재는 서로 밀접히 연결되어 있는 현상들이다. 지구의 반대편에 위치한, 알프스 산맥의 경계에 있는 롬바디와 태평양과 안데스 산맥 사이에 펼쳐져 있는 페루 저지대가 놀랍게도 똑같이 이러한 주장의 정당성을 입증하고 있다.

영국 역사학자인 그로브(Richard Grove)는 정확하게 "보다 최근의 발견들이 이들 1819년의 관찰을 능가하지 못한다"고 보고 있다. 그러나 훔볼트는, 그로브가 우리에게 주의를 환기시키듯, 비슷한 생각을 가진 보존주의자들 가운데 가장 세련된 사람이었을 뿐이다. 본국과 식민지 모두에서 이들 보존지향적인 과학자들은 이러한 서식지 파괴의 과정을 공포의 눈으로 바라보았다. 과학자들은 사욕이 —놀랍게도 개척자의 보습과 벌목꾼의 도끼가— 산림파괴를 가져온 곳에서는 즉각적으로 숲과 다른 자연자원을 공공소유로 하는 조치를 취하면 환경악화를 막고 점진적인 경제성장의 기초를 마련할 수 있을 것으로 믿었다. 여기에 핵심적인 것이, 과학자들은 목재, 물, 물고기 그리고 야생생물과 같은 재생 가능한 자연자원들의 연간 증식량을 정확히 예측할 수 있다는 믿음에 기초한, *지속 가능한 수확(sustained yield)*의 관념이었다. 과학자들은 증식의 한계 안에 머문 이용을 통해 자연의 자본을 보존하고 장기적으로 '유지되어' 질 수 있는 수확을 보장하는 처방을 했다.

북미의 마쉬, 그리고 남아시아의 브란디스는 진실로 지구적 영향력을 가진 과학적 운동으로 등장하게 되는 그 무엇의 선구자가 되었다. 19세기 중엽에 이르러, 정치적 권위의 집중화가 나타나고 국민국가가 형성되면서, 전문가들은 더욱 광범하게 국가적 규모의 자연자원 계획과 관리에 간여할 수 있게 되었다. '국가산림' 이나 '국가소유로서의 강' 에 대해 얘기하는 것이 의미를 갖기 시작했다. 이전에 이들 자원은 대체로 마을이나, 부족, 시정부 등 지방의 소유와 통제 대상으로 인정되었었다. 높아지는 과학의 위세와 더욱 밀접해지는 과학과 국가와의 연합으로, 야생생물 관리자들은 물론, 산림전문가들과 관개기술자들, 토양 보존주의자들은 세계 각지에서 지속 가능한 수확의 원리에 기초한 수많은 기구를 세우는 데 앞장서게 되었다. 보다 포괄적이고 영향력을 가진 이들 기구 가운데 상당수는 아시아와 아프리카의 유럽 식민지에서 발견된다. 이러한 곳에서는 권위주의적 국가체제가 과학적 보존활동이 의회나 자유언론, 보다 일반적으로 민주주의의 절차에 구애를 받지 않고 이루어질 수 있도록 보장하고 있다.

과학적 보존주의를 국제적 맥락에 위치시키기 위해서는 마쉬의 *인간과 자연*의 출판 전후 각각 10년 사이에 발생한 다음과 같은 사건들을 생각해 볼 필요가 있다. 1859년, 국가가 파괴의 위험에 직면한 초원과 숲 지역 문제에 간여하거나 그 지역의 관할권을 넘겨받을 수 있도록 하는, 〈산림과 초지 보호조례〉(Forest and Herbiage Protection Act)를 케이프 남아프리카 식민 정부(Government of the Cape Colony of Southern Africa)가 통과시켰다. 다음 해인 1860년에는 네덜란드 해외 제국의 핵심인 식민지 자바의 총독부가 이 섬의 산림입법 계획을 위한 위원회를 구성했다. 자바의 숲들을 보호하고 이들에 대한 국가통제를 확인하는 법들이, 최초의 〈인도 산림조례〉(Indian Forest Act)가 만들어진 해인, 1865년에 통과되었다. 이미 1862년에 프랑스는 최초로 코친차이나(Cochinchina, 오늘날의 베트남)에 있는 식민지의 산림비축을 위해 마련한 일련의 법령을 공포하였다. 더욱 동쪽으로 이동해, 영국 식민지인 호주에서는 1870년대에 산림 관련 활동이 질풍과 같이 일어났다. 빅토리아주는 1871년에 〈왕실임업위원회〉(Royal Forestry Commission)를 창설하였고, 2년 뒤 남부 오스트렐리아주는 〈산림조례〉(Forest Tree Act)를 통과시켰다. 호주의 산림 열광자들은 그들의 주장을 뒷받침하는 증거로서 마쉬의 발견(*상자* 참조)을 인용했다. 그러는 동안 지구의 반대쪽에 있는 집[미국]에서는 *인간과 자연*이 뒤늦게 관심을 얻고 있었다. 이 책은 〈미국 과학진보위원회〉(American Association for the Advancement of Science)를 충동하여 1873년 의회에, 국가적 산림체계의 형성과 산림보호지의 창설을 촉구하는 청원을 제출케 하였다.

이들 예가 보여주듯이, 의심의 여지없이 이러한 과학적 운동을 이끈 것은 산림전문가들이었다. 그러나 거기에는 또한 토양, 물, 야생생물과 어업관리 분야의 열성적인 지속 가능한 수확론자들이 포함된다. 이 운동은, 대륙들 사이에 그리고 각기 적용대상이 다른 여러 분야들 사이에 놀랍게도 아무런 차이도 보이지 않는, 일련의 신념의 지원을 받았다. 남아프리카 학자인 바이나트(William Beinart)는 농업과 산업의 팽창은, 이들의 활동이 당장 보다 합리적이고 멀리 앞을 내다보는 자원이용 형태로 대치되지 않는 한, 환경파괴를 가져올 것을 예측하면서, 과학적 보존을, "종말과 부활"의 이념이라는 말로 표현하였다. 여기서 보존주의자들은 특별히 주목할 대상, 보다 정확하게는 특별한 비난의 대상으로 개척농민을 선택했다. 가령 어떤 식민지 토양과학자는 1908년에 아프리카 식민지에서 나타난, 유럽 정주자들이 "가장 풍요롭고 가장 아름다운 계곡들을 삽으로 퍼내고 그곳을 불모의 땅으로 내버려두는" 경향에 대해 언급한 바 있다. 한편, 같은 대륙에서 일하던 한 스코틀랜드 산림학자는 "시대를 막론하고 새로운 나라를 식민지화하는 문명인의 역사는 본질적으로, 식민지가 야생상태임을 발견하고, 나무를 베어내고, 그곳을 사막으로 남겨 놓는, 그런 것이 아니었겠는가?"라고 서술했다. 또한, 미국 토양보존 협회장은 1935년에 "통제되지 않는 토양유실은 궁극적으로, 오늘날 행해지고 있는 바와 같이 그것이 전국을 휩쓸 때, 나라의 소

호주의 과학적 보존

조지 퍼킨스 마쉬의 *인간과 자연*의 출판 1년 후
멜버른의 한 신문이 자신의 독자들을 위해 이 책의 메시지를 다시 소개하였다.
특히 논의의 지구적 연장, 조심스러운 얘기들,
그리고 다른 땅의 경험으로부터 수집된 긍정적 교훈에 주목하라.

몇 번씩 반복해서 우리는, 호화사치가 결핍으로 이끌 것이기 때문뿐 아니라 숲이 제거된 모든 곳에서 기후가 영향을 받기 때문에, 우리의 숲을 보호하기 위한 조치를 단계적으로 취해야 한다고 촉구해 왔다. 숲을 보호하는 데 있어 우리는 목재의 성장을 증진시키는 것 이상의 것을 하고 있다. 우리는 토양의 낭비를 막고, 자연 개울을 보존한다. 우리의 행동이 강수량의 감소를 막을 수 있을 법하

지는 않다. 그러나 폭우의 분포에 상당한 영향을 준다는 것은 틀림없다. 잡목들과 풀로 이루어진 표피는 홍수가 느슨한 토양을 쓸어내는 것을 방지한다.… 이탈리아 유량측정가들은 숲의 파괴에 수반되는 재앙적 결과들에 대해 매우 자주 언급했다. —프리시(Frisi)는 투스카니의 발다르노 상류의 비탈에서 자연숲이 제거되었을 때, 언덕의 토양이 엄청난 양으로 아르노로 씻겨내려 강기슭 토지소유자들에게 커다란 피해를 입혔다고, 이들 현상 사이의 연관을 주장한 바 있다. 카탈로니아의 몇몇 지역은 인간의 조심스럽지 못한 작업으로 더욱 심한 피해를 입었다. 반면 이탈리아, 프랑스, 알제리아에서의 경험으로 우리는 어떻게 지역기후가 개선되고 사려 깊은 재배를 통해 열매가 풍성한 정원과 밭을 늘릴 수 있는지를 알게 되었다.

… 넓은 숲 지면의 보전은 우리의 첫 번째 의무다. 언덕들을 옷을 입힌 채로 지킴으로써 우리는 열매가 풍성한 계곡을 만들 수 있고 불탄 평원을 위한 습기의 저장소를 마련할 수 있다.… 조심스럽게 관리함으로써 우리는 우리의 숲에서 많은 부를 이룰 수 있다. 광산업자, 농업가, 주택건설업자들은, 그들의 수요를, 그것이 방대함에도 불구하고, 만약 호화사치를 억제한다면, 충분히 공급받을 수 있다. 늙은 나무가 제거되면 반드시 다른 나무를 심어야 한다. 우리는 이집트에서 2천만 그루의 나무를 심은 알리(Mehemet Ali)와 파차(Ibrahim Pacha)로부터 교훈을 얻을 수 있는 유리한 위치에 있다.… 산림토지의 보존과 이들의 확장과 개선은 지주와 광산업자에게 똑같이 중요하고, 자연과 함께 일하는 사람이 되고자 하는, 여유와 수단을 가진 모든 사람들의 주목을 받지 않으면 안 된다.

출처: *The Argus*, Melbourne, 16 October 1865, J. M. Powell, *Environmental Management in Australia, 1788-1914*(Melbourne: Oxford University Press, 1976), pp.61-2에서 인용.

멸을 초래할 것임에 틀림없다" 고 썼다.

놀랍게도 이러한 적대감은 토속적인 토지이용, 즉 최근에 유럽인들에 의해 식민화된 지역에 있는 아프리카 및 아시아 공동체들이 실행해 온 다양한 목축과 재배 양식에까지 연장 적용되었다. 목축업자들은 지나친 가축의 수용과 조심스럽지 못한 방목으로, 그리고 농부들은 근시안적인 물과 목재 사용으로 비난을 받았다. 그러나 화전 또는 이동 농업인들에 대해서는 특별한 비난이 예비되어 있었다. 화전농민들은 숲 지역을 순환적으로 경작하였다. 한 구역의 숲을 태우고 나무를 베고 다음에 몇 년간 그 땅을 경작하고, 그리고는 다음 구역으로 옮긴다. 원래 한 번 벌채된 곳으로 다시 돌아오는 때는, 그곳이 숲으로 완전히 회복된 다음이다. 거기서 불태움과 경작과 휴경의 순환주기가 새롭게 시작된다. 비록 이러한 작업이 세대를 거치면서 성공적으로 이루어져 왔고, 아프리카와 아시아의 넓은 지역을 가로질러 구릉지 공동체들의 경제를 유지시켜 왔지만, 유럽인의 눈에는 화전경작은 나태, 불안정과 특히 낭비의 축약판으로 토양유실을 강화하고 아마도 보다 낫게 이용할 수 있었던 숲 지역을 파괴하는 것으로 보였다. 그 대표적인 것이 영국의 한 산림관리가 1860년대부터 인도 중부의 바이가족(族)을 대상으로 시작한 일련의 논평이다. 이들은 새롭게 세워진 〈산림성〉이 관할권을 넘겨받기를 원했던 값나가는 숲에 살던 부족이었다. 이 관리는 이 화전농민 공동체를 "어느 산에서나 볼 수 있는 가장 무서운 숲의 적"이라고 썼다. 그는 계속해 다음과 같이 썼다. "바이가족의 도끼가 숲 한가운데서 자행하는 대파괴"를 보는 것은 슬픈 일이다. 어떤 곳에서는 "몇 마일에 걸쳐 숲을 깨끗하게 쓸어버렸다. 또 어떤 곳에는 푸른 숲 가운데 검게 숯으로 구어진 긴 나뭇가지들이 몇 백 개씩 서 있고, 이것이 바이가의 표시가 되고 있다.— 그렇게 적은 수의 사람들이 땅의 표면을, 그들이 행해 온 것처럼, 그렇게 나무 하나 없이 깨끗하게 치울 수 있다는 것은 정말 믿기 어렵다."

그러나 과학적 보존은 일단 종말론적이고 구속적인 이념이었다. 그들은 상상 속의 과거로 되돌아가지 않고, 이성과 과학의 도움으로 현재를 새로운 모습으로 만들기를 바랐다. 왜냐하면 그들은 합리적 계획으로 낭비의 '거대한 오류'를—그것이 정착민, 원주민 농민들, 산업주의자들 가운데 그 누구에 의해 발생했든— 없앨 수 있고, 보다 효율적이고 지속 가능한 체계를 작동시킬 수 있다고 믿었기 때문이다. 이러한 것은 장기적인 관점을 취할 수 있는 유일한 주체인 국가만이 할 수 있는 것이었다. 이윤동기는 보존과 양립할 수 없고, 개인과 기업은 근시안적이라는 점에서 악명이 높기 때문에, 국가가 숲이나 물과 같은 자원을 관리하는 책임을 맡아야 하는 것이었다. 개인과 기업은 오고 가지만 정부는 "죽지 않는다. 인간은 죽지만 정부는 계속 살아간다. 숲은, 인종과 같이, 계속 살아가지 않으면 안 된다. 그리고 정부만이 홀로, 그것이 없이는 장기적으로 숲을 구할 수 없는 그러한 목적을 지속시킬 수 있고, 지속시키고 있다"고 〈미국 산림청〉의 창시자인 핀쇼는 쓰고 있다.

사적 통제에 대한 반대는 결코 자원을 묶어 놓기 위한 것이 아니었다. 그것은 오히려 현명한 이용을 위한 전제조건이었다. 다시 핀쇼의 말을 인용하면, "이 일은 도끼를 멈추게 하는 것이 아니라 도끼의 사용을 규제하기 위한 것이었다." 마찬가지로 미국 초대 어업청장은 "우리는 우리나라에 축복으로 주어진 엄청난 자원의 고갈을 막는 것을 목표로 하고 있다. 그러나 이 얘기에는 당연히 이들 자원이 비생산적인 나태상태에 머물러 있는 것을 허용해서는 안 된다는 논리적인 판단이 따른다." 그는 계속해서 "보존의 진정한 문제는 쉽게 말해 효율적 개발과 이용의 문제다"라고 했다. 그것은 매우 졸렬한 표현이었다. 여하간 핀쇼와 같은 사람들도 그들의 이념을 좋고 고상한 모든 인간조건과 동일시했다. *미국의 숲(American Forests)*이라는 잡지에 실린 한 에세이에서 핀쇼는 보존에 대해 다음과 같이 쓰고 있다.

> 보존은 인간이 지구에서 필요로 하는 모든 것—자연적, 인공적 및 영적— 의 현명한 그리고 원대한 이용을 위한 것이다.… 보존은 지구 그 자체만큼 넓고 지구 위의 인간의 필요와 관심만큼이나 포괄적이다. 따라서 이것은 정부의 어느 단일 부처의 경계 안에 포함시키기에

는 너무 크다.… 이것은 미국 공공생활에 있어 진보적 운동의 배경이며, 정신이며, 힘이다. 이것은 앞을 내다보는 관점이다. 이것은 보다 위대한 더 나은 미국으로 가는 길의 표지판이다.

다른 보존주의자들은 일반적으로 덜 서정적이었으며, 그들의 신념을 보다 조심성 있게 낭비에 대한 혐오와 현명한 이용에 대한 강조로 한정하여 표현하였다. 이러한 것은 보존을, 공리주의 철학의 이상을 명백히 왜곡한 문구인 "*가장 오랫동안* 가장 많은 수의 가장 위대한 선' 이라고 정의한 데서 구체화되었다. 과학적 보존주의의 신조는 —농민, 목재상, 어업국장, 전권대사, 하원의원으로서— 다양한 전문적 경험과 광범한 북미와 유럽 여행에 기초하여 집필한 책인 마쉬의 *인간과 자연*에 일찍이 그리고 권위주의적으로 표현되어 있다. 최근 학자들은 산림학자들과 토양 보존주의자들의, 매우 강한 때로는 신경질적인, 농부들과 개간자들에 대한 비난이 상당 부분, 보존주의자들이 국가의 보호 아래 경쟁집단들이 통제하고 있던 토지와 숲을 차지하려는 영토경쟁의 목적에서 나온 것으로 보고 있다. 마쉬 자신은 권력에 관심이 없었다. 그의 언어는 과격하기보다는 온건하였으나, 그의 결론은 마찬가지로 혼란스러웠다. 지구적 관점을 택하면서 그는 이렇게 평했다.

인간은 오랫동안 지구가 소비를 위해서가 아니라, 심한 낭비를 위해서는 더더욱 아니라, 열매 맺는 이용을 위해 인간에게 주어졌다는 것을 잊고 있었다.… 소아시아와 북아프리카, 그리스와 유럽 산악지역에서조차 인간이 세운 목적 때문에 땅의 표면이 달과 마찬가지로 완전히 황폐된 곳을 발견할 수 있다.… 지구는 빠르게, 가장 고상한 주거를 위한 집으로는 점점 적합하지 않은 곳으로 되어 가고 있다. 그리고 마찬가지로 인간 범죄와 인간 무분별의 시대가 지속된다면, 생산력은 급감하고, 땅의 표면은 갈라지고, 과열 기후가 나타나, 가난과 야만이 지배하고, 아마도 종이 소멸하는 사태에까지 이르게 될 것이다.

마쉬의 전기를 쓴 로웬탈(David Lowenthal)은 이 버몬트 사람에 대한 연구를 통해 "역사는 인간을 자신의 불운의 건축가로 부각시켰다. 그러나 자연의 과정을 보다 잘 이해하였다면, 선견지명과 기술적 숙련으로 쇠퇴를 돌려놓을 수도 있었을 것"이라고 썼다. 마쉬의 관점에서 인간은, 그가 매우 아름답게 표현했듯이 "흐트러진 조화의 복구자"가 될 수 있는 가능성을 가진, 재생은 물론 파괴의 행위자였다. 근대 초기 유럽역사는 사법적 간여와 체계적 관리로, 쇠락하는 숲을 다시 살리고, 이를 통해 토양유실을 막고 개울과 강의 흐름을 규제하고, 경제를 위해 지속적으로 목재를 확보할 수 있었음을, 아주 명백하게, 보여주고 있다. 마쉬는 그의 위대한 저작의 서문에서 "나의 목적은 이론적 명상에 몰두하기보다는 오히려 실천적 제안을 제공하는 데 있다"고 썼다. 여기에서 특히 눈에 띄는 것은, 나라의 사회 및 경제 생활에 지극히 중요한 자원인, 숲과 물의 공적인 소유의 필요성에 대한 주장이었다. 그의 견해에 따르면, 개인과 회사에게 권한을 양도하는 것은, 단기적으로는 매력적인 선택일 수 있지만, "뒷날 공공의 이익에 커다란 상처를 주게 될 수도 있다." 그는 이러한 부정적인 결과는 이들 자원이 국가의 통제하에 안전하게 보호될 때에는 나타나기 어려울 것으로 생각했다. 로웬탈은, 마쉬의 통찰력은, "〈미국 산림청〉과 〈개간국〉(Bureau of Reclamation)과 같은 조직에서 구체적으로 볼 수 있는 바와 같이, 앞으로 다가올 미국 보존주의 정책을 이끌 원리를 제공했다"고 쓰고 있다.

시인이며 비평가인 아놀드(Matthew Arnold)는 마쉬를 "매우 예외적인, 매우 잘 교육되고 훈련된 미국인"이라고 평하였다. 이는 깊은 사려와 칭찬이 담긴 영국식의 정중한 표현이다. 그러나 마쉬는 또한 진정한 국제주의자였다. 그는 구세계의 예를 통해 신세계에 영향을 행사하려 하였다. 그의 저서는 다시 인도, 호주와 같이 훨씬 멀리 떨어진 곳에서 (또한 일찍이 1866년 그의 책이 번역된 러시아에서) 읽혀지고 칭송을 받았다. 그의 명성에 알맞게, 이 버몬트 보존주의자는 말년을 플로랜스 위쪽 산에 위치한 한 산림학교에서 학생들과 이야기하며 전나무 숲을 거닐면서 보냈다. 1882년 7월 23일 그곳에서 그가 죽었을 때, 그의 몸은 미국국기로 덮였다. 그러나 그의 관은 이탈리아 학생들에 의해 언덕 아래로 운구되었고, 로마에 있는 한 개신교 묘지에 안장되었다. 살아 있을 때나 죽어서나, 조지 퍼킨스 마쉬는, 그 자신이 걸출한 예증이 되었던 운동, 즉 과학적 보존 국제주의의 축약판이었다.

과학적 임업의 세계적 전파

보존운동에서 가장 오래되고 영향력 있는 줄기인, 과학적 임업은 중세 후기 유럽에 그 기원을 둔다. 그러나 이는 점진적으로 밖으로 확산되어 19세기 말에 이르면 지구의 대부분을 포괄하게 된다. 프랑스가 선구자로 14세기에 〈산림규약〉(Forest Code)을, 1669년에 보다 엄격한 산림법령을 도입하였다. 이 두 가지 조치는 모두 해군을 위해 나무생산을 규제하기 위한 목적으로 행해진 것이었다. 그러나 18세기에 이르러 독일은 뚜렷이 이 분야의 선두주자로 떠오르게 된다.

독일에서는 재고와 산출의 증가를 추정하는 양적 방법이 발달하면서 산림과학이 부상하였다. 프레드릭 대제의 프러시아와 같은 크고 강력한 왕국에서 산림관리들은 중앙집권적 행정의 덕으로 국가산림을 철저하게 감시할 수 있었다. 지속 가능 관리기법이 정교해짐에 따라 산림학자들은 지역기반 접근에서, 보다 신뢰할 수 있는 산출기반 접근체계로 이동했다. 전자의 경우, 산림학자들은 한 수종의 성숙연령을 측정한 다음, 산림을 이 나이(햇수)와 똑같은 수의 구역들로 구분하였다. 이들 구역들이 동일한 양의 재목을 산출한다는 가정에서, 매년 한 구역씩만 차례로 수확하면 산림자본의 감소를 막을 수 있다는 것이 그 구성논리였다. 시간이 지나면서 이는 연령이 각기 다른 나무들의 용적과 무게의 직접 추정을 기초로 하는 새로운 체계로 대체되었다. 실험지에서 성장유형을 조심스럽게 연구함으로써 산림육성 연구자들은, 비교적 정확하게 개별 나무들뿐 아니라 각각의 구획지에 있는 나무들의 부피를 계산할 수 있는, 서로 다른 수종에 대한 표준 '산출표' 를 개발하였다. 이들 표는 다양한 토양과 습기 조건에 따라 조정되었고, 지속 가능한 수확 임업의 기초가 되었다.

역사가인 로우드(Henry E. Lowood)를 인용하면, "독일에서 나온 이론과 실천, 그리고 교육모형은 19세기 말까지 여러 나라의 산림과학과 관리체계의 마련에 기초를 제공하였다." 독일 산림 전문가들은 자신의 땅에서 산림경제를 성공적으로 안정화시키는 데 공헌한 방법들을 장려하고 선전하는 선교사인 동시에 용병이었다. 유럽을 통틀어 오스트리아, 폴란드, 러시아, 핀란드, 스웨덴에서, 또한 —가까운 이웃이고 오랜 적이며 그 자신이 산림 개척자인— 프랑스에서까지 독일 모형에 따라 그리고 아주 흔히 독일의 기술적인 지원으로 산림 학교와 부서들이 설립되었다.

독일 전문가들은 또한 그들 자신의 식민지에서, 아마도 더욱 놀라운 것은, 경쟁적인 유럽 열강의 식민지에서도 마찬가지로, 임업 관련 조직들을 설립하였다. 네덜란드가 자바의 티크 숲을 체계적으로 이용하고자 했을 때, 그들이 할 수 있는 것은 독일인들에게 자문을 구하는 것뿐이었다. 1849년부터 20세기 초에 이르기까지, 엄격한 국가통제에 입각한 산림통치체제를 세우는 것을 돕기 위해, 독일 전문가들이 네덜란드 식민지에 물밀듯이 들어왔다. 이 산림학자들의 임무는 도로, 철도의 건설과 증가하는 수출무역을 위해 티크목재—티크는 유럽식 응접실 장식에 필요한 가구를 만들기 위해 수탈된 고급 목재였다—를 확보하는 데 있었다. 마찬가지로 〈인도 산림성〉은 처음 반세기는 연속적으로 세 명의 독일 산림감독관, 즉 브란디스, 쉬리히

(Wilhelm Schlich), 리벤트로프(Bertold von Ribbentrop)에 의해 조용히 이끌어졌다. 이들 독일인들은 성공적인 산림행정을 위해 필수적인 것으로 보이는 다양한 과업을 수행했다. 여기에는 마을 공동체들이 행사하고 있는 권리를 줄이고 소멸시킴으로써 산림지역의 보호권한을 국가로 넘기는 일, 이들 보호지역을 경계지워 개별 관리들의 통제로 넘기는 일, 값나가는 수종을 찾아내어 이들의 성장곡선을 밝히는 일, 그리고 마지막으로 학교와 앞으로의 연구와 교육을 위해 실험실을 설립하는 일이 포함되었다. 때맞추어, 브란디스와 그의 동료들에게 훈련받은 영국 관리들은, 〈인도 산림성〉 관리들과 함께, 서부 및 동부 아프리카와 남아시아, 뉴질랜드의 산림부서 설립을 도움으로써 산림 국제주의자의 위상을 가지게 되었다.

이들 독일 산림 선교사들 가운데 가장 주목할 만한 사람의 하나가 1852년 호주 빅토리아주의 정부 식물학자로 임명된 키엘대학 졸업생인 뮐러(Ferdinand Müller)였다. 40년 넘게 뮐러는 정부기구의 다양한 토론장과, 과학세미나와 신문칼럼을 이용해 호주 대중에게 광산의 갱목과 철도 엔진을 움직이는 목탄과 간접적으로 강에 물을 제공하는 숲의 파괴에 대한 각성을 촉구하였다. 산림가로서는 예외적으로 뮐러는, 우리에게 보다 익숙한 공리적인 논쟁과 더불어, 윤리적이고 심미적인 논쟁에도 가담하였다. 1871년 6월 멜버른의 기술박물관에서 행한 연설에서, 그는 이렇게 말했다. 숲은

> 자연이 우리에게 준 유산으로서, 못쓰게 만들거나 황폐시켜서는 안되고 현명하게 이용하고 겸손히 존중하고, 조심스럽게 유지시켜야 합니다. 나는 숲을, 우리 모두에게 짧은 기간 일시적으로 보살펴 달라고 맡겨진, 손상되지 않은 상태로 후손에게 넘겨주어야 하는, 풍요가 자라고 축복이 쌓이면서, 신성한 재산으로 세대에서 세대로 건네지는 선물로 여깁니다.

독일의 경험은 또한 북미 임업의 진화에 깊은 발자국을 남겼다. 프러시아 산림학자인 페르노브(Bernhard Fernow)는 1879년 연방정부 〈임업국〉(Division of Forestry)의 첫 번째 국장으로 임명되었다. 그는 계속해 코넬대학과 토론토대학에 산림학부를 설립하였다. 1900년 미국에 완숙한 산림기구가 만들어졌을 때, 그 첫 번째 책임자는 자국에서 자란, 유명한 펜실바니아 공화당 가족의 후예인 핀쇼였다. 그러나 핀쇼 자신은 항상 그의 후견인은 〈인도 산림성〉을 창설한 독일 과학자인 브란디스라고 말하였다. 1880년대, 임업에서 경력을 쌓기로 결심한 이 미국인은 브란디스가 은퇴해 살고 있던 본으로 순례여행을 떠났다. 브란디스는 핀쇼의 교육을 맡았고 그가 미국으로 돌아간 뒤에도 계속해서 그에게 자문을 하였다. 자서전 *새 땅을 열며 (Breaking New Ground)*에서, 핀쇼는 너그럽게 이 빚에 대해 감사를 표시했다. 그는 "어떤 기준을 가지고 재더라도, 브란디스는 개척자로서 위대한 일을 하였고, 전에 아무것도 없던 곳에 숲을 만든 최초의 살아 있는 산림학자였다. 한마디로 그는 내가 내 손으로 미국에서 하려 했던 것을 세계의 반대편[인도]에서 이룩하였다"고 썼다. 핀쇼에 대한 브란디스의 영향, 보다 일반적으로 독일 임학의 미국 임학에 대한 영향은 아래 *상자*의 글에 잘 묘사되어 있다.

핀쇼는 또한 그를 곧바로 산림 연구와 교육의 세계적 지도자로 떠오르게 한 예일대학 산림학부를 창설했다. 당연하게도 예일대학 출판부는 1938년에 독일 임학의 의미와 영향에 대한 최초의 역사적 연구서를 출간하였다. 헤스케(Franz Heske)라고 불리는 독일 식림연구가로 명성을 얻은 저자는 자기 나라의 경험을 "모든 세계에서 반짝이는 임학의 예"로서 찬양하였다. "그들의 고갈되고 낭비된 숲"을 "점진적으로 산출이 증가하는 잘 관리된 숲"으로 전환시킨 다음, 독일 산림가들이, 국내에서 일하거나 해외에서 일하거나,

적어도 원칙적으로는 도달해야 할 목표가 이제 알려졌기 때문에, 나머지 세계로 하여금 유사한 길을 걷도록 하는 일은 훨씬 쉬워졌다. 임학이 비교적 새로운 분야인 나라에서, 지속 가능한 수확의 지지자들에게 이 대규모의 독일 실험의 결과는 [산림보호에 대해] 아무것도 모르고 아무것도 믿지 않고, 아무것도 하려 하지 않는 사람들과의 싸움에서 강력한 지원세력이 되어 줄 것이다. 이 실험과 그 결과는, 앞날의 유기적 세계경제의 필수 양상이 될 수밖에 없는, 지구 원자재의 규제되고 계획된 개발과 이용을 위해 측량할 수 없는 공헌을 해 왔다.

미국이 유럽을 바라보다

〈미국 산림청〉의 장이 자기 나라가 독일과 독일인에게 진 빚에 대해 얘기하다

1. 우리는 개인주의적 착취를 억제하지 않으면 안 된다는 것을 알게 되었다. 그리고 우리는 미래를 올바른 시각을 가지고 바라보아야 한다. 이러한 상황에서 우리는 직감적으로 보다 오래된 나라들의 경험에 눈을 돌리게 된다.… 독일에서는 공공의 이익과 개인의 권리 사이의 갈등은 총체적으로 개인의 국가에 대한 의존, 즉 '*Gemeinnutz geht vor Eigennutz*'의 개념에 의해 해결된다. 어떤 다른 틀을 가지고도 밀집되어 있는 유럽 국가들이 그들의 국가적 복지를 유지할 수 없었다. 이러한 전체성의 원칙은 세기에 걸친 희생과 투쟁의 산물이다. 이는 미래를 고정된 실체로 보게 하는 그러한 전망을 발전시켜 왔다. 독일 산림정책에서 이 개념은 산림학자들이 지속 가능-수확 경영이라고 부르는 그 무엇에 잘 나타나 있다. 이것이 헤스케 박사가 모든 세계에 대한 예라고 부른, 바로 그것이다.
2. 영국 학생들과의…오랜 관계 때문에, 디트리히 [브란디스] 경은 자연스럽게 유럽에 공부하기 위해 오는 미국 학생들을 맡아 지도하게 되었다. 그의 학생 지도는 단순히 공부에 관한 일반적인 충고를 뜻하는 것이 아니었다. 그는 지도학생에게 격주로 보고서를 요구하고, 그것을 읽고 비판하고, 때때로 우리 지도학생 각자에게 긴 편지를 보내고, 또한 너그럽게도, 우리 개개인이 그의 업적으로부터 정확하게 그가 기대했던 것을 얻었는지 확인하였다. 그는 나에게 그랬고, 그리고 그래이브스(Graves)에게, 또 프라이스(Price), 옴스테드

(Olmsted), 세라드(Sherrad)와 다른 많은 이들에게도 그렇게 했다. 이와 같이 디트리히 경은 훗날 미국의 전반적인 산림정책의 모습을 결정하는 행운을 얻게 되는 많은 사람들의 생각을 이끌어 왔다.

출처: 1. Henry S. Graves, 'Preface,' in Franz Heske, *German Forestry*(New Haven: Yale University Press, 1938), pp. xvii-xviii. 2. Gifford Pinchot, "Sir Dietrich Brandis," *Proceedings of the Society of American Foresters*, volume 3, number 1, 1908, pp.58-9.

독일에서보다 프랑스에서 훈련을 받은 임학 개척자로서는 멕시코 사람인 께베도(Miguel Angel de Quevedo)가 있다. 1862년에 태어난 께베도는 수력공학을 공부하기 위해 파리의 공과대학으로 옮기기 전에 보르도에서 학사학위를 받았다. 이곳에서 그는 한 선생으로부터 산림에 대해 교육을 받지 못한 엔지니어는 "결함이 있다. 즉 위험한 잘못을 저지를 수 있는 무식자다"라는 말을 들었다. 께베도가 1887년 멕시코로 돌아와 수력 엔지니어로 일하기 시작했을 때, 이 교훈은 그에게 강박관념으로 다가왔다. 수도인 멕시코시 외각의 배수공사를 감독하면서 그는 언덕의 벌채가 아래 초원에서 발생하는 홍수에 영향을 주는 것을 알게 되었다. 그 후 그는 10년간, 새롭게 숲의 표층, 또는 표층의 상실이 물의 흐름과 침강률에 어떠한 영향을 주는지를 연구하면서, 각종 수력발전회사의 자문관으로 일하였다.

께베도는 1901년에 열린 한 기후와 기상학 관련 회의에서 산림운동가로서 공식 등장했다. 여기에서 그는 빠르게 벌채되고 있는 멕시코의 산림을 보호하고 보충하기 위한 법의 필요성을 역설하였다. 나아가 그는 로비단체인 〈중앙산림협의회〉(Junta Central de Bosques)를 출범시켰다. 이 단체는 여러 도시에 공원과 나무 묘목장의 설립을 추진하였고, 각 지역의 산림 표층 목록을 작성하였다. 그는 1917년 혁명 이후 새로 집권한 정부를 설득하여 헌법에 "국가는 언제나 사유재산에 공공의 이익에 부합하는 원칙을 적용하고, 공공의 부를 공평하게 분배하고, 그것의 안전한 보존을 위해서는 매우 사적으로 유용되기 쉬운 자연요소들의 이용을 규제하는 권리를 가질 수 있다"는 구절을 삽입시키는 데 성공하였다.

1922년에 께베도는 "숲의 황폐화와 우리 나무보호자들에 대한 멸시로 상징되는 전국적 자살행위에 대한 국가의 침묵에 대해 보다 효과적으로 시끄러운 대항의 소리를 내기 위해" 〈멕시코 산림협회〉(Mexican Forestry Society)를 창립하였다. 께베도와 이 협회는 1926년 국가산림령을 통과시키는 데 중요한 도구적 역할을 하였다. 그의 업적은 멕시코의 새 대통령인, 토지개혁과 노동자의 권리에 대한 관심으로 잘 알려진 진보적 개혁가인, 카르데나스(Lazaro Cardenas)의 주목을 받기에 이르렀다. 1935년에 카르데나스는 〈산림, 어업 및 수렵성〉(Department of Forestry, Fish and Game)을 창설하였다. 께베도는 첫 장관으로 임명되었고, 이는 그의 동료의 한 사람이 평했듯이 "현명한 연구자이며, 고귀한 사도이며, 순결한 영을 소유한 미구엘 앙헬 드 께베도가 전 생애를 통해 실천해 온 우리의 자연자원을 지키고 그 중요성을 알리는 분야에서의 그의 위대한 업적의 종합과 성취"를 나타내는 것이었다.

께베도의 최근 전기 작가인 시모니안(Lane Simonian)은, 마찬가지로 그를 "멕시코의 나무들의 사도"라고 언급하고 있다. 그는, 정열과 전망 모두에 있어, 이미 잘 알려진 다른 여러 곳의 어떤 보존주의자에게도 뒤지지 않는 대단한 사람임에 틀림없다. 께베도는 농부가 나라의 숲을 파괴하는 주범이라고 주장함으로써, 자기의 동시대인들과 농부들에 대한 혐오감도 공유하였다. 그는 또한, 과학자가 종국적으로 책임을 맡게 될 것으로 보여지는 미래에 대한 열광적인 낙관주의와, 기술적으로 무장된 이들 비전가들이 권력과 영향력 있는 자리에 오르지 못하는 경우에 나타나는 모진 비관주의 사이를 왔다 갔다 하는 경향이 있었다. 1939년에 나온 아래의 인용은 후자의 분위기, 즉 40년에 걸친, 별로 성공적이지 못한 가르침과 개종의 외침 뒤에서 절망하고 있는 그의 모습을 담고 있다.

> 멕시코의 산림문제는 매일 매일 어두워만 간다. 큰 숲들은 빠른 속도로 헐벗어 가고 있고, 매년 치클의 생산은 눈에 뜨이게 줄고, 한때 빽빽한 숲으로 분류되던 지역에서 이제는 단단한 재목은커녕 땔감나무조차도 구할 수 없다. 어디서나 누구나, 탐욕과 치밀한 계산으로 숲이 벗겨지고 짓밟히고 있는 것을 볼 수 있다. 이제 멕시코는 가뭄기후를 향해 줄달음치고 있다고 해도 좋을 것이다.
>
> [레인 시모니안의 번역]

과학적 임업의 대차대조표

현실과 과학적 임업을 통해 선포된 목표나 기대된 결과 사이에는 거리가 먼 경우가 종종 발견되었다. 특히 식민지에서 과학적 임업은, '관리적' 접근을 채택하여 국가통제를 강화하였고, 농부와 부족공동체가 행사해 온 관습적인 산림사용권을 인정하지 않도록 법제화하였다. 국가가 넘겨받은 끝없이 넓은 산림은 결코 원시림이나 손이 닿지 않은 숲이 아니었다. 오히려 수세기에 걸쳐 사람들에 의해 통제되고 이용되어 온 곳이었다. 농부들과 목축업자들, 화전 경작자들과 나무 공예가들은 모두 숲을 그들 생계의 기본적인 수단의 제공자로 보았다. 숲은 요리를 위한 연료, 가축을 위한 풀, 퇴비를 위한 잎, 집과 쟁기를 위한 목재, 바구니를 위한 대나무, 확장경작을 위한 토지, 질병치료를 위한 야생초 등등을 제공했다. 엄격한 통제를 받는 정부보호지의 설정으로 이들 자원에 대한 접근이 제한을 받게 되었고, 이는 불가피하게 지역공동체와 산림당국 사이에 갈등을 증폭시키는 결과를 가져왔다.

과학적 임업의 역사가 가장 완전하게 기록으로 남아 있는 곳은 아마도 남아시아일 것이다. 이곳에서 산림성은 곧바로 불평의 대상이 되는 식민국가 기구가 되었다. 1865년 예비령을 대체하여 1878년에 포괄적인 〈인도 산림령〉(Indian Forest Act)이 제정되었을 때, 불만을 가진 관리들은 새 입법이 "우리 농업공동체들에게 깊은 불의와 분노의 감정"을 남길 것이라고 경고했다. 바로 이 법령은 "눈앞의 목표[즉 산림보존]를 위해, 그들의 지원이 필수적으로 요구되는, 자민다[지주]로부터 힐 토다[부족]에 이르기까지, 모든 계급을 정부의 적대세력으로 만들었다." 이 법령은 너무 멀리 내다본 것이었고, 일단 실행되자, 농부와 부족집단들은 방화, 산림법 위반, 관리와 정부 재산에 대한 공격, 그리고 숲에 대한 지방통제의 회복을 목적으로 한 잘 짜여진 집합적 사회운동 등 모든 방법을 동원해 〈산림성〉의 일에 저항했다. 이러한 저항은, 때로는 수천 마일에 걸쳐 일어났고, 따라서 진압을 위해서는 식민 군대와 경찰의 우세한 화력을 사용할 수 밖에 없었다. 결과적으로 이는 보다 광범한 민족주의 폭동의 일부를 구성하기에 이르렀다.

이러한 호전적이고 지속적인 저항 뒤에 숨겨진 감정의 한 단면이 19세기 사회개혁가인 풀레(Jotiba Phule)의 논평에 담겨 있다. 풀레는, 1881년에 쓴 글에서, 산림성이 인도 농촌지역에 가져온 변화의 모습을 이렇게 포착했다. 그의 논평에 따르면, "옛날에는"

> 경작만으로는 생계를 유지할 수 없었던 소지주들은 무화과와 [산딸기와] 같은 야생과일을 먹고 숲에서 나는 낙엽과 화사한 꽃들과 마후아나무를 팔고는 하였다. 그들은 또한 마을 땅에서 암소 한두 마리와 염소 두서너 마리를 기를 수 있었고, 그렇게 조상의 마을에서 행복하게 살았다. 그러나 우리 모국 정부의 교활한 유럽 고용인들은 그들 외국 두뇌를 이용하여 산림성이라고 부르는 초거대 기구를 세웠다. 모든 구릉지와 굴곡이 있는 땅과 또한 휴경지와 목초지를 이 산림성의 통제 아래로 가져옴과 함께, 가난한 농민들의 가축은 이 지구의 표면 어

디에서도 숨쉴 곳을 갖지 못하게 되었다.

[마라티(*the Marathi*)에서 가길(Madhav Gadgil) 번역]

이들 과학적 임업에 대한 동시대 사람들의 사회적 비평은 (또한 *상자*의 인용을 보라) 최근의 회고적인 *환경*비판으로 연결된다. 최근 생태학자들은, 이제까지, 적어도 열대지방에서는, 가장 존중되었던 지속 가능한 수확 임업이 파멸에 직면하고 있음을 지적하고 있다. 열대 산림은 매우 다양한 수종으로 구성되어 있다. 이는 과학적 임업이 처음 도입된, 대부분 그것이 성공적이었던, 수종이 빈약한 온대 숲 지대와는 다르다. 북유럽에서 넓은 숲 지역을 덮고 있는 것은 한 종의 소나무뿐이다. 이와는 아주 다르게, 아시아와 아프리카의 열대 습지 산림에서는, 한 에이커에 수십 종의 나무가 자라고 있고, 수천 가지의 미생물 유기체들과 다양한 모습과 크기의 동물들이 거주하며, 나뭇잎으로 덮여 있는 군엽지에는 수백 종의 다양한 식물들이 자라고 있다. 남아시아와 동남아시아에서 상황을 더욱 복잡하게 만드는 것은 2~3개월에 걸쳐 폭우를 퍼붓는 몬순(우기)이다. 이 폭우는 벌채로 노출된 토양을 단숨에 씻어 버리고, 따라서 토양의 재생을 극도로 어렵게 만든다. 이러한 상태에서 유럽 모형을 따르는 지속 가능 수확 임업이 성공할 수 있는가는 의문이 아닐 수 없다. 이러한 비관론은 기록에 근거한 것이다. 가령, 인도에서 130년에 걸친 국가 산림관리가 남긴 것은 과학적 임업이 처음 모습을 나타냈을 때에 비해 산림의 조건이 훨씬 더 열악해졌다는 것이다. 22%의 인도 땅덩어리가 아직도 산림성의 통제하에 있다. 그러나 이 가운데 절반이 못 되는 곳에만 나무가 덮여 있다. 이는 열대지역에서 독일 임업을 성공적으로 재생하는 데 실패한 증거가 아닐 수 없다.

유럽의 모형을 따르지 않은 아시아의 나라는 —다른 여러 면에서도 마찬가지지만— 일본이다. 이 나라는 또한 공교롭게도 식민지배를 겪지 않은

농부 대 산림성

1913년 마드라스 정부는 산림행정에 대한 불만을 조사하기 위한 위원회를 임명했다. 여기에 제공된 것은 위원회와의 대화내용 두 가지이다. 하나는 소작인 집단과의 대화이고 다른 것은 이름을 밝힌 한 개인 지주와의 대화이다.
이들 대화는 과학적 임업과 농촌 공동체의 이익 사이에 예리한 대립이 있음을 보여준다.

위원회 : 당신의 불만은 무엇입니까?

소작인 : 우리는 땔나무가 없습니다. 그리고 나무를 채취할 허가도 갖고 있지 못합니다.

위원회 : 그러면 땔감나무 채취 허가증을 돈을 내고 살 의향이 있습니까?

소작인 : 아닙니다. 지금까지 관습이 그렇지 않습니다. 부자 농부는 몇 되지 않습니다.
대부분은 가난해 땔감을 위해 돈을 지불할 수 없습니다. 우리는 허가를 얻도록 기도하고 있습니다.

위원회 : 현재에는 무엇을 태웁니까?

소작인 : 우리는 말린 소똥을 이용합니다.… 우리는 비료용 잎을 좀 더 많이 원합니다.

위원회 : 그런 것들을 항상 사용합니까?

소작인 : 땅이 [공동] 소유였을 때, 16년 전까지만 해도, 우리는 나뭇잎을 비료를 만들기 위해 모았습니다.

위원회 : 지금은 잎을 얻지 못합니까?

소작인 : 종종 한둘 능력이 있는 사람만이 자신의 일꾼들을 시켜 멀리 보내 잎을 채취해 옵니다.

위원회 : 산림과 관련해 당신들이 제기하는 문제는 무엇입니까?

티마 레디 : 언덕 꼭대기에는 절이 두 개 있습니다.… 거기서는 매주 예배가 있습니다. 거기에는 열성적인 신자들이 많습니다. 소작인들이 거기 가게 되면 산림 관리들이 그들을 귀찮게 해, 그들은 절에도 가지 않습니다. 만약 거기서 예배를 드리지 않는다면, 탱크에 물을 공급받지 못할 것입니다.

위원회 : 당신은 올해 예배를 드렸습니까?

티마 레디 : 네 드렸습니다. 그런데 우리를 곤란하게 하는 일이 또 발생했습니다. 길을 따라 신을 옮기고 있을 때, 나무들이 상처를 입었다는 얘기가 있었고, 지역 산림관이 이에 대해 문의했고 우리를 저지시켰습니다.… 우리는 매년 예배를 드립니다. 그곳에서 신께 예배드리는 대신, 소작인들은 산림관들에게 예배해야 합니다.

위원회 : 당신은 지역 산림관에게 문제제기를 하지 않았습니까?

티마 레디 : 한번 우리는 신에게 예배하러 갔습니다. 그런데 수렵 간 내 동생에게 문제가 생겼습니다. 지역 산림관이 우리를 탈럭 치안판사에게 재판을 받도록 고소했습니다. 거기서 우리는 무죄 석방되었습니다. 설령 우리가 지역 산림관에게 간다 해도, 우리는 우리가 공정하게 처리되리라고 생각하지 않습니다. 그래서 우리는 그에게 가지 않습니다.

출처: Atluri Murali, "Whose Trees? Forest Practices and Local Communities in Andhra, 1600-1922,' in David Arnold and Ramachandra Guha, editors, *Nature, Culture, Imperialism: Essays on the Environmental History of South Asia*(New Delhi: Oxford University Press), pp. 106, 110.

나라다. 독일과는 별도로 그리고 적어도 독일의 초기와 같이, 일본 과학자들은 섬에 있는 숲의 표층과 산등성이를 안정시키기 위해 재생임업의 기법을 발전시켜 왔다. 역사학자 토트만(Conrad Totman)은 1590년에서 1660년 사이에 일본 농민들과 목재상인들이 "숲의 상당 부분을 황폐화시켰고, 이 군도에 지탱할 수 없을 정도로 심한 압력을 가하고 있는 것 같았다"고 하였다. 부정적 방법과 긍정적 방법을 함께 사용하여 재앙은 피할 수 있었다. 부정적 방법은 산림의 자연적인 재생을 돕기 위해 나무 자르기를 제한하고 규제하는 것을 내용으로 하는 것이었고, 긍정적 방법은 보다 적극적으로 나무 특히 침엽수 심기를 통해 나무로 덮이는 표면을 넓히는 것을 목적으로 하는 것이었다. 중앙정부는, 100년 이상의 기간에 걸친, 순환작목을 위해 사찰들과 사당들이 소유하고 있던 많은 숲 역시 몰수하였다. 그 사이 관리들과 지식인들이 저술한 책과 소책자들이 넘쳐났다. 그들은 국민들에게 정부가 숲을 보호할 수 있도록 도와 그들의 자산을 후대에게 전수할 것을 촉구하였다. 토트만의 관찰과 같이 저자들의 관심은 명확하게 실용적인 것으로 —최근 서구의 일본 선불교 심취자들이 동경하고 있는 그러한 종류의— 신비로운 생태학적 의식에서 나온 것은 아니었다. 오히려 이들의 목적은 산림파괴가 가져올 매우 실질적인 문제인 토양유실과 자원부족의 위험을 알리는 데 있었다. 아키타 지구의 한 관리는 17세기 초에 "국토의 보물은 산의 보물[즉 토양과 물]이다. 그러나 모든 나무가 잘려 없어지면 보물의 가치는 무가 될 것이다. 모든 것을 잃어버리기 전에 적절한 보살핌이 반드시 필요하다. 산의 피폐는 국토의 피폐를 가져올 것이다"라고 썼다. 이것이야말로, 한편으로는 종말론적이며, 다른 한편으로는 부활의 소망을 보여주는, 과학적 보존 이념의 간명한 진술이 아닐 수 없다.

4

야생성 관념의 성장

그러면 이제 논의의 장을 환경주의의 세 번째 모습, 즉 야생종과 야생 서식지의 보존으로 옮기자. 야생성 보존의 공식 역사는 1세기를 약간 넘는다. 그러나 보다 넓은 안목으로 보면, 이 운동은 고대로까지 연결된다. 한편에는 '신성한 작은 숲', 즉 숲의 조그만 땅을 각종 신들의 집으로 경배하고 그곳에 사람들이 침입하지 못하게 하는 민속적 전통이 있다. 이러한 전통은 모든 비기독교 문화에서, 힌두의 네팔, 불교의 태국, 고대 종교를 유지하고 있는 모든 아프리카 지역에서 발견된다. 다른 한편에는 숲에 '수렵보호지'를 지정해 온 엘리트 전통이 있었다. 수렵보호지는 노르만 영국, 청나라 중국, 무갈 인도에서 흔히 발견된다. 그곳에는 호랑이나 사슴과 같은 동물 종들이 오직 영주나 왕들의 쾌락을 위해 보존되었고, 농부나 일반인들은 수렵은 물론 때로는 그곳에 들어가는 것조차 금지되었다. 그러나 여기서 논의의 초점은 근대 자연보호의 전통, 즉 19세기 후반에 미국 서부에서 첫 국립공원이 세워진 이후 수십 년간에 나타난 야생성 관념의 성장에 맞추어져 있다.

식민지에서의 보존

우리는 국제 환경회의 시대에 살고 있다. 기후 변화의 역동성을 이해하려고 싸우는 대기 과학자들의 세미나, 생물 다양성 보호를 위한 이런저런 조약에 서명하기 위한 국가 원수들의 회의, 환경 저급화에 대처하기 위해 여론을 동원하는 가장 좋은 방법은 무엇인가에 대한 생각을 교환하기 위한 간담회 등 무수히 많은 회의가 열리고 있다.

통신혁명으로 사람들이 대륙을 가로질러 점점 쉽게 얘기를 주고받을 수 있게 됨에 따라, 최근에 올수록 회의는 더욱 빈번해지고 있다. 그러면 정말 어떤 것이 첫 번째 국제 환경회의였는가? 첫 회의는 더 뒤로가 1900년에 영국의 런던에서 있었고, 그 주제는 아프리카 야생생물의 보호였다. 당시의 특징을 보여주듯 거기에 아프리카인은 참석하지 않았다. 회의의 대표들은 당시 이 대륙을 지배한 유럽 식민 열강, 즉 프랑스, 독일, 벨기에, 이탈리아, 스페인, 포르투갈, 그리고 발군의 영국 외무장관들이었다.

영국 외무성이 조직한 이 회의는 이전 10년 동안 유럽 수렵가들에 의한 아프리카 야생생물의 대량 파괴 문제를 논의하기 위해 소집된 것이었다. 제국의 변경 식민지에서 근무하는 젊은이들에게 수렵은 고향집에서는 구경하기 힘든 전리품을 제공한다는 점에서 매우 즐기는 오락이었다. 1857년에 한 식민지 관리가 솔직하게 언급했듯이, "인도의 주요 매력은 인도가 제공하는, 숲과 정글과 산에 거주하는, 길들여지지 않은 사나운 동물들을 쫓는 가장 고귀한 스포츠를 위한 멋진 들판이다." 이곳에서의 수렵은 분명 "셰틀랜드섬에서 물개나 사냥하는 지루함으로부터의 기분 좋은 전환"이 아닐 수 없었다. 인도는 호랑이와 아시아 코끼리를 자랑했다. 그러나 아프리카가 보다 많은 기회를 제공했다. 19세기 내내, 유럽의 군인들과 관리들, 선교사들과 여행자들은, 지치지 않고 어떤 것이든, 그것이 코끼리든, 사자든, 표범이든, 치타든, 얼룩말이든, 영양이든, 암소든, 움직이는 것이면 모두 사냥하였다. 19세기를 마감하는 때에 이르러 런던의 *더 타임스(The Times)*는 이렇게 기록했다.

> 보다 멋진 종류의 영양을 찾기 위해서는 더욱 내륙 깊이 들어가야 했다. 그리고 사냥꾼이 코끼리나, 코뿔소나, 기린을 원한다면 더 깊이 들어가야만 했다. 만약 이들의 멸종을 막기 위해 무엇인가 하지 않는다면, 얼마 지나지 않아 이들 동물들은 도도[멸종된 모리셔스섬의 날지 못하는 큰 새]처럼 완전히 사라질 것이다.

1900년 런던회의의 당사자들은 〈아프리카의 동물, 새, 물고기 보호를 위한 협정〉(Convention for the Preservation of Animals, Birds and Fish in Africa)에 서명했다. 비록 협약의 제목은 거창했지만, 사실 보전방법은 별로 보잘 것 없었다. 단지 몇 가지 안 되는 위험에 처한 종들만이 완전 보호대상이 되었다. 여기에는 고릴라, 기린, 침판지가 포함된다. 그 외에, 코끼리와 코뿔소와 같이 위험에 처한 종에 대해서는 사냥꾼들에게 면허를 주어 사냥할 수 있는 수를 제한하고, 어린 동물과 임신한 동물의 사냥은 금지하였다. 역설적으로 어떤 동물은 인간과 소에게 위험한 '해로운 동물'로 분류되었고, 그들의 사냥은 공개적으로 장려되었다. 오늘날의 지배적인 견해에 따르면 야생동물 가운데 가장 사랑을 받는 사자와 표범의 사냥에는 보상금이 지급되었다.

런던회의에 이어 바로 첫 다국가 보존협회가 창립되었다. 〈제국동물군 보전협회〉(Society for the Preservation of the Fauna of the Empire)라고 이름하는 이 협회는 1903년 영국 식민지에서 야생동물을 죽이는 것을 막기 위해 활동을 시작하였고, 아시아와 아프리카 여러 곳에 지방 분회를 두었다. 보존주의자로 탈바꿈한 사냥꾼들이 지배한 이 협회는 "그 핵심인사들이 나이든 유명한 오락 사냥꾼들로 이루어졌기 때문에 참회하고 있는 백정의 클럽으로" 알려졌다.

식민지 어디에서나 야생생물의 보존은 주어진 유형에 따라 행해졌다. 첫 단계는, 동물들을 사냥할 수 없는 금지 계절을 구체화하고, 면허를 발급해 그 소유자에게만 사냥을 허용함으로써 수요를 조절하는 것이었다. 두 번째 단계는, 특정 종을 '보호' 종으로 지정하는 것이었다. 세 번째 단계는, 특정 구역에서 벌채, 채광, 농업을 금지하거나 제한하고, 그곳을 오직 동물만을 사냥할 수 있는 '사냥 보전지' 로서 지정하는 것이었다. 마지막으로 가장 결정적인 단계는, 국립공원을 설립하고, 그 안에 사는 동물 종들뿐 아니라, 그곳 모든 서식지에 대해 신성성을 부여하는 것이었다(*상자* 참조).

남부 아프리카에서 보존의 진전은 뚜렷한 정착자 정체성의 발전과 연결되어 있다. 영국과 네덜란드 식민주의자들은 오랜 세월에 걸친 투쟁 끝에, 자신들을 아프리카와 동일시하게 되었다. 그들이 원래 자신들의 나라에 등을 돌리고, 식민지에 정착함에 따라, 이곳 자연경관의 보전은 국민정신의 보전과 동의어가 되었다. 크루거(Paul Kruger)와 스뫼츠(Jan Smuts)와 같은 유명한 아프리카 정치가들은 공원과 사냥 금지구역을 설치해, 개척자들의 자녀들과 손자들이 아프리카 개척자들(Voortrekkers)이 본 것과 똑같은 들판을 볼 수 있도록 해야 한다고 주장하였다. 이와 같이 보호지의 형성은 야생종들을 위한 공간을 허용하려는 과학적 고려와, 거의 동시적으로 자손들이 그들의 과거를 함께 나누기를 바라는 감정적 요소에 의해 추진되었다. 이웃 남부 로데시아에서는, 이곳은 영국인들이 지배하였는데, 위대한 제국주의자의 이름을 딴 로즈(Cecil Rhodes) 언덕의 마토포스를 핵으로 하여

45,000에이커가 넘는 국립공원을 마련하였다.

이 아프리카의 모형은 어디에 해당하는가? 정확히 말해, 아무 데도 없다. 백인 정착자들은 땅과 자신을 동일시했지만, 그들이 도착하기 전 그곳에 오래 살았던 남자나 여자 들과 동일시하지는 않았다. 역사가인 카루써스(Jane

그리고 왜 국립공원인가?

1916년 수렵 보호 위원회는 남아프리카 국립공원의 설립 이유를 개괄하였다.
그러나 '일반 국민'과 '도시 거주자'와 같은 용어들이 오직 한 인종,
즉 백인만을, 그리고 또한 대부분의 경우 한 가지 성,
즉 남성만을 언급하는 데 주의하라.

우리는 … 과학자들과 자연주의자, 일반 국민에게, 다음과 같은 이유로 가장 커다란 자연적 관심의 대상이 될 것이 틀림없는 자신의 나라의 일부와 그들이 스스로 친숙해지도록 하기 위해, 훨씬 많은 시설을 제공해야 한다.

(i) 여기서 사람들은 한때 국가의 많은 지역에서 일반적으로 발견되던 조건들을, 그러나 문명의 진보로 인해, 지금은 빠르게 사라지고 있으며 궁극적으로는 완전히 사라질 것이 틀림없는 조건들을 관찰하고 연구할 수 있을 것이다.

(ii) 이 지역은 과학도를 위한 훈련장으로서, 그것이 식물학이든, 동물학이든, 다른 어떤 분야든, 다른 어떤 지역과도 비교가 되지 않는 좋은 곳이 될 것이다.

(iii) 도시 거주자들이 나라의 자연조건에 대한 지식을 얻기는 점점 어려워진다. 그리고 사냥물과 다른 동물들이 점진적으로 멸종상태에 이르게 되면서, 정교하게 수집된 자료를 통해서가 아니라 자연상태에서 각종 동물들을 관찰하기는 점점 어려워지고 있다.

(iv) 지금 이곳에서보다 남아프리카의 자연환경과 동물지를 더 잘 연구할 수 있는 곳은 아무 데도 없을 것이다. 그것은 이곳 말고는 사냥꾼들의 본능적인 공격으로 동물들이 원래의 행태를 바꾸지 않은 곳이 없기 때문이다.

출처: Jane Carruthers, *The Kruger National Park : A Social and Political History* (Pietermaritzburg: University of Natal Press, 1995), p. 56.

Carruthers)와 레인저(Terence Ranger)가 지적한 바와 같이, 야생생물 보존은 남부 아프리카에 있는 네덜란드인들과 영국인들 사이의 결합을 공고히 하는 데 공헌하였다. 그러나 이는 또한 절대다수 흑인 인구에 대한 백인의 지배를 확고히 하는 데도 공헌하였다. 아프리카인들은 사냥 보호지에서 사냥이 금지되었고, 국립공원에서 축출당했으며, 지정된 보호지 안에 있는 땅은 강제 몰수되었다. 보존은 "아프리카인들의 약탈로부터 국가의 자연적 유산을 보호하기 위해 백인들이 져야 하는 어쩔 수 없는 짐"으로 여겨졌다. 그러나 이것은 초기 식민시기에 유럽인들이 행했던 백정과 같은 마구잡이 사냥을 그럴듯하게 치장하는 편리한 초역사적 신념일 뿐이었다. 만약 아프리카 야생생물의 위기가 틀림없이 있었다면, 그 위기는 원주민의 창이나 화살이 아니라 백인의 대포와 소총에 의해 만들어진 것이었다.

미주에서의 야생성 사고

세계에서 최초로 국립공원이 세워진 곳은 1872년 미국 옐로우스톤이었다. 그러나 현재 세계에는 이러한 공원이 천개에 이른다. 미국은 세계에서 가장 잘 관리되는 것으로 자평하는 국립공원체계를 만들어 왔다. 지식인들과 사상가들이 야생성이 인간정신에 어떻게 영양공급을 하는지에 대해 가장 심각하게 생각해 온 곳이 또한 미국이다.

야생성 보존의 배경이 된 것은 유럽계 정착자들이 서부를 향해 움직이면서 발생한 미국 대륙의 약탈이었다. 1897년 7월호 *월간 아틀란틱(Atlantic Monthly)*에 실린 에세이에서, 캘리포니아 작가 뮤어(John Muir)는 개척자의 도끼와 불, 그의 옥수수 밭과 소떼, 양 무리에 의해 야기된 환경파괴를 부각시켰다. 뮤어는 미국 숲의 과거와 현재, 미래 가능성에 대해 감동적인 글을 발표했다.

미국의 숲이여! 세계의 영광이여! 이렇게 동쪽에서 서쪽에 이르기까지, 북쪽에서 남쪽에 이르기까지 살펴보자. 숲은 생각 밖으로 풍요롭고, 세월과 크기를 잴 수가 없다. 숲은 모두를 먹이고, 짐승과 새와 곤충과, 아담의 아들에게 거처를 제공하기에 충분하다. 그래서 아무도 노르웨이에 소나무가 있는지, 레바논과 히말라야에 삼나무가 있는지, 아마존 분지에 덩굴식물로 뒤덮인 열대우림이 있는지에 관심을 가질 필요가 없었다. 이러한 다양성과 조화와 승리의 환호에 도취되어, 자연까지도 북미의 숲에 만족스러워, 더 이상 식목하지 않고, 쉬고 있는 것처럼 보였다.

그렇게 숲들은 몇 세기 전까지만 해도 야생성을 즐기고 있었다. 돌도끼를 가진 인디언들은 나무를 갉아먹는 비버나 어린 싹을 먹는 큰 사슴이 숲에 입히는 해 이상은 입히지 않았다. 인디언의 방화와 심하게 요동치는 천둥조차도 합심하여 평원을 정원과 같이 평평하게 하기 위해 땅을 고르는 것 같았다. 그러나 백인의 쇠도끼가 하늘을 놀라게 하고 울려 퍼질 때, [숲의] 운명은 막혔다. 모든 나무가 불길한 소리를 들었고, 연기 기둥들이 하늘에 신호를 보냈다.

나는 버팔로들을 조문하러 갈 필요가 없다고 생각했다. 사물의 이치에 따라, 비록 야만적인 간교한 계획이 특별히 작동하지 않았다 하더라도, 그곳은 가축 사육장으로 바뀌어야 했다. 마찬가지로 자연적으로 생긴 500여 종의 야생나무들 가운데 많은 것이 과수원이나 옥수수에 자리를 내어주었다. 시골에 사람들이 정착하고 문명이 들어오면서, 목재나 아름다움보다 빵이 요구되었고, 굶주림에 눈이 먼 초기 정착자들은, 하늘나라의 인도를 내세워, 하나님의 나무를 매우 제거하기 힘든 유해한 큰 잡초로 간주할 따름이었다. 따라서 미래에 대해 눈을 돌림이 없이, 이들 경건한 파괴자들은 지루한 숲과의 전쟁을 선포하였다. 짙은 대팻밥이 빠르게 날았고, 엄청난 숫자의 아름다운 나무들은 괴성을 지르며 쓰러져 혼돈 속으로 돌진하였고, 이들이 타는 연기가 200년 이상 하늘나라로 올라갔다. 메인에서 조지아에 이르는 대서양 해안이 깨끗이 치워지고 초토화되어 우울한 폐허로 바뀌었다. 끝없이 넘치는, 빵과 돈을 쫓는 사람들이 알레가니 산맥을 넘어 비옥한 중서부로 밀려들었고, 그들은 더 넓고 먼 풍요로운 미시시피 계곡과 오대호 근처의 광대하고 빽빽한 소나무 지역에 이르기까지 무자비한 파괴의 손길을 뻗쳤다. 정착민이라고 불리는 파괴자들로 구성된

> 침략자의 무리는 불길을 만들어 광활한 로키산맥을 넘어, 아직도 서쪽으로, 서쪽으로 향했다. 전보다 더 극심하게 나무를 자르고 태우면서 마침내 그들은 대륙의 마지막 야생의 땅에 도착하였고, 태평양 해안의 거대한 원주민 숲의 마지막 자락에 들어서게 되었다.

이렇게 섬뜩하고 서늘한 것이 18세기와 19세기 미국 생태역사의 요약이다. 다행히도 뮤어가 이러한 내용을 펜으로 전할 당시, 남아 있는 '원주민의 숲' 을 보호하기 위해 노력해야 한다는 여론이 널리 제기되고 있었다. 그러나 그가 안도와 기쁨으로, 자연을 사랑하는 자들이, "벗겨진 자연경관을 보고 통곡하면서, 소리 높여 '남아 있는 숲을 구하자!' 고 외치는 것" 을 보았을 때, "벌채는 이미 갈대로 간 다음이었다. 곧 목재는 품귀하게 될 것이고 쉬거나 기도를 할 조그마한 숲도 남지 않게 되어 있었다."

뮤어는 가장 큰 소리로, 가장 오랫동안, 그리고 가장 효과적으로 외친 사람이었다. 1838년 스코틀랜드의 소도시 던바에서 태어난 그는, 소년이었을 때 위스콘신으로 가족과 함께 이주해 왔다. 여기서 그는 한 개척자의 농장에서 식물학과 지리학 그리고 기계에 대한 홍미를 가지고 자랐다. 위스콘신 대학에서 1~2년 산만하게 지낸 후, 그는 집을 떠나 캐나다를 여행하였고, 멕시코 만까지 1,000마일을 걸었다. 1868년 3월 샌프란시스코에 도착한 그는 캘리포니아에 정착해, 반복적으로 보다 반경을 넓히면서 계속 시에라산맥을 탐험했다. 10년도 안 되어, 그는 저술가 및 강연자로 알려지게 되었고, 서부에 남아 있는 야생지를 구해야 할 필요성에 대해 역설했다. 1892년 그는 〈시에라 클럽〉(Sierra Club)을 창설했고, 그 후 이 클럽은 미국 환경운동에서 가장 큰 영향력을 행사하는 보존협회가 되었다.

간디와 같이, 뮤어는 체계적인 사상가가 아니었다. 그의 사상은 여러 단편적인 글과 연설에 흩어져 있고, 어느 하나의 권위적 교재에 수록되어 있지 않다. 그러나 간디와 마찬가지로, 뮤어도 자기 시대를 훨씬 앞질러 간 사상가였다는 데는 의심의 여지가 없다. 그는 산림보호를 위한 경제적 합리성, 즉 목재의 지속적인 공급, 토양 유실의 방지, 강물 흐름의 규제 등에 대해 잘 알고 있었다. 그러나 동시에 그는 독자적이고, 비실용주의적인 논리로 야생의 보호를 주장하였고, 이에 대해 열정적인 믿음을 가지고 있었다. 〈시에라 클럽〉의 한 초기 모임에서, 그는 다음과 같은 말을 한 바 있다.

> 시에라의 옆면을 둘러싸고 있는 모든 종류의 숲은 개울물 공급을 위한 보호막으로서 잴 수 없을 만큼 큰 가치를 가지고 있다. 그러나 우리의 숲들은 완전한 보호막만을 가지고 있는 것이 아니다. 어떤 면에서도 가장 매력적이고 흥미로운, 그리고 영적으로나 물질적으로나 가장 높은 가치를 지녀, 하늘의 천사들조차 내려와 그들의 잎으로 지은 성전에 머물기를 간구하는 그러한 나무들도 가지고 있다!

복음주의 설교자의 아들로서, 헌신적인 기독교인으로 자란 뮤어는 그가 받은 종교적 전통과는 어쩐지 잘 어울리지 않는 신비주의적인 범신론을 포용했다. 기독교 교리는 인간을 다른 모든 창조물을 지배하는 위치에 놓고 있다. 그러나 그를 찬미하는 어떤 사람이 관찰했듯이, 뮤어에게 "벼랑, 공기, 구름, 꽃, 나무, 새, 짐승 — 이 모든 것은 세상을 하나로 통합하는 하나님의 형상"이었다. 그는, 모든 종이 자연의 틀 안에서 자신만의 존중받는 자리를 갖는다고 여겼다. 인간은 스스로 우주의 주인으로 생각했지만, 뮤어는 이렇게 주장했다.

> 동물과 식물 들을 만드는 자연의 목적은, 아마도 그 가운데 어떤 하나의 행복을 위해 다른 모두를 창조하는 데 있는 것이 아니라, 그 어떤 것보다도 그것들 각각의 최고의 행복에 있을 것이다. 왜 인간은 자신을 하나의 거대한 창조의 조그마한 부분 이상의 가치를 지닌다고 보는가? 그리고 주님이 고통스럽게 만든 모든 것 가운데 그 전체, 즉 우

주를 완성하는 데 필수적이지 않은 피조물이 어디에 있는가? 우주는 인간 없이는 완전하지 않다. 그러나 또한 우리가 자랑하는 눈과 지식 밖에 존재하는 극히 미세한 피조물 없이도 완전할 수 없다.

뮤어의 자연경관에 대한 글은 열정적이고, 개별 종들에 대한 글에는 사랑이 담겨져 있다. 시에라 곰은 그에게 "동물의 세쿼이어[커다란 캘리포니아산 삼나무]," 즉 "나무들과 바위들과 털복숭이 떡갈나무 넝쿨과 잘 조화를 이루는, 어느 곳에서나 편안한" 친구인 숲의 산책자였다. 물에 사는 검은 지빠귀는 "산의 험난한 개울에서 노래하는 용감한 작은 성악가"였다. 이 새를 보고 사랑하는 것은 창문을 통해 "자연의 따듯한 가슴을 들여다보는 것" 같은 것이었다. 도시 거주자들에게 자연은 좋게 말해 멀리 떨어져 있는 것이었고, 나쁘게 말하면 무서운 것이었다. 그러나 뮤어에게 숲과 그 안의 다양한 서식자들은 언제나 환영의 대상이었다. 철학자 에머슨(Ralph Waldo Emerson)이 요세미트를 방문했을 때, 뮤어는 그를 야생지로 데려가는 데 실패했다. 그는 에머슨에게 시에라에 나타나신 하나님의 모습을 보여주고 싶었다. 그러나 보스턴 안방 철학으로 머리가 가득 찬, 이 위대한 인간의 고정관념은 그를 호텔과 안전이 확인된 길에서 벗어나지 못하게 했다. 그러나 생애 마지막에 가까워지면서 뮤어는 시에라의 영광을 맛보기 위해 찾아오는 도시 사람들이 점점 늘어나는 것을 보면서 가슴이 뭉클했다. 그는 "수천 명의 지치고 정신이 혼미한, 과도하게 문명화된 사람들이 산에 가는 것이 집에 가는 것임을 발견하기 시작한 것을" 보았다. 뮤어에게 이것은 "야생은 꼭 필요한 것이며, 산봉우리와 [숲의] 보존은 목재와 강에 물을 공급하는 분수로서뿐 아니라 생명의 분수로서 유용하다는 것을 증명하는 것이었다."

시에라가 두 번째, 경우에 따라서는 첫 번째 고향이었던 뮤어와는 대조적으로, 이들 "과도하게 문명화된" 무리들은 일년 내내 도시에서 살고, 단지

한 번에 1주일 정도 야생과의 생활을 맛보았다. 20세기 초에 이르자, 빨라지는 도시화로 여가산업이 탄생하였고, 이로 인해 야생지역 보호를 위한 강력한 사회적 세력이 만들어졌다. 뮤어는 자연을 그 자체의 가치 때문에 보호하기를 원했겠지만, 주말 캠핑이나 트레킹과 같은 보다 평범한 즐거움이 국립공원 체계의 형성에 못지않은 영향력을 행사했다. 역사가 룬트(Alfred Runte)에 따르면 순수하게 생태학적 근거를 기초로 형성된 최초의 보호지는 1934년에 만들어진 에버글레이즈(Everglades) 국립공원이었다. 룬트는 사실상 몇몇 초기 국립공원은 급속하게 등장한 문화제국주의의 요구에 맞추기 위해 만들어진 것이었다고 지적했다. 산들과 숲들의 명백한 초시대성과 거대성은 미국의 지성인들에게는, 자신들이 너무 눈에 띄게 결여하고 있는 풍부한 예술 및 건축의 전통에 대한 대용물을 제공하는 것이었다. 농부들과 양치기들이 고대문화와의 연속성을 지켜 오고 있는 유럽과는 달리, 이곳 농부들의 생활과 전통에는 인정받을 만한 유산이 없었다. 그러는 사이, 이 땅의 토착 거주자들, 즉 미국 원주민들은 많은 수가 죽임을 당했고 정신적으로 타락하게 되었다. 이 빈자리에 야생성이 들어왔고, 그것은 소위 *미국의 과거*— 위대한 과거가 되었다. 만약 시에라 붉은 삼나무가 예수탄생 이전에 자라기 시작했다면, 만약 록키산맥이 알프스보다 두 배 높았다면, 그리고 만약 미시시피에 비해 다뉴브가 하나의 웅덩이에 불과했다면, 그랬다면 이 새로운 나라는 일련의 자연의 신비로움을 인간이 만든 유럽의 공예품이나, 교회당, 민속품, 그림 들보다 우수한 것으로 자랑했을 것이다. 이러한 뜻에서, 서부의 기념비적이고 빼어난 경관은 미국 애국자들에게는 그들이 매우 심한 열등의식을 가지고 있던 고대문명으로 대표되는 유럽에 대한 자존심을 회복시켜 주는 수단이 되었다.

뮤어는 그 자신이 생태적 애국자였다. 그는 미국의 숲들이 어떤 것에도 뒤지지 않는다고 믿었다. "다양성과 조화와 풍성함에 있어서, 미국의 야생은 레바논의 삼나무나 히말라야의 삼나무, 또는 아마존의 열대우림에 비해서도 우월하다고 믿었다. 그러나 그의 목소리를 다른 사람들의 것과 구별짓게 한 것은 애국심보다는 오히려 생태적 감수성이었다.[**] 뮤어는 인간 이외의 종들에 대한 고려로, 즉 자연은 어떤 개인의 은행 잔고나 어떤 국가의 국민총생산에 관계없이 보살핌을 받아야 할 권리를 가지고 있다는 완강한 그의 주장(*상자* 참조)으로 존경을 받고 있다. 그는 후세 환경주의자들에게 일종의 숭배의 대상이 되었다. 그들은 뮤어를, 자연을 파멸시키는 상업과 산업 세력으로부터 포위 · 공격당하고 있는 광야에서, 이들 세력에 맞서, 홀로 울부짖는 수염을 기른 예언자로서 경배하였다. 이 야생성 운동의 신전에 뮤어의 바로 옆에는, 우리가 지금 논의하고자 하는 레오폴드(Aldo Leopold)가 자리하고 있다.

말도 레오폴드는 1887년 1월 교양 있고 높은 교육을 받은 독일 이민자 가정에서 태어났다. 그는 책과 음악 속에서 자랐으나, 또한 열성적인 사냥꾼이었던 아버지의 영향으로 야외에 대한 관심도 배워 익혔다. 알도는 계속해서 1909년 〈미국 산림청〉(United States Forest Service)에 합류하기 전에, 예일대학 산림학부(Yale School of Forestry)에서 학위를 땄다. 그는 〈미국 산림청〉에서, 그것도 주로 남서부에서 1/4세기를 일했다. 1933년에 그는 위스콘신대학의 교수로 자리를 옮겼고, 시간의 대부분을 대학 교정과 시골에 구입한 조그마한 농장에서 보냈다.

레오폴드의 환경주의적 관념은 경력과 함께 변화하는 것을 알 수 있다. 과학적 보존주의의 전시장인 〈산림청〉에서 보낸 긴 기간은 뒷날 늦게 그를, 한 동료가 "야생전투를 지휘하는 장군"으로 명명한 바와 같이, 자연의 철학자로서 등장하도록 준비시킨 기간이었다. 숲 지역에 많은 수의 야생동물들을 배치함으로써, 레오폴드는 '사냥 관리' 철학을 발전시켰다. 이는 '지속

어떻게 자연을 경배하거나 하지 않는가?

자연에 대한 위협과 이들 위협을 예언하거나
이에 대비해 작업을 하여야 하는 것에 대한 존 뮤어의 입장

1. 시에라 숲 여행자들은 보통 생명력의 결핍에 대해 불평을 토로한다. 그들은 말하기를 "나무들은 좋다. 그러나 텅 빈 정적은 죽음과 같고, 거기에는 동물이나 새들이 보이지 않는다. 우리는 온 산림에서 새의 노래 한마디 듣지 못했다." 그러나 이상할 것이 없다! 그들은 큰 무리를 지어 수마일을 말을 타고 간다. 그들은 커다란 소음을 낸다. 그들은 땅과 어울리지 않고 자연스럽지 못한 요란한 옷을 입고 있으며, 동물은 모두 이들을 피한다. 놀란 소나무들조차 그들이 할 수만 있다면 멀리 도망갔을 것이다. 그러나 자연을 사랑하는 사람들, 경건하고 조용하고, 눈을 크게 뜬, 사랑을 가지고 바라보고 귀 기울이는 사람들은, 이들 산속 장원에서 서식자의 부족을 느끼지 못할 것이다. 서식자들은 그들에게 기꺼이 다가가기 때문이다.

2. 우리가 [시에라 숲을 위해] 싸운, 그리고 아직 싸우고 있는 싸움은 옳음과 그름의 영원한 갈등의 일부로, 그 끝을 보기를 기대할 수는 없다.… 가장 작은 산림 보존지는, 내가 처음 들은 바로는, 에덴동산에 있었다. 그 경계는 주님에 의해 드리워졌고 거기에는 나무가 하나밖에 없었지만, 이렇게 보잘것없는 보존지 역시 공격을 당했다. 나는 시에라의 거대한 나무들 가운데 단지 하나를 가장 품위 있고 영광스러운 모든 수종의 나무의 표본으로 택해 보존한다 해도, 오래가지 않아 벌목꾼과 법률가가 나무 아래 서서 땅과 토질에 관한 온갖 법을 다 들먹이며 이 나무가 쓰러지지 않으면 안 된다는 것을 열심히 주장하는 모습을 보게 될 것이다. 따라서 우리는 이들 나무를 위해서 눈을 부릅뜨고 지키고 싸워야 하고, 이렇게 확실히 선하고 고상한 목적을 가진 어떤 것을 찾고, 그것을 지키기 위해 일할 수 있게 된 것을 늘 기뻐해야 할 것이다.

출처: 1. "Among the Yosemite," *The Atlantic Monthly,* December 1898, p. 751.
2. "Address on the Sierra Forest Reservation," *The Sierra Club Bulletin,* volume 1, number 7, 1896, p. 276.

가능한 수확' 의 관념에서 거두어들일 필요가 있는 산물을 목재에서 사냥감으로 대치시킨 것이었다. 그러나 때맞추어 그는 야생의 문화적 · 생태적 중요성을 느끼게 되었고, '사냥감 피난처' 를 추진함으로써, 국가 산림의 일부를 전적으로 야생성 보호지역으로 떼어 놓아야 한다는 주장을 하기 시작했다.

레오폴드에게 산림청으로부터 위스콘신대학으로의 이전은 또한 핀쇼의 전통으로부터 뮤어의 전통으로의 이전, 그 이상(*상자*의 인용을 참조)을 의미하는 것이었다. 1935년 1월 그는 〈야생성 협회〉(Wilderness Society)의 창립을 도왔다. 이 협회는, "자연에 있어 인간의 위치에 대한 지성적 겸양"을 주장하는 철학적 신조와, 아직 광업이나 산업, 벌목, 길 등 다른 이와 비슷한 위협에 노출되지 않은 곳을 야생지역으로 그대로 남겨 놓기 위한, 실천적 프로그램을 동시에 추구하는 자율적인 압력단체로 만들어졌다. 같은 해 늦은 때, 레오폴드는 독일로 연구여행을 떠났다. 몇 가지 선택된 종을 중점 육성함으로써 자연에서 발견되는 다양성을 줄이는 결과를 가져온 인공화된 산림 및 사냥관리 체계를 보고 그는 크게 실망하였다. 그는 독일인들의 가문비나무에 대한 열광을 보고, "전국의 모든 숲이 한 세대에 새로운 한 가지 종으로 바뀐 일은 전에도 없었고, 앞으로도 그런 일은 없을 것" 이라고 언급했다. 레오폴드는 정이 떨어져, "독일인들은 세계를 향해 배추같이 나무를 심으라고 가르쳤다" 고 평했다.

샌드 카운티 연감(*A Sand County Alamanac*)에는 위스콘신 농장에서의 그의 삶의 연표가 실려 있다. 거기서 레오폴드는 오고 가는 계절에 따라, 그리고 해가 바뀌면서 나타나는 식물과 동물 생명체의 변화를 감동스럽게 묘사했다. 그가 경작한 땅은 한때 많은 버팔로들이 뛰놀던 초원의 일부였다. 레오폴드는, 커다란 버팔로가 없어지는 것과 똑같이, 삽과 잔디깎기 때문에 토종풀인 초라한 썰피움이 멸종되는 것을 비통해 하였다. 썰피움의 사라짐은 "토종 식물상(相) 장례식에서는 보잘 것 없는 화젯거리였지만, 나아가 전 세계 식물상들의 장례식에서는 중요한 얘깃거리가 된다" 고 그는 평했다.

알도 레오폴드가 그의 신조를 바꾸다

알도 레오폴드는 콧대 높은 공리주의적 보존주의자에서
생태적 조화와 독자성을 주창하는 철학자로 바뀌었다.
이 인용문이 이러한 전환을 보여준다.

1. 땅과의 조화로운 관계는 보다 난해하고, 문명의 진보를 얘기하는 역사가들이 실감하는 것보다 훨씬 더 문명과 묶여 있다. 문명은, 그들이 가정하는 것처럼, 안정되어 있고 일관성 있는 상태의 지구에 속박되어 있는 것이 아니다. 그것은 인간 동물과 다른 동물, 식물, 토양과 상호 의존적인 상태로 묶여 있고, 이들 가운데 어느 하나라도 파괴되면 한순간에 혼란이 올 수 있다.
2. 생태학의 등장은 이 경제생물학자를 묘한 궁지에 빠뜨려 왔다. 한편으로 그는 계속해서 이 종 또는 저 종의 실용성 또는 실용성 부족에 대한 탐구결과를 제시한다. 다른 한편으로 그는 매우 복잡하고 협동과 경쟁에 의해 조건 지어진, 그래서 어떤 사람도 어디에서 실용성이 시작되고 끝나는지 말할 수 없는 생물상의 베일을 벗긴다.

출처:
1. "The Conservation Ethic," *Journal of Forestry*, volume 31, number 6, 1933, p.635.
2. "A Biotic View of Land," *Journal of Forestry*, volume 37, number 9, 1939, p.727.

레오폴드는 뮤어 이후 가장 영향력 있는 야생성 사상가였다. 그리고 이 캘리포니아인은 *샌드 카운티 연감*에 가장 자주 인용되는 권위자였음에 틀림없다. 그러나 뮤어가 개척적인 쟁기꾼이었다면, 레오폴드는 보다 좋은 가문 출신이었다. 더욱이 그가 자랄 때 미국은 기술적으로 발전되고 도시화된 사회가 되어 있었다. 이러한 일대기와 맥락의 차이가 왜 레오폴드의 것이 도회풍의 성찰적 접근이며, 뮤어가 보여주는 자연과의 단순한 결합을 뜻하는, *원초성*을 결여하고 있는지를 설명해 준다. 뮤어가 도덕주의자인 동시에 독학의 과학자였다면 레오폴드는 도덕가로 변신한 생태학자였다고 할 수 있다.

레오폴드와 뮤어는 둘 다 광야를 찬양했지만, 그곳 밖에서 일어나는 일에 대해서는 서로 다른 태도를 가지고 있었다. 무어는 야생성에 사로잡힌 듯한 연인의 정신상태를 자주 나타냈다. 그는 자연의 통합성을 혼란시킬 가능성이 있는 어떤 세력이나 형태에 대해서도 적대적이었다. 국립공원에서 "발로 걷는 메뚜기" 떼에게 풀을 먹이는 "황폐시키는 양치기"에 대한 그의 깊은 혐오가 이와 같은 것이다. 광산업자들과 목재상들과 함께 이들은 그에게, "하나님이 만든 아름다운 숲에 검은 죽음을 펼치는, 야생성을 파괴하는 고트족과 불량배"였다. 뮤어는 공원들은 군대가 지켜야 한다고 생각했다. 그에게는 군대가 "정부에서 유일하게 효율적이며 믿을 수 있는" 기구였다. 그는 총을 든 군인들만이 "목초지로서 보다 훨씬 높은 국가적인 용도를 보장하는" 정원인 "요세미트 정원에서 단 한 마리의 소나 가축도 비비고 다니지 못하도록 확실히 막을 수 있다"고 보았다.

그러나 레오폴드의 관점에서는 국립공원 밖에서의 책임 있는 인간행동이 그 안에 있는 야생종들의 보호보다 더 중요했던 것처럼 보인다. 그는 개인 지주들에게, 토양 생산력을 높이고 다양한 식물상과 동물군을 유지할 수 있도록, 종들의 혼합배양을 권장했다. 야생지역에 대한 엄격한 국가통제는 개인들이나 공동체들이 그들의 소비를 줄이고 자연을 존중하는 한 문제될 것이 없었다. 그는 "우리는 식물과 새와 나무를 단순히 몇 안 되는 하찮은 보호지역에서만 살게 할 것이 아니라 만 개에 달하는 농장에 돌려주어야 할

필요가 있다"고 썼다. 하버드 역사학자 플레밍(Donald Fleming)이 평했듯이, 레오폴드에게

> 조그마한 농장과 농촌 생활의 미덕은 그 자체가 일상적인 삶의 문양으로 짜여진 거창하지 않고 미리 계획되지 않은 만남을 가져다주는 자연과의 순수한 사적 거래였다. 한편 국립공원과 국가 산림은, 일반 신도들이 일생에 한 번 일종의 소나무 교구에 대한 믿음을 확인하는 날에 대비해, 매우 열정적인 보존주의자 신부의 보호 아래 따로 떼어 놓여진 성스러운 곳인, 순례의 목표지였다. 이것이 레오폴드의 자연을 향한 초월주의자들의 입장에 대한 반대의 요지다. 이는 실제 생활로부터의 회피의 관념과, 더욱 심한 것은, 이에 상응하여 자연환경을 즐기기 위한 적합한 무대로서 평일의 세계를 평가절하하는 것과 불가피하게 연결되어 있다. 레오폴드의 목적은 정확히 그 반대였다. 그는 보존의 이상에서 보존과 거리가 먼 그리고 성스러운 측면을 제거하고, 특별히 인간이 거대하고 웅장한 어떤 것에 의해 치장되거나 도취되지 않았을 때 나타나는, 겸허한 맥락에서의 자발적인 일상 실행의 문제인, 다른 유기체들을 그리고 땅 그 자체를 사랑하고 경이로워 하는 태도를 배양하기를 원했다.

레오폴드는 뮤어뿐 아니라, 오직 바다나 산맥과 같은 웅장한 서식지와 호랑이나 고래와 같은 카리스마적인 동물들과만 시간을 가졌던, 이전과 이후의 수십 명의 야생 사상가들과도 달랐다. 이들 사상가들은 좁게, 아마도 너무나도 좁게, 안에서는 순찰로, 밖은 담과 울타리를 쳐 보호하는 공원과 은신처의 건설에 초점을 맞추었다. 레오포드의 접근은 여러 면에서 보다 포괄적이었다. 생태적으로 그는 종의 보호에서 서식지의 보호로, 그리고 계속 모든 형태의 생물학적 다양성의 보호로 움직여 갔다. 사회적으로 그는, 생태적 원리들의 폭넓은 경제적 재조직을 통해, 자연이용의 과실이 사람들에게 보다 공평하게 분배될 수 있도록 하지 않고서는 야생지역은 지켜질 수 없다는 것을 인식하였다. 윤리적으로 그는, 자연을 향한 보살핌과 경이의

태도가 가끔 있는 야생지로의 소풍 때만 표출되어서는 안 되고, 우리들의 일상생활의 일부로 직조되어, 우리가 주말과 마찬가지로 주중에도 이 땅을 부드럽게 밟고 지날 수 있게 되기를 바랐다.

후기

잘 분류되지 않는 사람들

과학적 보존, 땅으로 돌아가라, 그리고 야생성 관념은 환경주의의 첫 번째 파도의 가장 영향력 있는 이념들이었다. 대륙의 경계를 넘어, 수많은 사상과 조류가 이들 세 가지 형태 가운데 하나에 들어맞지만, 그렇다고 모든 사상가들의 서사가 그런 것은 결코 아니다. 여기서는 이들 예외자들을 대표적인 사상가들의 명단에 추가하기보다는, 결론삼아 이 세 가지 범주에 쉽게 넣을 수 없는 세 명의 환경주의자를 뽑아 고찰하고자 한다. 논쟁적이기 보다는 분석적인, 정열적이기보다는 성찰적인 이들 3인조는 자연과학과 사회과학 사이에 다리를 놓는 데 도움을 준 사람들로, 오늘날의 '학문 간' 그리고 '초학문적' 지적 운동의 선구자로 기억되고 있다.

이들 분류가 어려운 환경주의자들 가운데 첫째는, 러스킨과 마쉬의 찬미자인 동시에 자기 나름의 독자적 사상가였던, 스코틀랜드 사람인 게디스(Patrick Geddes, 1854-1932)다. 오랜 기간 화려한 경력을 가진 게디스는 던디에서 생물학을, 봄베이에서 사회학을 가르쳤고, 에딘버러에서 박물관을 운영하였고, 프랑스 남부에 대학을 세웠다. 그의 제자 중의 한 사람은 게디스는 "훈련으로나 일반적인 심성의 습성으로나, 이 생물학의 분파가 독자 학문분과로서 지위를 획득하기 오래전부터 생태학자였다"고 서술했다. 그렇지만 게디스는 생물학적 생태학자라기보다는 인간사회와 자연환경 사이의 동적인 상호연관성을 이해하려고 한 학자, 즉 *사회* 생태학자였다.

실용적인 의미에서는 물론 지적으로도 게디스의 가장 중요한 업적은 도시계획 분야에서 나왔다. 그는 근대도시의 기생성, 즉 도시의 에너지와 물질에 대한 게걸스러운 식성을 통한 농촌 배후지의 착취를 처음으로 조명한 사상가 중의 하나였다. 산업사회의 화석연료에 대한 의존과 이것이 발생시키는 엄청난 오염은 그의 도발적인 어구인 "탄소로 물든 자본주의"에 잘 반영되어 있다. 게디스는 유럽과 아시아 도시들을 위해 수십 가지 계획을 집필했다. 이들 각각은 도시생활을 시골의 가치 및 덕목과 조화시키는 것을 목표로 하였다. 그는 이와 같이, 주위 환경이 아름답고 자연과의 접촉이 있는, 그러나 "옛것을 넘어서는, 동시에 솔직하게 그리고 전적으로 도시생활의 최고의 이점들을 자체에 포괄하는, 나선형 선회에 기초한" 건강한 농촌생활로 돌아갈 것을 주장했다. 그의 관점에서 도시계획은 무엇보다도 "자연의 보존과 자연에 대한 우리의 접근의 증가"를 목표로 하는 것이었다. 그 계획은 —기막히게도 거의 받아들여지지도 실행되지도 않았는데— 개방 공간과 공원의 창설과 나무들의 심기와 보호, 그리고 물과 물의 몸체의 보존을 강조했다.

게디스의 관념은 두 명의 뛰어난 제자, 즉 미국의 역사학자인 멈포드(Lewis Mumford, 1895-1986)와 인도의 사회학자인 무커지(Radhakamal Mukherjee, 1889-1966)에 의해 계승되었다. 50년 이상을 집필가와 사상가로 활발하게 일해 온 멈포드는 환경운동의 두 파도에 걸쳐 있었고, 두 쪽 모두에 괄목할 만한 공헌을 하였다. 뮤어나 그 이전의 간디와 마찬가지로, 멈포드는 대학교육을 받지 못했다. 그는 자신의 대학은 그가 자라고 그가 삶을 배운 길과 공원과 도서관이 있는 맨해튼이라고 말하기를 좋아했다. 그는 통찰력을 사용해 이 도시와 다른 도시들에 대해, 그리고 그 안에 있는 환경과 이들을 포괄하는 보다 넓은 지역에 대해 썼다. 출판된 멈포드의 업적 가운데는 20~30권의 책과 200~300편의 에세이가 포함되어 있다. 이 모든 것은 책에서 배운 것 못지않게 그 자신의 산 경험에서 나온 것이었다.

멈포드는, 중세 유럽의 특징인, 도시와 배후지역 사이의 유기적 통합은 석탄과 철에 기초한 19세기 산업화에 의해 방해를 받아 왔다고 주장했다. 오염을 내뿜는 공장들과 비위생적인 빈민촌들을 그 가장 대표적인 모습으로 부각시킨 산업화는 확실히 "쉽게 말해 역사가 기록된 이래 이제까지 그렇게 대량의 사람들이 그렇게 야만적으로 나빠진 환경에서 산 적이 없었던" 초유의 일을 야기하였다. 그러나 멈포드는, 뒤를 돌아보기보다는 앞을 내다보면서, 태양력과 수력전기와 같은 비공해 에너지원과 오래 쓸 수 있는 비금속류에 기초한 새로운 탈산업화 경제발전 국면이 등장하기를 바랐다. 그가 사회에 대해 원한 것은 혼란상태에 있는 세 가지가 균형을 되찾는 것이었다. 그것은 도시와 농촌의 균형, 출생과 사망의 조절을 통한 인구의 균형, 그리고 이 모든 것 가운데 가장 중요한 것인 인간과 자연의 균형이었다.

역사학자로서 멈포드는 냉철하게 "파멸의 화폐경제"의 등장을 연구했다. 반면, 시민으로서 그는 "재생의 미래 생명경제"를 위해 활발히 일했다. 이러한 학자로서의 역할과 운동가로서의 역할의 결합은, 후에 1915~1922년 사이에 인도에서 살았을 때 게디스의 영향을 받은, 사회학자인 무커지에게서도 나타났다. 다른 사회과학자들이 인간을 자연으로부터 고립시켜 연구한 데 반해, 무커지에게는 어떤 사회적 집단도, 그들이 경작하는 식물과 기르는 동물, 심지어는 어떤 지역의 토종인 곤충까지도, 서로 풀 수 없이 복잡하게 얽혀 있는, 생물 공동체의 연쇄사슬과의 관계를 통해 연구하지 않으면 안 되는 것이었다. 그가 가장 깊이 있게 연구한 지역인 인도 —갠지스 강의 평원 어디서나, 그는 인간의 합법적인 목표가 되어야만 할 "자연의 재생과 풍요" 대신에 벌채, 토양유실, 수확감소의 형태로 대표되는 "고갈과 감소"를 발견했다. 그래서 그는 "내일을 위한 생각, 아직 태어나지 않은 지역 주민을 위한 희생과 같은, 새 가치의 전파"를 통해 "모든 분야의 생태학적 세력들이 연대할 것"을 촉구했다.

이성을 열정과 결합시킴으로써, 게디스-무커지-멈포드의 사회생태학 전통은 다른 환경주의 전통들이 가지고 있는 부분적 전망의 벽을 넘어섰다. 이들의 핵심 분석 범주인 '지역'은, 다른 학파들이 고립된 것으로 보는 경향이 있는 세 가지 영역—야생성, 시골, 도시—이 함께 묶여진 것을 뜻한다. 그것은 동시적으로 원시적 야생의 보전과, 안정된 농촌 공동체의 회복, 기생적이 됨이 없이 지속 가능한 도시-산업 복합을 위해 작동하도록 고안된 그들의 지역주의 프로그램에서 잘 드러난다. 1938년에 멈포드는 이러한 접근을 주류 환경운동과 구분하면서 다음과 같이 썼다.

> 장대한 쓰레기 더미와 불결에 대한 혐오에서 기원하는 보존운동은 소극적인 영향력을 갖는 경향이 있다. 이러한 운동은 야생지역을 침해당하지 않도록 고립시키려 해 왔고, 쓰레기를 줄이고 손상을 막는 데 힘써 왔다. 오늘날 지역개발의 과제는 보다 적극적인 것이다. 그것은 이 지구 전체를 최고의 완전성과 적합한 이용의 경지까지 끌어올리는 데 있다. 즉 단순히 원시적인 것을 보전하는 데 그치는 것이 아니라, 정원의 터를 넓히고, 개방된 나라 모든 곳에 잘 가꾸어진 자연경관의 문화가 도입되기를 바란다.

다음해 세계가 전쟁에 휩싸였다. 그리고 환경주의와 이와 관련된 모든 것은 다 공공생활에서 주변으로 밀려났다.

제2부 | 환경주의의 두 번째 파도

서막
생태학적 무지의 시대

제1부를 마치면서 제기한 '녹색 의제'는, 오늘날 그것이 어느 정도 호소력을 가질 수 있을 것인지와는 별도로, 그 당시에는 받아들이는 사람이 별로 없었다. 그 이유는 그것이 본원적인 자체적 약점 때문이 아니라, 제2차 세계대전으로 알려진, 전 지구에 엄청난 영향을 준, 한 사건에 덮여 버렸기 때문이었다. 1939~45년에 걸친 대학살로 희생된 인간의 생명은 1914~18년의 전투에서 잃은 희생자의 수를 훨씬 넘는 것이었으나, 그 결과는 매우 달랐다. 제1차 세계대전은 이웃들 사이의 전쟁으로, 무서운 값을 치르지 않아도 되는 듯이 보였던 과거의 전(前) 산업시대에서 상상적인 피난처를 추구하던 많은 유럽의 사상가들에게 어둠의 장막을 드리웠다. 반대로 1945년 연합국의 승리는 인간성의 미래에 관해 낙관주의의 불을 지폈다.

그 앞의 세계대전과는 달리, 제2차 세계대전은 보다 간명하게 악에 대한 선의 싸움, 즉 자유를 사랑하는 영국과 미국의 민주주의 대 권위주의적 파시스트 국가인 이탈리아와 독일의 대결로 이해되었다. 더욱이, 옳은 쪽이 이겼다. 오직 경쟁적인 제국들 사이의 물자와 영토의 갈등으로 야기된 제1차 세계대전에서는 이러한 명백한 선과 악의 구분이 가능하지 않았다. 제2차 세계대전의 도덕성은, 그 결말이 바로 1947년 영국제국의 '왕관의 보석'인 인도의 독립 허락으로 이어짐으로써 더욱 돋보이게 되었다. 서구의 열강들은 마치 자신들의 식민소유를 포기함으로써 민주주의에 대한 헌신을 확인하는 듯이 보였다. 다른 나라들은, 비록 정치적 독립이 대부분의 나라에서는 떠나는 식민주의자들의 호의에 못지않게 전투적인 민족주의자들의 투쟁의 결과였음에도 불구하고, 영국의 예를 따랐다. 1948년에 네덜란드가 인도네시아를 떠났고, 다음해 미국이 필리핀을 포기했다. 반면 영국은 아시아와 아프리카의 수많은 식민지에서 점진적으로 철수했다. 집으로 돌아가는 것을 가장 꺼려했던 것은 프랑스인과 포르투갈인이었다. 그들은, 백인의 유색인 지배의 시대가 돌이킬 수 없이 지나갔다는 것을 최종적으로 인정하기까지 —한 쪽은 알제리와 인도차이나에서, 다른 쪽은 앙골라와 모잠비크에서— 처참한 피의 전쟁을 치렀다.

유럽/미국에서의 평화와 아시아/아프리카에서의 탈식민화는 한 가지 핵심적인 면에서 동일한 결과를 가져왔다. 두 맥락 모두에서, 정부의 최고의 과제는 이제 국민들의 경제적 기대를 충족시키는, 가능하면 넘어서는 것이 되었다. 〈북쪽〉(the North)에서는 지식인들과 정치인들이 다 같이, 다른 어떤 것보다도, 부의 생성과 분배가 전쟁의 기억을 말끔히 씻는 데 도움을 줄 것으로 믿었다. 그것은 멀리 떨어진 제2차 세계대전의 싸움터에서 쟁취한 승리는 민주주의만큼이나 기술의 승리로 널리 인식되었기 때문이었다. 갈등이 끝났고, 이제 미래를 구원하는 통로는 기술의 효과적인 생산과정에의 적용에 놓여 있는 듯 보였다. 1949년 1월 20일 트루먼(Truman) 대통령이 그의 취임연설에서 주장한 것처럼, "보다 많은 생산이 번영과 평화의 열쇠"

였다.

경제학자 갈브레이스(John Kenneth Galbraith)가 전후 미국에서 매우 특징적으로 나타났다고 생각한, "생산성과 생산에 대한 선입견"은 실은 전후 유럽에서도 마찬가지로 나타났다. 이들 사회는 대부분이 적절한 의식주 상태에 있었다. 그러나 이제 그들은 "보다 우아한 자동차와 보다 색다른 음식과 보다 호색적인 옷과 보다 멋진 연회"에 대한 욕구를 표출하기 시작하였다. 갈브레이스는 1950년대의 미국을 "풍요로운 사회"로 명명하였다. 이때 그는 이를 다른 사회나 다른 시대와 비교해 그 구성원들이 엄청나게 부유해진 사회를 지칭하는 데는 물론, 풍요에 대한 헌신이 매우 두드러져 물질적 재화의 소유와 소비가 개인과 집단 성취의 유일한 표준이 되는 사회를 뜻하는 용어로 사용하였다. 인류학자 고러(Geoffrey Gorer)는 이것을 "보다 많은 보다 좋은 것들의 공급을 방해해 온 또는 방해할 것으로 생각될 수 있는 어떤 고안이나 규제에 대해서도, 마치 매우 신앙심이 깊은 사람이 신성모독에 저항하거나 호전주의자가 평화주의에 저항하듯, 비이성적인 혐오를 가지고 저항하는" 문화라고 평했다. 가장 위대한 미국 대통령인 루스벨트(Franklin Roosevelt)는 1941년 하원에서 연설하면서 "4가지 필수적 자유," 즉 표현, 종교의 자유와 빈곤과 공포로부터의 자유에 "기반을 둔 세계"를 내다보았다. 10년 후, 전쟁이 편안하게 잊혀진 과거가 되면서, 풍요로운 사회가 가장 소중히 여기는 4가지 자유는 마치 생산할, 소비할, 부자가 될, 그리고 더욱 부자가 될 자유로 바뀐 것처럼 보였다.

아시아와 아프리카의 신생독립국들 또한 생산성과 생산에 대한 생각에 사로잡혀 있었다. 그러나 그들은 보다 큰 풍요를 일구는 것보다는 그들의 목표로서 설정된 빈곤의 제거, 즉 루스벨트의 원래 목록의 세 번째에 상응하는 "세계 모든 곳에서 빈곤으로부터의 자유"에 매달려 있었다. 인도의 네루(Nehru), 인도네시아의 수카르노(Ahmed Sukarno), 이집트의 나세르

(Gamal Abdel Nasser)와 같은 민족주의자들은 다 같이 제국주의는 식민 열강들의 경제적 · 기술적 우세에 의해서만 가능하였다는 신념을 가지고 있었다. 식민지 해체는 이들 과거의 '저발전' 국가들이 서구와 같은 경로를 따라 '발전할' 가능성을 연 것이었다. 바른 산업화는 빈곤과 실업을 끝내고 강하고 자족적인 사회를 만들 것으로 여겨졌다.

지금 '발전' 의 관념은 세계 여러 곳에서 매우 냉소적으로 받아들여지고 있다. 그러나 이러한 때, 원래 이 용어는 심오하게 인간적이고 민주적인 감수성을 바탕으로 하여 형성되었다는 것을 기억할 필요가 있다. 제국의 시대는 백인이 황인종이나 흑인에 비해 우수하다는 믿음을 기초로 형성되었다. 그러나 발전의 시대는 사람들은 어느 곳에 있든지 동일한 권리와 능력을 가지고 있다는 관념을 전제로 한 것이었다. 국가 간 그리고 국가 안에서의 불평등은 자연스럽지도, 미리 정해진 것도 아니었다. 오히려 불평등은 구체화된 행동을 통해 제거(또는 경감)될 수 있는 것이었다. 현대 과학과 기술은, 이론적으로 볼 때 모든 것을 가능하게 할 수 있고, 따라서 이러한 평등화 노력을 지원하는 하나의 받침판이 되었다. 다른 받침판은, 종종 수백만 명의 보통 사람들의 희망과 열망을 구체화시키는 카리스마적 지도자에 의해 이끌어진, 신생 민족국가였다. 예를 들면, 인도에서는 경제발전과정 그 자체뿐 아니라 국가가 한 사람의 수상(네루)에 의해 지배되었다. 그의 명성이 최고조에 달했을 때에 그는 마하트마 간디를 능가하는 개인적인 인기를 누렸다. 반면 그의 뒤에는 다계급 자유운동을 이끌어 온 그리고 총알이 아니라 투표함을 통해 권력을 장악한 〈국민회의〉(Congress Party)가 버티고 있었다.

'발전론자들' 의 진실성과 합법성은 응당 주목을 받아야 한다. 그럼에도 불구하고 이때가 환경주의 의제의 형성과 진전에 호의적이지는 못했다는 것도 인정해야 한다. 압도적으로 초점이 생산에 맞추어지면서 환경적으로 방향이 지어진 사고는 ―도시나 시골, 또는 산림의 영역에서― 아무 역할도 할 수 없었다. '풍요로운 사회' 에서는 물론 '발전도상 국가에서' 도 여론 주도자들은 보다 집중적인 자연과 자연자원의 이용을 주장했다. 제2차 세계대전 이후 20년은 '발전의 시대' 로 알려져 있다. 그러나 이 시기는 "생태학적 무지의 시대" 로 명명하는 것이 더 정확할 것이다. 미국에서 인도, 영국, 브라질에서와 마찬가지로, 경제성장에 대한 생태적 압력의 언급은 좋게 보아 부적절한 것으로, 심하면 기본적인 국가 목표로부터의 위험스런 이탈로 간주되었다. 여기서 국가의 목표는 한쪽 맥락에서는 풍요의 제공으로, 다른 맥락에서는 부자 나라와 가난한 나라들 사이의 격차경감으로 정의된다. 당시 분위기는 낙관주의, 특히 기술론자들의 낙관주의가 완전히 지배하고 있었다. 이러한 경향은 미국 재무장관인 모겐소(Henry Morgenthau)가 1945년 〈국제부흥개발은행〉(International Bank for Reconstruction and Development), (세계은행, World Bank)의 설립과 관련하여 제시한 그의 의견에 잘 나타나 있다. 모겐소는 확신에 차, 이 은행은 "모든 국가의 국민들이 자연의 부로 *무한정* 축복받은 땅에서 물질적 진보의 열매를 점점 더 많이 즐길 수 있는 활력 있는 세계경제" 를 만드는 데 도움을 줄 것이라고 썼다.

이러한 방식으로, 〈북쪽〉의 국민들에게는 끝없는 경제성장의 전망이, 저발전 세계에는 정확히 미국과 같이 되고 미국인과 같이 살 수 있다는 전망이 제공되었다. 과학은 "끝없는 미개척지" 로서, 기술은 "고갈되지 않는 자원" 으로 일컬어졌다. 이 둘이 협력하여 작동하면, 일시적이든 영구적이든 어떤 자원부족에 대한 염려도 쫓아낼 수 있는 것이었다. 이러한 관념은 〈나사〉(NASA)의 부시(Vannevar Bush)나 하버드대학의 지리학자 마더(Kirtley F. Mather)와 같은 사람들에게서 대표적으로 나타난다. 그들은 어머니 지구 자체는 "충분하게 그리고 여분을" 가지고 있다고 믿음으로써, 생태학적 무지의 시대를 정의하고 또한 신격화시킨 사람들이었다.

이에 어긋나는 불협화음도 틀림없이 있었다. 그중 한 사람이 위대한 버클리 지리학자인 소어(Carl Sauer)였다. 그는 들뜬 낙관주의의 조류를 특정 시간과 장소에 위치시켰다. 그는 "영원한 그리고 충분하게 팽창하는 기술 프런티어(frontier)의 개념으로 대치되어 사라지는 자연 프런티어의 개념은, 그 자체가 역사-지리적인 산물인, 서양적인 문화의 현대적이고 특징적 표현"이라고 주장했다. 그는 계속해서 이러한 프런티어 태도는 "습관화된, 북유럽의 해적들이 세계를 침략하고 공물을 거둬들였던 용감한 날의 찌꺼기인, 낙관주의의 무모성을 보이고 있다"고 평했다. 자연을 대가로 한 폭발적인 성장은 무한정으로 지속될 수 없다고 경고하면서 소어는, 재치 있게 — 그의 동료인 서양인들을 향해— "우리는 아직 수확과 약탈의 차이를 배우지 못했다. 우리는 경제적 현실주의자가 되기를 원치 않고 있다"고 얘기하였다.

두 번째 저항자는 독일 경제학자로 나치주의를 피해 영국에 정착한 슈마허(E. F. Schumacher)였다. 슈마허는 "오늘날 모든 인류의 공동이념인 경제팽창"은 석탄이나 석유와 같은 재생 불능한 자원의 약탈적 착취를 합법화했다고 믿었다. 그는 1954년에, "우리는 우리가 가장 기본적인 의미에서 자본에 의존하여 살아간다는 것을 잊고 있다." 덧붙여 "인류는 수천 년을 존재해 왔고 언제나 수입에 맞추어 살았다. 단지 지난 백여 년 동안에, 인간은 강제적으로 자연의 저장소를 뜯고 해가 갈수록 빠른, 숨쉴 겨를 없는 속도로 그곳을 비우고 있다"고 쓰고 있다. 또 다른 선견지명을 가진 목소리는, 자연을 황폐시키는 도구들에 보다 관심을 보인 멈포드의 것이었다. 그는 1955년에 쓴 글에서 "우리 과학과 기술의 무시무시한 전능의 지식과 전능의 힘"은 "무지와 무능력보다 더 자기 파괴적이 될 수 있다"고 경고했다. 그는 "사랑이 앞장설 때에만 지구와 지구 위의 생명은 다시 안전하게 될 것"

이라고 주장하면서, "권력, 위세, 그리고 이익"의 법칙을 개탄했다.

소어와 슈마허, 멈포드는 모두 서구 환경주의 역사에서 인정받은 인물이다. 그러면 여기서 역사에 알려지지 않은 저항자 한 사람을 살펴보자. 벤(Mira Behn)은—그녀의 실제 이름은 슬레이드(Madeleine Slade)인데—1927년 간디 진영에 합류한 한 영국 제독의 딸로, 그 후 30년을 그녀의 선생을 위해 그의 땅에서 봉사하면서 지내 왔다. 전쟁 직후 그녀는 자연의 음률을 이해하고, 농부의 생활과 자연의 관계를 이해하기 바라면서 중부 인도에 있는 간디의 아슈람에서 히말라야에 있는 한 농촌으로 거처를 옮겼다. 그녀의 일차적 관심은, 간디적이라고 하기에 알맞게 마을 경제를 재건하는 데 있었다. 그러나 때로는 영국 여성답게, 그녀는 자연에 대해 거의 워즈워스적인 친밀성을 표현했다. 스스로 "위대한 원시적인 어머니 지구의 헌신자"인 그녀는 1949년 4월 이렇게 불만을 토로했다.

> 오늘날의 비극은 교육받고 돈 있는 계급들이 존재의 핵심 원칙들—우리의 어머니 지구와 지구가 지속적으로 제공하는 동물과 채소군—과 전혀 접촉이 없다는 데 있다. 이 자연이 계획하는 세계는 인간에 의해 기회가 있을 때마다 무자비하게 빼앗기고, 약탈당하고, 해체된다. 과학과 기계장치를 통해 인간은 일시적으로 엄청난 보상을 얻을지 모른다. 그러나 궁극적으로는 황폐가 찾아올 것이다. 우리는 자연의 균형을 연구해야 한다. 그리고 만약 우리가 육체적으로 건강하게 그리고 도덕적으로 품위 있는 종으로 생존하려면, 자연의 법칙 안에서 우리들의 삶을 발전시키지 않으면 안 된다.

어쩔 수 없이, 벤은 자기가 살던 사회와 더 이상 조화롭게 살 수 없는 지경에 이르렀고, 만년에는 또 다른 헌신된 자연의 애인이었던 독일인 베토벤의 정신을 찾기 위해 비엔나 근처에 정착했다. 그러는 사이에 독립국 인도는 쉴 사이 없이, 자연의 법칙에 조용히 순종하기보다는 자연을 정복하고 지배하는 데 여념이 없었다. 이렇게 하여 간디주의자들이 주창한 유기농과 마을 산림용지에 대한 목소리는 사라지고, 철강 제련소와 원자력 발전소의 건설을 요구하는 목소리만 커졌다. 마찬가지로, 1930년대에는 준비된 지지자들을 가지고 있었던 멈포드의 지역주의 프로그램도, 이제는 지구를 자신의 입에 맞는 먹거리로 받아들인 미국 어디에서도 자리를 찾을 수 없게 되었다. 슈마허 또한 "기술이 모두에게 충분히 많은 것을 보장하리라는 미래의 전망"에 대항해 실패한 싸움을 싸웠다. —그의 자서전이 말해 주듯, "아무도 그들에게 그들의 미래가 [현실이 아닌] 꿈 위에 세워졌다"고 하는 경제학자의 말을 듣는 데 관심이 없었다. 몰이해와 무관심 그리고 적대감이, 제2차 세계대전이 끝난 다음 1962년의 마지막 4분기에 이르기까지의 국면을 뜻하는, 생태학적 무지의 시대에 감히 도전하려 한 이들이 대면한 전부였다. 환경주의의 두 번째 파도가 자신의 탄생을 알린 것은 바로 그해 1962년으로, 그것은 전혀 성공과는 거리가 먼 매체인 새로운 책의 출판을 통해서였다.

5

풍요의 생태학

*침묵의 봄*의 중요성

역사가 두 사람을 한 방에 넣으면 논쟁이 일어난다. 두 사람을 더 넣으면 불쾌한 목소리의 불협화음이 나온다. 논쟁과 의견 불일치로 악명 높은 한 부족에서, 놀랍게도 현대 환경주의를 잉태시킨 그 무엇에 대한 만장일치가 나타났다. 럿츠(Ralph H. Lutts)는 "이정표적인 저서인 *침묵의 봄*이 오늘날의 환경운동을 촉진시키는 데 결정적으로 중요한 역할을 했다"고 쓰고 있다. 폭스(Stephen Fox)는 더 나아가, *침묵의 봄*은 "보존 역사에 있어 씨눈과 같은 책의 하나, 즉 현대 환경주의의 *톰 아저씨의 오두막*(*Uncle Tom's Cabin*)이 되었다"고 말하고 있다. 세일(Kirkpatrick Sale)은 더욱 단호하다. 그는 문제의 책 서문에서 자극적인 문장을 인용하고, 거기에 "이들 성난 그리고 비타협적인 단어들과 함께 현대 환경운동은 시작되었다고 할 수 있다"

는 말을 추가했다.

*침묵의 봄*은 수년간 〈미국 어류 및 야생생물청〉(U.S. Fish and Wildlife Service)에서 일해 왔던, 그리고 이전에 이미 베스트셀러였으나 논쟁적이지 않은 두 권의 바다에 관한 책의 저자였던, 생물학자인 레이첼 카슨(Rachel Carson)의 작품이었다. 그녀의 세 번째 책의 영향은 숫자가 말해 준다. *침묵의 봄*은 하드커버로 50만 부가 팔렸고, 31주 동안 *뉴욕 타임스*에 베스트셀러 명단에 올라 있었다. 이 책은 곧바로 영어로 또는 번역되어, 20여 개국에서 출판되었다. 이 책의 영향은 또한 역사가들의 논의를 통해서, 그리고 이 책이 야기한 엄청난 논쟁, 즉 미디어, 기업 중역실, 과학 학술지, 정부 부처들 사이에서 나온 엄청난 논쟁을 통해서 측정할 수 있다.

그러나 흥미로운 것은 *침묵의 봄*이 더 이상은 그렇게 많이 읽히지 않는 것 같다는 점이다. 환경운동을 다루는 역사가들은 이 책의 영향에 대해서는 길게 다루었다. 그러나 저자의 일대기를 요약해서 제공한 사람은 몇 명에 불과하다. 그리고 아직 출판된 문헌에서 이 책 자체를 이해하는 데 도움을 주는 요약과 평가를 발견하기는 힘들다. *침묵의 봄*이 진실로 주목받을 만한 가치 있는 업적이며, 학문적인 우수성 자체만으로도 읽을— 그리고 다시 읽을— 가치가 있는 공헌이라는 점에서 이는 슬픈 일이 아닐 수 없다.

카슨에게 있어 "우리 시대의 중심 과제"는 "인간의 총체적 환경이 믿을 수 없이 해를 끼칠 가능성이 있는 물질들로 오염되어 있다"는 것이다. 전쟁 동안 그리고 그 이후에, 농민들과 과학자들이 매우 선호한 살충제인 DDT와 같은 새로운 화학약품들이 특허를 받았다. DDT는 단지, 농장과 공장에서 사용하기 위해 화학자들이 합성한 일군의 살충제 가운데 가장 뛰어난 것일 뿐이었다. 1947년에서 1960년 사이에, 미국에서 생산된 살충제는 124만 파운드에서 637만 파운드로 늘었다. 더욱이 "살충제 산업의 계획과 전망에 따르면, 이러한 엄청난 생산은 단지 시작" 에 불과했다. 값있는 —해충을 제거함으로써 식량생산을 증가시키려는— 목적을 위해 사용된 이들 인공으로 만들어진 화학약품들은, 카슨의 현란한 언어를 빌리면 "죽음의 특효약," "진정으로 특별한 힘을 가진 독극물 전지"가 되었다. 그녀가 설명한 바와 같이, 식물이나 나무에 사용된 화학약품들은 천천히 토양과 물에 녹아들었고, 그렇게 하여 먹이사슬로 들어갔다. 곤충과 새에서 물고기와 동물로, 한 유기체에서 다른 유기체로 옮겨가면서, 그것들은 반복적으로 조금씩 인체로 계속 들어갔다. 이들 화학약품들은 자연세계에 대한 영향을 거의 고려하지 않고 실험실에서 만들어졌고, 따라서 다양한 형태의 생명체에게는 언제 어떠한 문제를 일으킬지 모를, 방심할 수 없고 보이지 않는 위험물이었다.

*침묵의 봄*의 처음 몇 장에서는 이들 새로운 화학약제들에 대해서, 그리고 토양, 물, 산림에 대한 이들의 사용과 영향에 대해 서술하고 있다. 다음 이 책은 이들 현대적인, 그리고 저자의 관점으로는 보장 없는 무단침입자들에 대비한 자연의 방어에 대한 논의로 나아가고 있다. 야생생물에 대한 장은 —어떻게 독극물들이 먹이사슬로 들어가게 되는지에 대한 완벽한 표본인—뉴잉글랜드의 일부 지역에서 발생한, 느릅나무에 뿌려진 곤충살충제에 의해 오염된 벌레를 먹어 중독이 된 울새들의 죽음에 초점이 맞춰진, 새들에 관한 장으로 이어진다. 이 책의 제목이 환기시키는 바가 바로 이 사랑받고 친밀감을 주는 한 새에 대한 위협이었다. 새소리의 "갑작스런 침묵," "그들이 이 세계에 제공해 준 그 색채와 아름다움과 관심의 소멸," 이렇게 "한때 아름다운 새들의 노래로 가득했던 이른 아침이 이상스럽게 조용한 가운데, 이들 새들의 인도 없이 이제 봄이 오고 있다"는 것을 이 책의 제목은 말하고 있다. 이러한 현상은 여러 마을과 도읍에서 틀림없이 발견되었다. 그러나 이 업적은 우리에게 인간이 재빨리 살충제를 통제하지 않는다면 이러한 일이 북미 *전체에 걸쳐* 정상적으로 나타나는 현상이 될 수 있다는 점을 깨닫게 하였다.

울새보다 조금 덜 사랑받는 새로는 미국 국가의 상징인 독수리가 있고, 기운찬 물고기인 연어는 여러 시와 신화에 매우 아름답게 기술되어 있다. 카슨은 독수리와 연어의 죽음에 대해 설명하고 있다. 그리고 마지막으로, 가장 극적으로 암 발생의 증가로 예증되는 화학약제 섭취의 인간 생명에 대한 위협에 대해 논의하고 있다. 여기서도, 서사는 역시 불길한 예감에 휩싸여 있다. —카슨은 *침묵의 봄*을 집필하는 동안 암 진단을 받았고 고통스러운 투병생활을 하였다.— 그러나 이 책은 희망을 제공하는 것으로 끝을 맺는다. 그녀는 생물학적인 해충 통제방법이 인간에게 "우리 지구의 보전을 보장하는 지점에 도달할 수 있는" 마지막 기회를 줄 수 있을 것으로 보았다. 생물학적 방법은 다른 나라들에서 시험적으로 사용되고 있었다. 카슨은 자신의 관점을 주장하기 위해 저명한 네덜란드 곤충학자인 브리에르(C.J. Brejér)의 다음과 같은 글을 인용하고 있다. 과학자는

> 다른 방법, 즉 화학적이 아닌 반드시 생물학적인 방법에 대해 매우 열정적인 연구를 시작해야만 한다. 우리의 목표는 자연적 과정을, 무자비한 힘의 사용을 통해서 보다는, 가능한 한 조심스럽게 바람직한 방향으로 인도하는 것이 되지 않으면 안 된다.… 생명은 우리가 이해할 수 없는 기적이며, 우리는 그것에 대항에 싸워야 할 때라도 그것을 경외하지 않으면 안 된다.… 겸손만이 합당하고, 여기에 과학적 자만은 용납되지 않는다.

침묵의 봄은 민중적 당파과학의 경이로움 그 자체다. 이 책은 전문적인 과학적 업적에서 조심스럽게 적절한 예들을 선택하고 있으며, 구체적인 사례연구들을 풍부하게 인용하고 있고, 이를 아름다운 기교로 가득한 산문으로 만들어 민중에게 제시하고 있다. 사실의 밑에는 그리고 너머에는, "벼랑 끝에 서 있는 인간이 만유인력의 법칙을 거역하면 무사할 수 없는 것과 똑같이, 무시하고서는 안전할 수 없는 그러한, 살아 있는 것들 사이의 복잡하

고 정밀한 그리고 고도로 통합된 관계의 체계"로서 자연은 존경을 받아야 했다는 취지의, 보다 깊은 철학적 논쟁이 자리하고 있다.

환경주의자들은 얼마동안 아름다운 서식지들의 보전에 관심을 기울여 왔다. 이들의 관념이 더 나아가, "자연에는 아무것도 홀로 존재하는 것이 없다"는 생각, 식물과 흙 사이에, 한 식물과 다른 식물 사이에, 식물과 동물 사이에는 긴밀한 불가분의 관계가 있다는 생각, 요약하면, 자연은 "미생물에서 인간까지 모든 생명체가 복잡하게 얽혀 있어 그 줄을 풀기 어려운 생명의 그물"이라는 생각으로 움직여 가는 데 도움을 준 것이 바로 *침묵의 봄*이었다. 모든 생명의 상호연결성이 요구하는 것은 겸손하고, 온유하고, 조심스런 자연에 대한 태도이지, 합성화학과 그 생산물이 택한 오만하고 공격적이고 용맹스런 길이 아니었다. 후자의 경우, 생명의 그물은 매우 쉽게 죽음의 그물이 될 수 있는 것이었다.

물론, *침묵의 봄*의 영향은 이러한 자연철학의 수용을 전제조건으로 하는 것은 아니었다. 그것은 살충제의 남용 사실과 그것이 야생생물과 인간에게 가져다주는 결과는 스스로 명백한 것이었기 때문이다. 이 책은, 출판된 지 20년 후에 한 역사가가 주목한 바와 같이, "이전의 어떤 환경쟁점보다도 넓은 지지층을 확보하였다. 새 관찰자에서부터 야생 관리자와 공중보건 전문가, 그리고 교외지역 주택 소유자에 이르기까지 매우 다양한 사람들이 [공동의] 위협을 다루기 위해 함께 모였다." *침묵의 봄*의 초기 찬미자 가운데는 내무장관 유들(Stewart Udall), 그리고 자신의 〈과학자문위원회〉(Scientific Advisory Committee)를 통해 카슨의 결론을 지지하는 백서를 제출하게 한, 케네디(John F. Kennedy) 대통령이 포함되어 있었다.

이 책의 영향력은 광범하였다. *침묵의 봄*이 소용돌이치면서, 마을에서는 "길거리의 관목과 나무에 대한 어리석은 잡초 제거제의 공격을 재고하게 되었다. 시민들과 관리들은 강에서 발생할 수 있는 물고기 도살에 더욱 경각심을 갖게 되었다. 상원의원들과 하원의원들은 정열적으로 살충제 생산을 정치적 논쟁과 의회 입법의 주제로 다루었다. 새로운 생산품을 감시하기 위해 해충통제연방위원회가 설립되었다. 한때 합성살충제의 열렬한 찬양자였던 미국 농무부는 몇 가지 위험한 화학약품을 불법화하였다. 10개가 넘는 주와 연방정부가 살충제 가운데 가장 무서운 DDT의 사용을 불법화하였다. 그리고 마지막으로, 1972년에 〈살충제통제령〉(Pesticide Control Act)이, 1974년에 〈독성물질통제령〉(Toxic Substances Control Act)이 제정됨으로써 화학약품들을 보다 가까이서 통제하고 감시할 수 있는 법적인 수단이 마련되었다. 1937년에 영국에서 출판된 케인스(John Maynard Keynes)의 *고용, 이자, 화폐에 관한 일반 이론*(*General Theory of Employment, Interest and Money*)이 세상에 나온 이래, 여론과 과학적 연구, 국가 정책에 이렇게 극적으로 동시적인 영향을 끼친 책은 한 권도 없었다.

*침묵의 봄*의 영향은 결코 미국에 한정되지 않았다. 카슨은 스스로 자신의 업적에 대한 외국의 영향을 밝혔다. 과학적 측면에서, 네덜란드 곤충학자 브리에르는 몇 가지 핵심 쟁점을 제공했다. 또한 이 책에서 얘기의 효과를 살리는 데 중요한 역할을 한 '먹이사슬'의 개념은 저자가 존경을 표시하면서 여러 번에 걸쳐 인용한, 위대한 옥스퍼드 생태학자 엘튼(Charles Elton)에 의해 처음으로 정교화되었다. 이 책은 '생명 경외' 철학의 잉태자인 알사스 의사인 슈바이처(Albert Schweitzer)에게 헌정되었다. 한편, 이 책에 제목과 가장 효과적인 영상을 제공한 헌사 "호수의 풀들은 시들어 있고, 그리고 새들은 아무도 노래하지 않네"라는 구절은 영국의 시인 키츠(John Keats)의 시에서 따왔다.

카슨은 결코 속 좁은 민족주의자가 아니었다. 그녀는 다른 문화에 빚을 졌고, 그 빚을 당연히 그리고 흥미로운 방법으로 갚았다. 12개 언어로 번역된 *침묵의 봄*은 유럽 전역을 통해 환경주의 재활성화에 엄청난 영향을 끼쳤다. 한 독일 역사가는 어떻게 "독일에서 [이] 이정표적 저술의 번역본이 여러 달 동안 베스트셀러 자리를 지켰는지," 그리고 "보존단체들의 회원 급증을 통해 확인되는 그 메아리' 에 대해 설명했다. 한 스웨덴의 사회학자는 그의 나라에서 "현대 환경주의 시대의 안내역을 맡은 것은 카슨의 책이었다"고 쓰고 있다. 영국에서는 이 책의 출판으로 상원(House of Lord)에서 심각한 논쟁이 야기되었다. 이 존엄한 집단 밖에서는, 이 책은 특히 생물학자인 헉슬리(Julian Huxley)의 주목을 받았다. *침묵의 봄*을 읽어 가면서, 헉슬리는 영국에서 역시 새로운 살충제와 제초제가 식물과 동물 생명체를 죽여 왔다는 것을 깨달았다. 그가 이 내용을 그의 형제인 올도스 헉슬리(Aldous Huxley)에게 알렸을 때, 이 유명한 작가는 —만약 이 말이 카슨에게 전해졌다면— 그녀를 즐겁게 했을, "우리는 영국 시의 주제 절반을 잃어 가고 있다"는 평을 했다.

미국적인 맥락에서, *침묵의 봄*은, 과학적 명확성과 포괄성에 있어 모범적이고, 일반 민중은 물론 과학자들에게 행동을 요구하였다는 점에서, 마쉬의 기념비적 저작인 *인간과 자연*에 가장 잘 비견된다. 카슨 자신이 이러한 비교를 마음에 두었을 리는 거의 없다. 왜냐하면 *침묵의 봄*의 저자는 마치 환경주의의 첫 번째 파도에 대해 전혀 알지 못했던 것처럼, 자연의 통합성에 대한 존중과 경외의 진정한 미국적 전통이 존재하지 않는 듯 썼기 때문이다. 뮤어는 마쉬를, 레오폴드는 뮤어를 찬양했다. 그러나 카슨은 그녀 앞에 살았던 이 3인조 가운데 누구도 언급하지 않았다. 그녀의 책은, 그녀의 직접적인 관심사인 화학약품의 생산과 분배를 촉진시킨 중대 사건인 제2차 세계대전 이전으로는 돌아가지 않았다. 이러한 초점의 한계는 이해할 만하다. 그럼에도 불구하고 그녀가 자신의 자연철학이 이러한 뛰어난 혈통을 가지고 있었다는 것을 밝히는 데 실패하였다는 것은 놀라운 일이 아닐 수 없다. 이 점에 대한 그녀의 침묵은 아마도, 첫 번째 환경주의 파도의 기억과 유산을 매우 효과적으로 씻어 버린 듯이 보이는, 생태학적 무지의 시대의 강력한 장악력에 대한 증언이기도 하다.

파도 안의 파도들

환경 논쟁

책 앞부분에서, 카슨은 새 화학약품에 대한 각성의 부족을 설명해 주는 이유로 두 가지를 밝혔다. 그녀는 "이 시대는 전문가의 시대로, 각자가 자신의 문제만을 보고 그것을 포용하는 보다 큰 틀을 인식하지 못하거나 받아들이지 못하는 시대다. 이 시대는 또한 산업에 의해 지배되는 시대로, 그 비용이 어떠하든 달러를 벌 권리가 거의 도전받지 않는 때다"라고 설명했다.

카슨은 전문가들에 대해 보다 많은 관심을 기울였다. 그녀 자신은 항상 '보다 큰 틀' 을 염두에 두도록 훈련을 받았다. 따라서 이러한 훈련 때문에 그녀의 책은 어쩔 수 없이 마음 좁은 과학자들에 대한 논쟁 제기의 성격을 가지게 되었다. 그녀는 화학적 통제는, "복잡한 생물학적 체계에 대한 고려가 전혀 없이 마구잡이식으로 고안되고 적용되었다"고 썼다. 그녀의 주장은 빈정거림으로 수놓았다.—예를 들어, 그녀는 "살충제를 고안한 화학자들의 천재성은, 이미 오래전에, 이들 독성이 살아 있는 유기체에 어떤 식으로 영향을 주는지에 대한 생물학적 지식을 갖는 데 필요한 머리를 훨씬 앞지르는 것이었다"는 식으로 썼다.— 그녀의 책은 이렇게 전문가의 과학에 대한 철저한 비난으로 끝을 맺었다.

> 응용 곤충학의 개념들과 실천들은 그 대부분이 과학의 석기 시대로 거슬러 올라간다. 이렇게 원시적인 과학이 가장 현대적이고 무서운 무기로 [그 자신을] 무장하고 있다는 사실과 그 무기를 곤충에게 향함으로써, 그것을 지구에게 향한 꼴이 되었다는 사실은 우리에게 경악

할 불행이 아닐 수 없다.

이 주제는 줄리안 헉슬리의 *침묵의 봄* 영국판 서문에서 강조되고 있다. 그는 해충통제는 "물론 필요하고 바람직하다. 그러나 이는 생태적 문제로 전적으로 화학자들에게만 맡길 수 없는 문제"라고 썼다. 카슨과 마찬가지로 헉슬리는, 3가지 주요 측면에서 물리학과 화학과는 다른 종류의 과학을 공부한 생물학자였다. 첫째, 생물학자들은 개별 생명체들을 고립이 아니라 서로 연관된 것으로 봄으로써, 자연에서 상호의존성을 찾도록 훈련을 받는다. 다윈 이래, 생물학자들은 또한 몇 달이나 몇 년보다는 무한 시간이나 몇 세대를 생각하는, 보다 긴 시간 틀을 사용하여 왔다. 마지막으로 생물학자들은 인간과는 다른 종을 직접적인 전문 관심의 대상으로 삼고 있다. 조류학자들, 식물학자들, 동물학자들과 같이, 생물학자들은 싫든 좋든 새나 식물, 동물의 이해에 보다 예민하다.

카슨에게 고무되어, 때로는 곁길로 빠지기도 하였지만, 다른 생물학자들 또한 1960년대와 1970년대의 환경논쟁을 모습 지우는 데 압도적인 역할을 수행하였다. *침묵의 봄*이 출간된 이후 10년 사이에 나온 환경 '고전'에는 위대한 미국의 아름다움이 위협받고 있음을 환기시킨 다스만(Raymond Dasmann), 지나친 출산으로 인한 인간의 집단자살을 예측한 에를리히(Paul Ehrlich), 어떻게 인간 사회가 자연과 자연자원에 대한 공격적인 경쟁으로 스스로 멸망할 것인가에 관해 똑같이 절망적인 우화를 제시한 하딘(Garret Hardin), 그리고 원자물리학을 합성화학과 나란히 위치시킨 외눈박이 과학에 대한 카슨의 공격을 도시지역으로 연장시킨 커머너(Barry Commoner)의 업적들이 있다. 이들 저자는 모두 생물학자였다. 그리고 이들의 저서는 모두, *캘리포니아의 멸망*(*The Destruction of California*)(다스만), *인구 폭탄*(*The Population Bomb*)(에를리히), *공유지의 비극*(*The*

Tragedy of the Commons)(하딘), *닫히는 원*(*The Closing Circle*)(커머너)에서 보는 바와 같이, 종말론적 제목을 달고 있다.

유럽에서도 매우 비슷한 업적들이 나왔다. 유럽대륙에서 역시 자체 생산된 생물학자들이 신환경주의의 주요 대변인으로 등장했다. 스웨덴에서는 미생물학자 길베리(Bjorn Gillberg)와 생화학자 팜스티에르마(Hans Palmstierma)가 1960년대 말에 신문에 실린 수많은 글과 화학적 위협에 대한 학술적 연구로 명성을 얻었다. 이들의 네덜란드의 동료인 브리에르는 카슨의 친구로 1967년에 *침묵의 봄*의 각색판인 *은의 장막과 숨겨진 위험*(*Zilveren Sluiersen Verborgen Sevaren*)을 출판했다. 영국에서 첫 번째로 경고의 종을 울린 사람들은 애슈비(Eric Ashby), 달링(F. Fraser Darling), 워딩턴(C. H. Waddington)과 헉슬리(Julian Huxley)였다. 이들은 모두 환경을 보호하는 데 전문가로서의 관심 이상의 관심을 가진 저명한 생물학자들이었다.

오직 생물학자만이 글로써 싹을 트이고 공공 논쟁을 불러일으키는 데 공헌한 것은 아니었다. 경제학자 가운데 저항자인 슈마허 역시 1973년 드디어, '적합한' 기술—즉 값싸고, 분산화되고, 에너지를 별로 사용하지 않고, 그리고 환경에 민감한 기술—에 기초를 둔 '불교' 경제학에 대한 옹호로 많은 찬사를 받고 있는 책인, *작은 것이 아름답다*(*Small is Beautiful*)를 출판했다. 슈마허는 간디의 영향을 깊이 받았고, 1960년대 초에 인도를 여행했다(*상자* 참조). 캘리포니아의 역사가 화이트(Lynn White Jr.)와 노르웨이 철학자 네스(Arné Naess)도 중요한 공헌을 했다. 이 둘은 자연과 우리의 관계의 윤리적이고 종교적인 측면에 관심을 보였다. 이들 단독 저자들의 업적들보다 더 큰 영향력을 발휘한 연구는 협동작품인 *성장의 한계*(*Limits to Growth*)였다. 이 연구는 로마클럽에 의해 추진된 것으로, 컴퓨터 시뮬레이션 결과를 기초로 현재의 인구성장, 에너지 수요, 자원소비 추세는 지구의

지혜로서의 경제학

독일 태생 영국 학자 슈마허가 자신이 말하는 '성취의 경제학'의 의미를 설명하다.
그는 1945년 혼돈스럽게 똑같은 제목의 책, *'성취의 경제학'*을 쓴 간디의 추종자인 쿠마라파가 아니라 간디를 인용하고 있다.

경제적 관점에서 보면, 지혜의 중심 개념은 성취다. 따라서 우리는 성취의 경제학을 연구하지 않으면 안 된다. 그 어떤 것도, 엉뚱한 길로 감이 없이 오랫동안 지속될 것으로 예견할 수 없는 한 경제적 의미를 가지지 못한다. 한정된 목표를 향한 '성장'은 있을 수 있다. 그러나 무한정한 일반화된 성장도 있을 수 없다. 간디가 말했듯이, "지구가 제공하는 것은 모든 사람의 필요를 충족시키기에는 충분하지만, 모든 사람의 탐욕을 충족시키는 데는 충분하지 못한" 것 같다. 성취는 "우리 조상들에게는 사치스럽던 것이 우리에게는 필수적인 것이 되었다"는 사실을 기뻐하는 포식적인 태도와는 양립하지 못한다.

… 성취의 경제학은 과학과 기술의 심오한 재지향을, 그래서 지혜에 그들의 문을 열어 주어야 한다는 것을 의미한다. 환경에 독이 되거나 사회구조와 인간 자신을 격하시키는 과학적 또는 기술적 '해결책'은, 그것이 얼마나 화려하게 받아들여지든 또는 그것의 피상적인 매력이 얼마나 크든 상관없이, 아무 유익이 없다. 점점 커지는 기계들은, 점점 경제적 집중을 크게 하고 환경에 대해 점점 큰 폭력을 행사함으로써 진보의 대변인이 되지 못한다. 이들은 지혜의 부정이다. 지혜는 유기적이고, 온유하고, 비폭력적이고, 우아하고, 아름다운 것을 향한 과학과 기술의 새로운 지향을 요구한다.… 우리는 지금 우리 모두를 위협하는 파괴적인 추세를 돌이키는 데 필요한 발명과 기계를 제공하기 위한 기술혁명을 구하지 않으면 안 된다.

출처: E. F. Schumacher, "The economics of performance," *Resurgence*, volume 3, number 1, May/June 1970, reprinted in Robin Clarke, editor, *Notes for the Future: An Alternative History of the Past Decade*(London: Thames and Hudson, 1975).

수용능력을 심하게 위협하고 있다는 주장을 전개하였다. 1972년에 출간된 *성장의 한계*는 30개 언어로 번역되었고, 모두 합해 400만 부 정도 팔렸다.

멈포드는 그의 평생의 업적이 새로운 환경 의식을 가진 사람들에 의해 옹호되는 것을 목격했다. 1895년에 태어난 멈포드는 환경주의의 첫 번째 파도에 영향을 끼치고, 두 번째 파도를 환영하고, 그 사이에 나타난 생태학적 무지에 대항해 열심히 저항할 만큼 충분히 오래 살았다. 1962년 10월, 레이첼 카슨의 책이 나타난 몇 주 후에, 멈포드는 캘리포니아대학 데이비스 교정에서 강연을 하도록 되어 있었다. 비록 결정적인 증거는 없지만, 당시 그는 이미 *침묵의 봄*을 읽었음에 틀림없다. 만약 책 전체가 아니라면 적어도 이전에 (그 자신 역시 기고한) *뉴욕커*(New Yorker)에 실린 발췌문을 읽었음에 틀림없다. 어떤 경우든, 그의 메시지는 카슨의 그것과 완전한 일관성을 보였다. 멈포드는 먼저, 개척자로부터 시작된 그리고 그가 게디스를 따라 "탄소를 나르는 자본주의" 시대로 부르기를 좋아했던 오염의 시대에 이르러 정점에 달하게 되는, 미국 대륙에서의 생태적 남용의 역사를 개괄했다. 그는 학생 청중들에게 지배적인 기계의 신화를 "새로운 생명의 신화, 즉 모든 유기적 과정에 대한 풍부한 이해에 기초한 신화, 모든 자연의 힘과 협력적인 관계에서 일을 하도록 인간을 돕는" 신화로 바꿀 것을 요구했다. 3년 뒤, 생물학자들의 회의에서 연설하면서, 그는 과학자들에게 그들의 특수한 관심사를 보다 광범한 틀에 위치시킬 것을 촉구했다. "우리가 남아 있는 붉은 삼나무 숲을 보전하거나 소리 내어 우는 학을 보호하기 위해 모일 때, 그것은 우리 자신을 보전하기 위해 모이고 있는 것, 즉 우리 자신의 앞으로의 발전의 기초가 될 유기적 다양성, 다시 말해 모든 종류의 자연자원을 지키려 노력하는 것입니다"라고 그는 말했다.

한때, 역사가 플레밍(Donald Flemming)은 1960년대에 환경주의의 재등장은 멈포드로 하여금 "생애에 걸친 주제를 재구성하고 확장하게 하였다"

고 평했다. 주제는 같았다. 그러나 새로운 긴박성이 이 현자의 발언에서 모습을 드러냈다. 그는 1973년에, “지난 1/4세기[즉 제2차 세계대전이 끝난 이래]에 일어난 획기적인 전환이 나에게 가져온 주요 결과는 나의 결론을 직설태에서 명령태로 바꾸게 한 것이었다. 우리는 [인간과 자연 사이에] 동적인 균형을 이루어야 ‘할 것이다’ (we shall)가 아니라, —만약 모든 생명의 사활이 달린 생태적 균형을 파괴하지 않으려면— 우리는 반드시 그렇게 ‘*해야만*’ (*we must*) 한다”고 바꾸게 한 것이라고 썼다.

유럽과 북미 양쪽 모두에서, *침묵의 봄*이 나온 다음, 모든 환경주의자들의 들판에서는 풍요로운 수확을 거뒀다. 이들의 업적 가운데 어떤 것은 냉정하고 학술적인 것이었고, 어떤 것은 열정적이고 논쟁적인 것이었다. 몇몇은 환경운동의 첫 번째 파도의 특징적인 전통을 이어받았다. 그 한 가지로 야생성 사고의 전통은, 폭발하는 인간 인구가 다른 종들의 생활공간을 위협할 정도로 잠식하고 있다고 걱정하는, 하딘과 에를리히와 같은 ‘신(新) 맬서스주의자들’ 에게서 잘 드러났다. 이러한 생각은 네스와 화이트의 관념 중심적인 업적에서도 역시 발견된다. 그들은 이전의 뮤어나 레오폴드와 같이, 그들 동료인 대부분의 인간이 자연을 이해하거나 즐기기보다 길들이고 지배하기를 원한다고 불평을 털어놓았다. 마찬가지로, 과학적 보존주의의 전통도 세계경제 발전을 지속 가능한 길로 안내하려는 기술 관료들—그 예로서 로마 클럽의 회원들—에 의해, 그리고 대안적인 비오염 기술을 주창하고 생산과정에 대한 보다 큰 국가의 통제를 환영한 커머너와 같은, 보다 급진적인 ‘생태 사회주의자들’ 에 의해 다시 활성화되었다. 예전의 경향 가운데 가장 눈에 뜨이지 않는 것은 ‘땅으로 돌아가라’ 였다. 1960년대에 이르면 대부분의 유럽에서는 더 이상 보호받아야 할 농부나 농부라고 할 만한 사람들이 주위에 없었다. 그러나 러스킨과 카펜터의 목소리는 슈마허의 *작은 것이 아름답다* 그리고 런던에 기반을 둔 잡지 *생태주의자*(*Ecologist*)가 1972년에 펴낸 *생존의 생존의 청사진*(*Blueprint for Survival*)을 통해 울려 퍼지고 있다. 이 두 업적은 모두 자연을 방어하는 데 치중하기보다는 산업문명의 과잉에 대해 대대적인 공격을 가하였다. *생존의 청사진*의 필자들은 이렇게 공포했다, "산업적 생활양식의 기본 결함은 그것이 지속 가능하지 않다는 것이다. 그런 생활은 불가피하게 오늘날 이미 태어난 사람의 생애 안에 끝난다. 참호 속에 들어가 있는 소수자만이 나머지 인류의 커다란 고통을 대가로 그런 생활을 일시적으로 지속할 수 있을 뿐이다."

이러한 옛 전통의 현대적 발현은 그들 사이에 심각한 의견 차이를 보였다. 그러나 집합적으로 볼 때, 이것들은 공동의 적, 즉 무지의 시대의 지배적 이념과는 구분되는 것이었다. 후자를 전파하는 사상가들은 모든 종류의 환경주의자들을 부를 때 '뒤를 돌아다보는 반동들', '죽음의 예언자들' 또는 더 심한 표현을 사용하면서 그들에게 등을 돌렸다. 이들이 환경주의자들을 철의 장막 뒤에 있는 CIA 요원, 자유세계에서 활동하는 KGB 요원이라고 명명했던 것도 잘 알려진 바다. 사회주의자들은 녹색주의자들을 계급투쟁으로부터 민중의 관심을 돌리게 하는 자들이라고 비난했고, 자본주의자들은 그들을 시장의 작용을 방해하는 자라고 공격했다. 이러한 반격은 시장과 기술이 어떤 것이든, 부족한 자원이나 말라버린 강이나, 그것을 대치할 대용물을 찾아 낼 수 있다고 믿는 경제학자들이 이끌었다. 뒤에 노벨상 수상자가 된, 매사추세츠 공과대학의 새뮤엘슨(Paul Samuelson)은, "산업혁명의 기적은 끝나지 않았다"고 주장하면서, 로마클럽 보고서에 대해 예민하게 반응했다. 대서양을 넘어, 런던대학의 베커만(Wilfrid Beckerman)은 "경제성장은 중단 없이 앞으로 2,500년 동안 계속될 것"이라고까지 예측했다.

경제학자들은 성장을 국민 총생산(GNP)이나 일인당 소득과 같은 집합적인 통계값으로 여러 가지 문제를 숨겨 주는 수치로 측정한다. 생태학자들은 보다 예민하게, 성장의 구성요인, 즉 재화를 생산하는 기술, 이들 재화가 소비되는 과정, 생산과 소비가 지구의 생명체계에 미치는 누적적 영향에 대해 관심을 기울인다. 이러한 지향이 이들을 덜 낙천적으로 만들었다. 경제학자들이 앞으로 1,000년에 걸친 GNP의 증가를 자신만만하게 예측했다면, 생태학자들은 지난 25년간 무슨 일이 일어났는가를 비판적으로 뒤돌아보았다. 그리고 무엇을 바라보든지, 그들은 거기에서, 무지의 시기에 정교해진 위험스러울 정도로 신기한 기술들의 배설물(effluents)이 야기하는, 위험을 보거나 위험의 냄새를 맡았다. 그러한 생태학자 중 한 명인 커머너는 이렇게 명료하게 썼다.

> 제2차 세계대전 이래 발생한, 생산기술에 있어 무차별적인 반(反)생태적 변화를 강요해 온 것은 경제적 동기다. 이들 변화는 공장들과 농장들, 자동차들, 상점들을 오염의 묘판으로 바꾸었다. 비료에서 질산염, 세제에서 인산염, 살충제에서 잔류 독성물질, 자동차에서 스모그와 발암성 물질이 배출되었고, 독성 화학물질의 명단은 길어지고, 석유산업에서 나오는 썩지 않는 플라스틱 용기와 포장용품, 쓰레기는 쌓여 산을 이루었다.

여기에는 스페인 학자 알리에르가 만든 용어인, *풍요의 배설물* 명단이 일부 제시되었다. 이들 배설물은 카슨과 커머너와 같은 과학자들의 작업에 영감을 주었다. 뿐만 아니라 광범한 사회적 반응을 불러일으켜, 환경논쟁을 환경운동으로 이어지게 하는 데 공헌을 하였다.

환경운동 : 관념에서 행동으로

무대는 1969년 3월 코펜하겐대학, 덴마크의 가장 유명한 과학자 몇 명이 참가한 가운데 자연사에 관한 세미나가 진행되고 있다. 일군의 학생들이 회의장에 들어가 문을 잠그고 환풍기를 끈다. 오염에 반대하는 구호를 외치면서, 그들은 가지고 들어온 쓰레기를 태우고 오염된 호수에서 떠온 물을 모든 참가자들에게 뿌리고, 그리고는 기름에 흠뻑 젖은 오리 한 마리를 높이 쳐든다. 그들은 과학자들을 향해 외친다. "이리 와 오리를 구하세요." "당신들은 오염에 대해 얘기하면서 왜 아무 행동도 하지 않습니까?" 한 시간에 걸친 이러한 요란스럽고 기분 나쁜 상징적 행동이 끝나고, 젊은이들은 문을 연다. 그러나 그들의 저항은 여기에서 그치지 않는다. 그들은 자연주의자들을 옆방으로 끌고 간다. 그 방에는 덴마크 보존운동을 예의 바른 토론의 차원을 넘어 체계적 사회행동으로 이끌고자 하는 단체인 NOAH의 창립회의가 열리고 있었다.

이 극적인 예화에서 우리는 환경주의의 첫 번째 파도와 두 번째 파도 사이의 거리를 포착할 수 있다. 뮤어와 레오폴드, 마쉬와 러스킨은 모두 그들 나름의 '행동주의자들' 이었다. 그러나 아직 그들의 행동주의는 거의가 말하고 글을 쓰는 데, 즉 그들의 언어의 힘과 분석의 정확성을 이용하여 다른 사람들을 설득하여 그들에게 동참하거나 그들을 따르도록 하는 데 머물러 있었다. 어떤 보존주의자들은 국가정책에 영향을 주어 산림을 보호하고 물을 잘 관리하도록 하기 위해 정치가들 및 관리들과 긴밀하게 접촉했다. 현대 환경주의가 이러한 선전과 주창의 전략을 피하는 것은 결코 아니다. 그러나 보존주의의 잠재력이 보다 전투적인 행동양식에 의존하면서 크게 증진되어 온 것 또한 사실이다.

이러한 점에서 볼 때, 환경주의는 물론 1960년대 말과 1970년대의 다른 사회운동과 닮은꼴이었다. 이 시기는 북대서양 세계가, 정치에 대한 새로운 참여적 접근을 예시하는, 시민 주도의 돌풍을 맞았던 때였다. 자신의 독자적 정체성을 획득하려 했던 몇몇 사회운동, 예로서 여성운동, 평화운동, 시민권운동, 그리고 환경운동이 이러한 과정에 기꺼이 편승하였다.

환경주의는 이들 다른 운동과 저항전략을 일부 공유했다. 그러나 환경운동은 자신만의 혁신적인 방법을 만들어 냈다. 야생을 방어하고 오염에 반대하는 데 사용된 행진과 행렬은 시민권 투쟁의 영향을 받은 것이었다. 반전주의자들에 의해 매우 효과적으로 사용되어 온 '학습 집회' 는 1970년 4월 22일에 개최된, "인간 역사상 가장 큰 조직된 시위" 였던, 전국적인 지구의 날(Earth Day) 행사의 모형이 되었다. 미국 전역에 퍼져 있는 수천 개의 도시와 마을에서 2천만 명으로 추산되는 참가자들은 나무를 심거나, 쓰레기를 치우거나, 오염물질을 배출하는 공장 밖에서 플래카드를 들고 조용히 시위를 함으로써 깨끗한 환경에 대한 그들의 헌신을 확인했다. 지구의 날을 전후하여 수백 개의 보다 지역적인, 보다 분명한 목표를 가진 저항집회들이 열렸다. 유독성 화학 공장이나 불법 독성 쓰레기 하치장에 맞서, 전기톱이 그들이 아끼는 숲으로 들어오거나 댐이 그들이 아끼는 강에 세워지는 데 맞서, 환경주의자들은 거리를 택했고, 이러한 일을 시정하기 위해 법원으로 가는 경우가 점점 많아졌다. '보다 많은 나무를 심자' 와 '회색 큰곰을 구하자' 는 구호에, 보다 위협적인 구호인 '나쁜 놈들을 고소하자' 는 구호가 추가되었다.

스웨덴 사회학자 제미슨(Andrew Jamison)은 신사회운동에 대해서 그것은 기본적으로 "그들 연장자들의 정치적 방법에 대해 조급함을 느끼는 젊은 사람들" 의 작품이라고 썼다. 신사회운동은 '청년들의 반란' 을 효과적으로 대표한 것이었다. 여성주의 및 평화운동과 함께, 환경주의 또한 20대와 30대의 남성과 여성 들의 에너지와 이념에 의해 추동되었다. 그러나 환경주의는 다른 운동에 비해 한 가지 명백한 이점을 가지고 있었다. 그것은 덜 분열적이었다는 것이다. 여성주의자들은 가정을 파괴한다는, 시민운동가들은 흑인을 백인으로부터 분리시킨다는, 반전 · 평화 운동가들은 중대한 국가의 안보이해를 무시한다는 비난을 받을 수 있다. 그러나 적어도 미국에서는, 의혹을 품고 이들 운동과 거리를 두고 있는 수십만에 이르는 사람들이 쉽게 녹색기치 아래로 떼를 지어 모여드는 것을 볼 수 있다. 1970년 지구의 날이 지난 후, 시사 잡지인 *타임*(*Time*)은 배리 커머너를 표지에 싣고, 그를 "수백만 명의 교실을 가진 교수"라고 명명하였다. 당시의 분위기는 커머너와 에를리히 같은 과학자들은 대학의 교실에서 모을 수 있는 것보다 훨씬 많은 청중을 움직일 수 있는 그러한 분위기였다. 이러한 환경적 관심사에 대한 광범한 지지는 냉소적인 해석을 가져오게도 하였다. 사회학자인 모리슨(Denton E. Morrison)은 환경주의가 다음과 같은 가능성이 있음을 주장했다. 환경주의는 여러 가지 "운동으로부터 연타를 얻어맞은 백인 중산층과 권력구조에서 이들을 대표하는 기관들에게는 안도감을 주는 어떤 것으로 다가왔다. 특별히 환경운동은 상당히 높은 비율의 젊은이들의 에너지를 보다 부담스러운 운동으로부터, 보다 시골, 하나님, 모성, 애플파이에 가까운 그런 것들을 지지하는 것같이 보이는 운동으로 돌릴, 나빠 보았자 마을에서 틀림없이 제일 안전한 운동으로 향하게 할, 가능성을 가진 것처럼 보였다."

'새로운' 사회운동 가운데 환경주의만이 점진적으로 지지와 영향력을 증가시켜 왔다는 것은 의문의 여지가 없는 사실이다. 〈표 1〉은 통계적으로 환경운동의 성장을 보여주고 있다. 여기에는 단지 4개의 보존운동 조직만이 나와 있다. 그러나 지난 수십 년간 구성원 수가 크게 늘어난 단체의 수는 매우 많다. 미국에서는 1400만 명으로 추산되는 사람이, 또는 성인 7명에 1명꼴로, 적어도 하나 이상의 환경단체의 회원이 되었다. 마찬가지로 영국과 독일, 두 나라 모두에서는 약 500백만 명이 시민으로서 환경 압력단체에 간여하고 있다. 그리고 네덜란드에서는 최초의 환경보호 포럼인, Vereniging tot Behoud van Natuurmonumented의 회원이 1980년과 1992년 사이에 235,000에서 700,000명으로 늘었다.

이러한 지지의 폭증은 환경주의가 보다 위협적인 형태의 집합행동을 완화시키는 데 대표적인 '안전밸브'라는 이론을 가지고는 전혀 설명할 수 없

표 1 미국 주요 보존운동 단체의 회원수 (단위: 천명)

단체	연도				
	1966	1970	1980	1985	1991
시에라 클럽	39	113	165	350	650
오도본 협회	41*	120	400	450	600
야생성협회	27**	54	50	100	350
전국야생협회	272	540	818	825	5600

* 1962년도 수치 ** 1964년도 수치

출처: Stephen Fox, *The American Conservation Movement: John Muir and His Legacy*(1985); Kirkpatrick Sale, *Green Revolutions: the American Environmental Movement, 1962-92*(1993).

다. 오히려 환경운동의 대중적 기반의 확장은 경제와 사회의 상응하는 변화와 관련되어 있을 가능성이 더 크다. 풍요로운 사회는 아직도 더욱 풍요롭게 되어 갔고, 따라서 그 구성원들은 보다 사람들의 눈을 끄는 재화의 소비를 꿈꾸게 되었다. 1960년대 중반에 이르기까지 누구나 자동차, 냉장고와 세탁기를 갖게 되었다. 그러나 야생지에서의 휴일은 일상적이지 못했다. 5일제 근무로의 전환은 소비자들이 돈과 여행수단을 모두 갖게 되었음을 뜻하는 것이었다. 그들은 이제 한 주 또는 두 주에 한 번 주말에만이라도, 공장이나 농장, 도시나 교외의 일상적인 삶의 환경으로부터 도피를 원하게 되었다. 자연은, 그것이 숲을 거니는 것이든, 해변에서 수영을 하는 것이든, 산을 오르내리는 것이든, 산업문명의 독을 완전히—일시적이지만—제거하는 약이었다. 1964년, 한 독일의 잡지는 도시 거주자들이 자연에 대해 느끼는 이러한 다면적인 매력을 다음과 같이 포착했다.

> 여기 자연의 정지된 침묵의 숲에서, 줄지어 있는 집도 없고, 자동차 소리도 없고, 광고로 현란한 불빛도 없고, 기계와 은행통장도 없는 숲에서, 여기 하루의 시작과 끝이, 머리를 혼란시키는 돈과 관계있는 모든 것이, 일에 얽매인 우리와 멀리 떨어져 놓여 있는 숲에서, 깊숙이

자리 잡은 인간의 본질, 그의 영혼, 그의 정신이 본래의 모습을 찾아 간다. 그 값어치는 돈으로 측정할 수 없으며, 더욱이 [이것은] 공짜로, 값이나 봉사료 없이, 주어진다.

[도미니크(Raymond H. Dominick) 3세가 독일어에서 번역함]

이 메시지는 사람들을 사로잡았다. 1957년과 1972년 사이에 일주일이나 그 이상의 휴가여행을 떠난 사람의 비율은 36%에서 53%로 올라갔다. 독일만이 예외적인 것은 아니었다. 스웨덴에서는, 자유시간이 증가함에 따라 "보다 많은 사람들이 숲에서 사냥과 낚시, 조류 관찰, 열매 따기, 버섯 채취, 야생화 수집을 원하게 되었다." 인구가 오직 850만밖에 되지 않는 나라에서, 60만이나 시골에 오두막을 소유하게 되었다. 이들 스웨덴 사람들의 주중 직업생활은 "합리성과 계산, 이익, 효율성"으로 이루어진 "산업 생산의 풍경"에 포위되어 있었고, 그러나 이들은 휴일이나 주말에는 "오락과 묵상, 로맨스로 이루어진 다른 풍경"으로 도피했다. 역사가 헤이스(Samuel Hays)가 지적한 바와 같이, 모든 산업세계가 "전에는 개발을 기다리는 '쓸모없는' 것으로 여겼던 자연환경을 이제는 인간의 욕구와 필요를 채우는 '유용한' 것으로 생각하게 되었다. 발전된 소비 사회에서, 자연환경은 고급 전축이나 실내 정원과 같은 물질적 재화에 못지않은 중요한 역할을 수행하게 되었다."

이 인용문은 환경논쟁과 환경운동 사이의 불편한 틈새를 지적하는 듯하다. 과학자들과 이념가들은 자원부족과 종의 사라짐에 관심을 가졌다. 그들은 경제성장의 방향과 그것의 지방, 국가, 지구 생태계에 대한 영향에 대해 비판적이었다. 이들 죽음의 예언자들의 생각과는 반대로, 야생과 아름다움에 대한 대중적 관심은 커졌다. 그들은 이를 단순히 풍요로운 사회의 지표로서 받아들였을 뿐 아니라, 자연 그 자체를 단지 '소비되어야' 할 하나의 추가 재화로 보는 버릇을 가지게 되었다. 대부분의 자연 애호가들의 보다 포괄적인 환경이념에 대한 헌신의 불확실성은 그들이 자연 국립공원과 보호지역을 방문하기 위해 부족한 기름을 쓰고 대기를 오염시키면서 기꺼이 수천 마일을 운전하는 역설적인 행동을 통해 잘 드러난다. 이렇게 그들은 '원시의', '때 묻지 않은' 자연의 표본으로 보호되는 숲, 습지, 또는 산의 아름다움에 감탄하기 위해 반(反)생태적 수단을 사용한다.

환경단체들은 이러한 예언자들과 대중들 사이의 틈새에 대해 별로 소란을 피우지 않았다. 그들은 회원수가 크게 솟아오르는 데 만족했고, 이는 그들에게 법적이고 정치적인 변화를 밀어붙이는 데 필요한 자금과 합법성을 부여했다. 1970년대와 80년대에, 이들 집단은 거리와 법정을 통한 투쟁에서 지배구조에 협력하는 쪽으로 행동의 방향을 바꾸었다. 환경주의자들은 점점 더 심하게, 산업이나 정부에 대항하기보다는 이들에 협력할 가능성이 높은 과학자들과 법률가들의 전문성에 의존하기 시작했다. 자연을 보호하거나 풍요의 배출물을 통제하기 위한 입법 초안이 만들어질 때, 이들 전문가들은 정부의 관리들과 협력하여 산업배출의 허용기준을 정하고, 특정 종과 서식지를 '보호대상' 또는 '멸절위기'로 지정하였다. 입법자들을 위한 개요를 준비하고 특사를 과학위원회 청문회에 내어 보냄으로써, 환경운동은 환경부서의 창설과 그 인력충원을 도왔다. 매우 놀랍게도 18,000명을 고용하고 있는 〈환경보호청〉(Environmental Protection Agency)은 현재 미국 정부기구 가운데 가장 큰 시민조직을 가지고 있다.

환경운동의 일상화와 전문화는 최근에 반대운동, 즉 환경운동을 저항적인 과거로 돌리려는 투쟁을 불러일으켰다. 미국에서 이러한 급진적인 운동은 〈지구 먼저!〉(Earth First!) 집단이 이끌었다. 이 단체의 창시자인 포어맨(Dave Foreman)은 몇 년 전에, "너무 많은 환경주의자들이 관료들을 점점 더 닮아가고 있다. 그들은 지나친 실내 빛으로 창백해지고, 책상에 너무 오래 앉아 허약해지고, 너무 많은 정치인들과 협력해 왔다고 평했다." "산업

권력 브로커들이 우리를 위해 고안한 정치적 협상게임을 하는 데" 대해 동료들에게 경고하면서, 포어맨은 "간디와 킹(Martin Luther King)의 비폭력 방법을 환경운동"에 이식할 때가 왔다고 생각했다. 그는 "우리의 몸을 불도저와 우림(rain-forest) 사이에 위치시키고, 스스로를 방어하는 야생의 일부가 되어 거기에 있고, 오염을 일으키는 기계의 톱니바퀴에 재갈을 물리고, 용기를 가지고 생명의 파멸에 대항하지 않으면 안 된다"고 말했다. 이것은 그 후 포어맨과 그의 단체가 미국 서부의 여러 곳에서 수행해 온 투쟁의 명령서와 같은 것이었다.

유럽에서 역시, 시민 불복종은 유행을 타고 다시 환경주의의 한 분파로 자리 잡게 되었다. 영국에서 반(反)도로 캠페인은 불도저를 막고 저항 캠프를 차림으로써 옛 집들과 숲, 농장들을 보호하는 데 성공하기도 했다. 그러나 이들 전투적인 사람들이 방어하려 하는 것은 방해받지 않는 야생성이 아니라 집합적 기억에 새겨져 있고 존중되고 있는 복합적 농촌문화이다. 포어맨과 같이, 반(反)도로 저항자들 역시 간디의 영향을 강하게 받았음을 인정한다. 영국 운동가 메일(Chris Maile)의 인용에 따르면, 그는 "그의 가르침의 기초원리가 오늘날 내 신념의 뼈대를 이루었다"고 말했다. 간디는 포어맨과 메일을 고무시켰다. 그러나 우리가 아는 바와 같이 그 이전에 마하트마의 시민 불복종 전략은 소로우의 에세이에 의해 고취된 것이었다. 그리고 그의 농촌공동체의 방어는 많은 부분이 러스킨과 카펜터의 업적에서 따온 것이었다. 이와 같이 간디의 사상과 예는 이들 미국과 영국 급진주의자들을 그들 자신의 전통, 절반은 잊혀진 저항과 도덕적 권위의 전통으로 되돌리는 데 기여했다. 이는 다시 환경운동이 지구적이고 문화를 넘나드는 성격을 가지고 있음을 증언하는 것이 아닐 수 없다.

급진적인 미국 환경주의

사회운동 사전에는 예외 없이 '급진주의'는 '개혁주의'에 반대되는 것으로, 즉 후자는 타협과 수용을 뜻하는 것으로, 전자는 순결성과 전투성을 뜻하는 것으로 되어 있다. 이 용어는 거의 언제나 사상가들과 운동가들이 자신들보다 덜 대담하고 보다 타협적이라고 비웃는 그러한 경향의 사람들과 자신들을 구별하고자 하는 의도에서 사용된다.

미국 환경주의 맥락에서는 '급진주의' 상표를 합법적으로 주장할 수 있는 경우가 적어도 두 가지 있다. 첫째의 경우는 '심층 생태론'(Deep Ecology)으로 알려진 야생성 운동에서 나타나는 것이다. 이 운동은 노르웨이의 네스가 1972년에 출간한 한 에세이에 근원을 두고 있다. 이 글은 환경주의자들이 *생명평등주의*(*biospheric egalitarianism*)라고 명명한, 인간을 다소나마 다른 종들과 같은 위치에 놓으려는, 특정 윤리의 포용을 촉구하고 있다. 이러한 생명평등주의야말로, 생태적 위기의 깊은 뿌리를 찾아감이 없이 단순히 오염이나 자원감소에만 관심을 갖는 '표층'(shallow) 생태론에 대비된다는 점에서, 진정한 '심층' 생태론이라고 부를 수 있다(*상자* 참조). 철학적 용어로 바꾸면 이는, 인간은 나머지 창조물과 떨어져 그 위에 서 있다는 신념인, *인간중심주의*(*anthropocentricism*)와, 역사를 다른 종의 시각에서 그리고 자연의 시각에서 바라봄으로써 인간중심적인 시각을 거부하는, *생명중심주의*(*biocentricism*) 사이의 구분에 기초하는 것으로 볼 수 있다.

네스의 활동은 그의 고향인 노르웨이에서 계속 논쟁의 대상이 되어 왔다. 이리 보호를 위한 그의 캠페인은 농부들을 화나게 하였고, 고래잡이 금지에 대한 지지는 어업 관련자들로부터 그를 소외시켰다. 아마도 그의 가장 충실하고 활동적인 제자들은, 지금은 틀림없이 캘리포니아주 안과 주위에서 발견할 수 있을 것이다. 미국에는 이미 야생성 방어를 위한 성찰과 행동의 전통이 존재했고, 이 전통은 1940년대와 50년대에 물속으로 가라앉았음에도 불구하고 새롭게 발견되었다(*상자* 참조). 1967년 내쉬(Roderick Nash)

심층 생태론 강령

아르네 네스가 심층 생태주의자들을 통합시키기 위해 제시한 8가지 원칙:
1984년 그가 처음 윤곽을 정하고 그 후 여러 번 개정된 강령.
이 강령은 1993년 것임

1. 인간 및 비인간 생명체의 번성은 그 자체로 본원적 가치를 갖는다. 비인간 존재의 가치는 인간의 목적 달성을 위한 그것들의 유용성과 무관하다.
2. 지구에 있는 생명 형태의 풍부성과 다양성은 본원적으로 가치를 갖는다. 여기에는 각종 인간문화 형태가 포함된다.
3. 인간은 생명유지를 위한 욕구를 만족시킬 경우를 제외하고는 이러한 풍부성과 다양성을 감소시킬 권리를 갖지 못한다.
4. 인간 생명과 문화의 번성은 훨씬 적은 수의 인구로도 충족될 수 있다.
5. 오늘날 인간의 비인간 세계에 대한 개입은 지나치며, 상황은 점점 나빠지고 있다.
6. 앞의 요점들은 이제까지 인간들이 총체로서의 지구에 대해 취해 온 지배적인 행동양식에 변화가 필요하다는 것을 지적하고 있다. 이들 변화는 정치·사회, 기술, 경제 및 이념 구조에 근본적으로 영향을 줄 것이다.
7. 잘사는 나라에서 이념적 변화는 주로 물질적 생활수준에 대한 높은 평가에서 삶의 질에 대한 보다 높은 평가로의 변화를 가져올 것이다. 이러한 방법으로 생태적으로 지속 가능한 지구적 상태를 준비할 수 있을 것이다.
8. 앞의 요점들을 받아들이는 사람들은, 직접적으로나 간접적으로나 비폭력적 수단으로 필요한 변화를 이룩하도록 노력해야 할 의무가 있다.

출처: David Rothenberg, *Is it too Painful to Think? Conservations with Arne Naess* (Minneapolis: University of Minnesota Press, 1993), pp. 127-8.

는 *야생성과 미국적 심성*(*Wilderness and the American Mind*)이란 책을 출판했다. 이 책은 뮤어와 레오폴드의 사상을 다시 제시한 것이었다. 다음, 뮤어의 전기들이 줄이어 나왔고, 1973년 옥스퍼드대학 출판부가 레오폴드의 *샌드 카운티 연감*(*A Sand County Almanac*)의 새로운 판을 내놓았을 때, 이 책은 초판본의 50배나 팔렸다.

어떻게 야생성 사고의 첫 번째 파도가 두 번째와 통합되었는지에 관하여

왜 알도 레오폴드의 관념이
오늘날 야생성 애호가들의 마음에 공명을 일으켰는지에 대한
한 역사지리학자의 통찰적 분석

레오폴드의 토지윤리는 순수주의자들 사이에 대단히 인기가 있다. 그것은 이 윤리가 4가지 어려움을 성공적으로 해결해 주기 때문이다. 첫째, 레오폴드는 순수주의자들을 스스로 보다 높은 문명수준을 지키기 위해 앞장선 수비대의 일부로 간주하도록 격려하고 있다. 이는 '자연 미치광이' 보다 훨씬 상쾌한 자아상이 아닐 수 없다. 둘째, 레오폴드의 기준선으로서의 야생성에 대한 관점은 야생성 윤리의 공리 및 추론과 매우 잘 맞아 떨어진다. 셋째, 레오폴드 토지윤리의 생태과학과의 융합은 순수주의자들의 믿음에 과학의 위세를 부여했다. 넷째, 가장 중요한 것은, 토지경건주의적 신비체험이 과학적 사실에 근거한 도덕적 명령으로서의 정당성을 얻게 된다.… 과학은 순수주의자들의 초자연적인 경험을 정당화하고 이러한 경험을 유용하고 만족스러운 도덕률로 해석하는 데 이용된다.

출처: Linda H. Graber, *Wilderness as Sacred Space*(Washington, D.C.: The Association of American Geographers, 1976), p. 50.

네스의 표층과 심층 생태론의 구분은 이러한 존 뮤어와 그의 동료들에 대한 재발견과 맥을 같이한다. 이것은 이미 야생성 애호가들 사이에 널리 퍼진, 인간의 존재는 언제나 예외 없이 다른 종에게는 위협이었다는 신념에 대한 확실한 철학적 기초를 제공하는 듯이 보였다. 심층생태론에 대한 지지자들은 주로, 학술문헌에서 발견되는 인간중심적/생명중심적 구분에 관한 매우 정밀한 논쟁을 주도한 학문공동체에서 나왔다. 새로운 영향력 있는 학술지인 *환경윤리*(*Environmental Ethics*)는 이 논쟁을 곧바로 학문으로서의 철학의 중심에 위치시켰다. 대학을 벗어나, 심층생태론은 워싱턴 전문가들의 점잖은 로비 노력에 실망한 운동가들에 의해 열광적으로 받아들여졌다. 그 영향력은 점진적인 방법으로 자연을 보호하는 데 가장 노골적으로 불만을 나타낸 사람들을 사로잡은 집단인, 〈지구 먼저!〉의 이름 그 자체에서 뚜렷이 보인다. 북미의 산림에서는 어느 곳에서나 심층생태론의 교의로 고취된 사람들의, 야생을 지키려는 전투적인 노력이 또한 있어 왔다. 이러한 곳의 하나가 캐나다의 브리티시 컬럼비아 주이다. 코필드(Catherine Caufield)의 글에는 다음과 같은 내용이 있다. 그곳에서 급진주의자들은

> 쓰러진 나무들과 불도저와 자신들의 몸으로 벌채 길을 막았다. 불도저가 가는 길에 목만 나올 정도로 자신들의 몸을 묻거나, 자신들을 나무에 묶어 한 번에 며칠씩 땅에서 백 피트 떨어진 지점에 매달려 있었다. 이보다는 덜 자주 발생했지만, 그들은 벌채한 나무를 나르는 트럭 주유구에 설탕을 쏟아 넣는 데서부터 시작해, 불도저를 못 쓰게 만들고, 나무에 6인치 길이의 쇠못을 박음으로써 나무를 제재할 수 없게—그리고 위험하게— 만드는 데 이르기까지, 문제의 여지가 큰 방해 행위를 했다.

이러한 행동은 자연의 이해가 인간의 이해와 마찬가지로 중요하다는 윤리에 따라 이루어진다. 전진하는 불도저 앞에 자신을 놓는 것은 가장 급진

적인 철학사상과 환경행동의 전통에 호소하는 행동이다. 심층생태론자들은, 그들이 대학 안에 있든 밖에 있든, 스스로를 미국 환경주의의 지적이고 정신적이고 정치적인 선구자로 자처한다. 그러나 이러한 자기 규정에 반대가 없는 것은 아니다. 비평가들은 이를 인간에 대한 혐오와, 야생지 밖에서 일어나는 환경파괴와 그 결과로 나타나는 인간의 고통을 무시하는, 그들 나름의 독특한 무지의 소산이라고 공격한다. 심층생태학자들은, 이유는 있지만, 〈북쪽〉에 속한 나라들 안에서의 불평등은 물론, 〈북쪽〉과 〈남쪽〉 사이의 사회적 불평등의 문제를 무시하고 있다는 비난을 받는다. 미국에서 야생성 운동은 도시를 경멸한다. 이 운동은 도시를 모든 현대적이고 산업적이고 인공적이고, 비자연적인 것의 근원으로 본다. 사회학자 벨(Michael Meyerfeld Bell)은 오늘날 환경주의의 상당 부분은 "도시 포기와 도시 탈출의 이념"에서 도출되었고, 따라서 도시생활의 생태적 문제는 거의 완전히 무시하는 결과를 낳았다고 지적하고 있다. 심층생태론의 비평가들은 다른, 그들의 관점에서는 보다 진정한 급진적 분파인, 환경정의 운동에 주의를 돌리고 있다.

심층생태론의 중추신경이 야생에 있다면, 환경정의는 인간 서식지에 대한 관심에 깊이 뿌리내리고 있다. 이들이 무서워하는 위협의 대상은, 어떻게든 어디에든 처리하지 않으면 안 되는 풍요의 배출물인, 유독성 쓰레기 더미와 매립장이다. 초기의 악명 높았던 사건으로는 뉴욕주 북부에 있는, 불행하게도 러브 캐널(Love Canal)이라고 이름 붙여진 곳의, 후커 캐미컬 회사에서 나온 4300만 파운드의 쓰레기 수취사건을 들 수 있다.

러브 캐널은 우연히도 백인 지역을 관통하고 있다. 그러나 다른 유독성 쓰레기 매립장들은 절대다수가 소수인종들이 거주하는 지역에 위치하였다. 예를 들어, 200만 톤이 넘는 우라늄 찌꺼기가 미국 원주민 땅에 버려졌고, 이로 인해 어떤 곳은 암 발생률이 전국 평균의 20배가 되었다. 마찬가지로,

〈전국 유색인종 발전위원회〉(National Association for the Advancement of Colored Peoples)가 발주한 한 연구는 모든 아프리카-미국인의 거의 60%가 유해한 쓰레기 더미와 처리장으로 인한 위험에 노출되어 있는 것으로 추산하고 있다. 앨라배마의 소도시 에밀은 인구의 4/5가 흑인인데, 45개 모든 주에서 쓰레기를 받고 있다.

이러한 배출 차별과정에 호루라기를 분 첫 번째 사람은 사회학자인 불라드(Robert Bullard)였다. 그는, 백인의 수가 흑인의 수를 훨씬 능가하는 휴스턴시에서 쓰레기 처리지점 4곳 가운데 3곳이 흑인 거주지역에 위치해 있는 것을 발견했다. 불라드는 "매립장 문제가 오랫동안 환경쟁점들에 대해 아무런 움직임을 보이진 않던 휴스턴 공동체의 일부인 흑인 공동체를 활성화시키고 정치화시키는 듯하는 것"을 발견했다. 참으로, 위험한 투매장소를 둘러싼 저항운동이 미국 전역의 여러 도시와 농촌에서 일어났다. 러브 캐널을 깨끗하게 복구하는 운동을 주도한 깁스(Lois Gibbs)는 전국적인 협력단체로 놀랍게도 4,000개의 단체가 가입한 〈위해쓰레기 처치를 위한 시민회의〉(CCHW: Citizens Clearinghouse for Hazardous Wastes)를 창설했다. 시위와 언론 캠페인, 법적인 고소를 통해, 이들 단체들은 새로운 장소 물색을 저지하기 위해 노력하였고, 기업과 정부가 이미 존재하는 투기장에서 나오는 유해물질에 대해 책임을 지도록 만들었다.

이러한 투쟁의 연대기 작성은 현재 사회학자들에 의해 진행되고 있다. 그러나 전투장으로부터 나온 초기 보고는 모두가 한 가지 놀라운 특성, 즉 여성의 지도적 역할을 지적하고 있다. 오염자들에 대한 대항은 종종 이전에 아무 사회운동의 경험을 갖지 못한 주부들의 손에 의해 이끌어졌다. 쓰레기가 버려지는 지역의 공동체에서, 남자들은 때로는 일터와 돈에 대한 협박에 민감하다. 그러나 여자들은 자녀들의 건강을 '협상 범주'로 보지 않는다. 남부 로스앤젤레스의 한 저항자는 소각로에 대한 그녀의 반대를 이렇게 설명했다. "사람들의 일터가 위협을 받고 있습니다. 목사들이 협박을 받고 있습니다. 그러나 나는 '협박에 넘어가지 않을 것입니다' 라고 말했습니다. 내 아이의 건강이 첫 번째입니다. 그것이 일터보다 더 중요합니다." 이 운동이 순수하게 방어적인 데 그친 것은 아니었다. 깁스와 CCHW의 주도로 이 운동은 독성물질의 생산과 분산에 대한 대안으로서, "재생(recycling), 감소(reduction), 재활용(reuse), 회수(reclamation)의 4R운동"을 전개해 나갔다.

유독성 쓰레기에 대한 투쟁은 미국 환경주의의 지향을 바꾸는 데 심대한 공헌을 하였다. 정치학자 가이저(Ken Geiser)는 반(反)독성 운동은 "사람들의 피부에 와 닿는 공동체와 가족의 생활경험에 단단히 뿌리내리고 있기" 때문에, "믿을 수 없을 만큼 긴박성과 구체성을 가지고 있다"고 말하고 있다. 그는 나아가 이 운동이, "말하자면 전형적인 오도본 협회나 시에라 클럽의 지부 모임에서는 설 자리가 없다고 느끼는, 노동계급과 다른 낮은 임금 계층의 사람들"로 구성되었음에 주목하고 있다. 이들 '새로운' 환경주의자들에게 "환경은 오염된 아름다움과 과학적 가치의 감소와 같은 추상적 개념이 아니다. [그들 중] 많은 사람에게 환경은 사람들을 쇠약하게 하고 죽음을 촉진시키는 위험물에 그들을 이미 노출시켜 온 그 어떤 것이다." 한 아프리카-미국인 운동가가 보다 간단히 그리고 예리하게 언급했듯이, '미국에서 흑인을 환경조직의 주류로 끌어들이려는 어떤 노력도, 그 심장부에는 사회정의의 원칙이 작용하고 있음에 틀림없다. [우리는] 멸종위기에 처한 종들에 대한 관심을, 인간의 건강 보호와 식량, 주거에 관한 기본 욕구를 충족시켜야 할 우리들의 책임을 희석시키는 방법으로 잘못 이용해서는 안 된다."

독일 녹색인들

오늘날에는 모든 종류의 환경주의자들이 '녹색인들' 로 알려져 있다. 그것은 마치 다른 경향을 가진 사회주의자들이 한때 모두 '빨갱이들' 로 알려졌던 바와 같다. 녹색은 자연과 생명을 의미하게 되었다. 이 색과 환경주의의 결합은 사람들의 마음에 이미 매우 단단히 뿌리내렸고, 나는 이 책에서 별 의식 없이 아무곳에서나 이 용어를 사용하고 있다. 그러나 이 용법은 놀랄 만큼 짧은 기원을 가지고 있다. 그 기원은 독일에서 일군의 환경주의자들이 지방선거에 참가하여 '녹색 명단' 아래 후보자들을 내세운 때인, 1978년으로 돌아간다. 이러한 보잘것없는 시작에서부터 이 라벨을 그대로 단 정당이 출현한다. 녹색을, 독일에서는 물론 다른 어느 곳에서도, 환경주의와 동일시하도록 이끈 것이 이 당이며 후에 이 당의 눈에 띄는 성공이었다.

1979년 3월에 설립된 〈녹색당〉은 1983년 선거에서 연방의회에 멋지게 입성하였다. 신생당이 독일 의회 진출을 '일구어 낸 것' 은 60년 만에 처음 있는 일이었다. 1987년 선거에서 당의 위상은 더욱 공고해졌다. 그러나 통일 이후에 치러진 1990년 선거와 1994년 선거에서는 보잘것없는 성과를 거두었다. 이때에 이르기까지 〈녹색인들〉은 대부분의 주의회에 대표를 진출시켰고, 한두 주에서는 (사회민주당: 사민당과 연합하여) 여당이 되기까지 하였다. 〈독일 녹색인들〉은, 자신들의 정치정당을 설립하고자 노력해 온, 다른 유럽 국가 환경주의자들에게 횃불을 제공했다. 그러나 그것은 따라가기 힘든 것이었다. 그 이후 녹색 정당들은 벨기에, 이탈리아, 스웨덴에서 의회에 진출했으나 별로 큰 영향력을 발휘하지 못했다. 현대 환경주의 역사에서 〈독일 녹색인들〉은 그들의 정치적인 승리와 그들이 산업문명의 지배신념에 대해 제기한 도덕적 도전으로 인해 단연 돋보였다.

〈녹색인들〉의 기원은, 한걸음 뒤에서 보면, 1960년대 북대서양 세계를 휩쓴 사회운동 전성기로 돌아간다. 제2차 세계대전 후 독일 사람들은 무서운 눈앞의 과거를 잊고, 함께 힘을 합해 선한 사회, 즉 풍요로운 사회를 위해 일하자는 집권 기독교민주연합의 설득에 따라 내부지향적으로 방향을 바꾸었다. 아데나워(Konrad Adenauer) 수상과 에르하르트(Ludwig Erhard) 수상은 국가적 합의를 바탕으로 정치적 안정을 일구고 거기에서 번영을 이끌어내는 결과를 얻었다. 그러나 1960년대 말에 전투적인 학생운동이 일어났고, 그들은 월남전쟁을 빌미로, 권위와 '기득권'에 대해 무차별적이고 전방위적인 일제사격을 가했다. 학생들의 투쟁과 동시적으로 *시민주도*(*Burger Initiativen*: BI)라고 불리는 일련의 시민행동이 나타났다. 그들은 최근의 독일 역사상 처음으로 정당과 정치인 그리고 국가에 대해 공개적으로 회의론을 제기했다.

이웃 프랑스와 영국에서는 학생운동이 처음에는, 연도와 분위기, 운동을 가리키는 숫자인 1968로 포착되었다. 학생들의 폭동은 잠시 후 퇴장하였다. 그러나 BI는 보다 지속적이었다. 오랜 기간 독일 거주자였으며 독일 정치의 예리한 관찰자인, 인도 학자 사카(Saral Sarkar)는 BI가 연대기적으로 중복이 되지만, 세 가지 명백한 국면을 거친 것으로 보았다. 1969년에서 1972년에 걸쳐, BI는 대부분 정부의 행동을 기다리지 않고 기업들이 피해 입는 것을 막고, 학대받는 여성과 약물 중독자를 재활시키고, 놀이터와 학교의 건설을 위한 다양한 지역적 노력을 기울이는 '종합적 행동'(one-point actions) 기구로 작동하였다. 당시 BI들은 "생태학에서 탁월한 주제"를 발견하기까지 넓은 분야의 문제를 취급하였다. 초점은 천여 개의 등록단체와 30만 명이 넘는 개인회원을 가진 BI들의 연방협의회가 1972년 프랑크푸르트에서 창설되면서 명확해지기 시작했다.

'생태운동'으로 시민 주권의 흩어진 연결망을 재정비하면서, 원자력에 대한 논쟁이 중심에 떠올랐다. 1973년의 석유값 폭등에 이어, 서독은 야심적인—그러나 많은 시민에게는 무모한—핵산업 팽창에 착수했다. 새 발전소들은 오염의 위협, 군수산업과의 연결, 그리고 이들을 둘러싼 비밀의 장막 때문에 두려움의 대상이 되었다. "미래를 팔아치우는 것"이라는 구호로 대표되는 원자력 에너지에 대한 반대는, 새로운 원자력 발전소를 짓는 데 필요한 토지와 집을 내놓아야 하는 농부들과 이 위험한, 잠재적으로 치명적인 기술을 "바로 잘못된 사회경제적 발전의 화신"으로 보는 도시의 교육받은 중산층을 한 깃발 아래 불러 모았다. 1973년 11월 한 함부르크의 통신원은 이렇게 썼다. "사람들의 공포가"

> 오늘날에는 원자력 발전소 자체의 위험에 머물러 있지 않다. 오히려 사람들은 일차적으로 대량 에너지 생산과 필수적으로 연관된 산업집중을 두려워한다.… 만약 억제되지 않은 산업성장이 중단되지 않는다면, 앞으로 해를 지나면서 우리는 우리의 생태계가 파괴되는 것과, 동시에 과거에는 예를 찾을 수 없었고 상상할 수도 없었던 규모로 함부르크의 물과 공기가 오염되는 것을 경험할 것이다. 이제 더 이상 부주의하게 바나나 껍질을 버리는 것을 막는 것을 가지고 '환경보호'를 얘기할 수는 없다.

어느 곳에서나, 오염을 배출하는 기업들에 대항하는 저항자들은 즉시 길거리로 나섰다. 독일의 1970년대는 새로운 원자력 발전소와 보다 오래된 화학공장들에 대항하는 시위와 파업으로 벌겋게 물들었다. 자기가 살아온 상태보다 사회를 더 녹색으로 만들려고 노력해 온 지식인들이 시민불복종과 보조를 맞추어 글을 썼다. 기존의 정당들은 계속 환경주의자들과 거리를 유지하고 있었고, 따라서 환경주의자들은 직접 그들 자신을 대표하기로 결정했다. 1977년부터 그들은 지방 및 시의회 선거에 후보자를 내기 시작했다. 이러한 지역적인 노력은 '대안적 정치연합', 또는 오늘날 우리가 녹색당으로 알고 있는 어떤 것으로 구체화되었다.

이 새로운 일굼에는 처음부터 독일인과 미국인을 부모로 둔 매우 품위 있는 혼혈의 젊은 여성 켈리(Petra Kelly)가 있었다. 켈리는 당이 "로비가 없는 모든 사람을 위한 로비"가 되기를 희망했다. 어떤 사람들은 보다 구체적이었다. 녹색의회 의원인 리펠트(Helmut Lippelt)는 당에 대해 회고하기를, 당은

> 환경보호를 염려하는 보수주의자들, 창조질서의 파괴를 걱정하는 기독교인들, 지구생태에 대해 배운 교육받은 자유주의자들, 고도 위험 기술에 대해 알고 있는 기술자들, 자본주의의 낙진을 염려하는 사회주의자들, 그리고 물론 진정한 좌파 정당을 기다리고 있으며 아마도 녹색당을 바로 그런 정당이 되도록 교육할 수 있을지 여부를 저울질하고 있을지 모를 신 마르크스-레닌주의자들의 마음을 끌었다.

언론인 휄스베르그(Werner Hülsberg)는, 꼭 앞의 것과 상반되지는 않지만, 다른 총괄적인 명단을 제공하고 있다. 그는 다음과 같이 썼다. 이 당은 그 갈피에 "존재가 위협받는 농민들, 급진-민주적 의사들, 좌파-자유주의 교사들, 비판적인 노동조합원들, 지친 사무직 노동자들, 미래가 없는 젊은이들, 급진화된 여성들, 자연 애호가들, 환각제로 마비된 히피들, 전투적인 동물권리주의자들, 그리고 모든 종류의 건강식품 중독자들"을 끌어넣었다.

이 모든 무지개 연합의 모체는 1983년, 〈녹색인들〉의 예상을 뒤집고 정당투표에서 대표를 진출시킬 자격을 주는 5%를 넘게 표를 획득함으로써, 그 구성원을 연방의회에 내보냈다. 건너편에 자리 잡은, 매우 동질적인 다른 정당들과 이들을 구분 지은 것은 바로 다양성이었다. 녹색 의원들 가운데 가장 카리스마를 가진 켈리는 이것을 그들의 강점으로 생각했다. 그녀는 "[사상적] 조류의 다양성은 우리 당을 풍부하게 만든다. 그래서 나는 공산주의와 보수주의자를 제외시키기를 바라지 않고, 그렇게 할 필요도 없다. 어떤 한 조류는 다른 조류로부터 배운다. 거기에는 상호파괴가 아니라 관점의

수렴이 있을 뿐이다."라고 말했다.

이러한 희망은 환상이었다. 정당은 사회운동에 비해 보다 단일한 마음가짐을 요구하기 때문이다. 이미 잘 자리가 잡힌 기존의 사민당의 파트너로 주정부를 구성할 수 있는 전망에 직면하였을 때, 녹색당은 권력의 향기 앞에서 두 집단으로 나뉘어 서로 화해할 수 없는 것 같은 대립을 보였다. 두 집단에 대해 언론은 약어로 〈펀디〉(Fundi, 근본주의자 : fundamentalist)와 〈레알로〉(Realo, 현실주의자 : realist)라는 별칭을 사용하였다. 〈펀디〉는 녹색의 정부참여에 관한 어떤 생각도, 그것을 기존세력에게 자신을 완전히 팔아넘기는 것으로 보아 거부한 반면, 〈레알로〉는 통치에 녹색이념을 통합시키는 것이 그들에게 투표한 사람들에 대한 책임이라고 믿었다. 〈펀디〉는 의회를 통한 일은 거의 생각하지 않았고, 지방단체들 및 일반인들과 함께 활동하기를 좋아했다. 반대로, 〈레알로〉는 언론이 의회에서 제기하는 그들의 새로운, 독특한 목소리에 주의를 기울이는 것을 환영했고, 따라서 비공개 위원회 작업은 물론 텔레비전에 중개되는 연설에도 중요성을 부여했다. 정치 전술에 있어서 이러한 차이 뒤에는 보다 깊은 이념적 분열이 숨겨져 있었다. 〈펀디〉는 시장을, 탐욕과 허욕의 축소판으로 여겨 총체적으로 거부했다. 반면, 〈레알로〉는 시장은 여기에 있을 수밖에 없는 것이기 때문에, 우리의 임무는 거기에 등을 돌리는 것이 아니라 그것을 길들이고 통제하는 데 있다고 주장하였다.

〈펀디〉는 과거에도 그랬고, 현재에도 두 종류가 있다. 이들은 각기 풍부한 역사적 전통을 가지고 있다. 한쪽은 생태주의자로 돌아간 사회주의자들로, 이들은 소위 적록색의 색깔을 가진, 한때 룩셈부르크(Rosa Luxemburg)와 리브넥트(Karl Liebnecht)와 같은 인물과 연관된 독일표 혁명적 공산주의의 현대적 수용자들이었다. 이들 생태-사회주의자들은 산업자본주의를 거부하고, 미래 사회주의 사회는 환경에 대해 보다 온화할 것이라는 희망을

생태위기를 해결하기 위한 전제조건 몇 가지

1979년 프레이부르크에서 있었던 한 연설회에서, 철학자이며 이전에 동독의 저항운동가로 서독 녹색당의 〈펀디〉파의 지도자가 된 바로는 생태위기에 대한 몇 가지 상당히 급진적인 해결책을 개괄하였다. 그의 안은 앞에서 인용한 네스가 제시한 원칙과 흥미로운 대조를 보인다. 네스는 윤리적이고 가치적 변화를 보다 강조한 반면, 바로와 독일 녹색인들은 일반적으로 현존하는 생산과 소비, 분배 양식의 변화에 보다 초점을 맞춘다.

- 생태위기는 우리가 동시에 군사진영들 사이의 대결의 극복을 시도하지 않는다면 해결될 수 없다. 그것은 긴장완화와 군축에 대한 단호한 정책, 즉 다른 나라를 전복시키려는 모든 욕구를 포기하는 정책 없이는 해결되지 않는다.…
- 생태위기는 〈북–남〉 지축에 관한 새로운 세계 질서 없이는 해결될 수 없다. 또한 우리는 [〈북쪽〉에 사는] 우리 모두의 생활표준이 다른 인간들에 대한 착취와 억압에 기초하고 있다는 것을 인정하지 않으면 안 된다.…
- 생태위기는 우리 자신의 나라에서 사회정의를 향한 결정적인 돌파구가 마련되지 않는다면, 그리고 서유럽 전체에 걸친 사회적 차별의 빠른 평등화가 없이는 해결될 수 없다.…
- 생태위기는 자본주의가 아직 존재할지라도, 여기에서 지금 인간해방에 있어서의 진보가 없이는 해결될 수 없다. 그것은 수없는 개인들이 그들의 즉각적이고 보상적인 이해관계를 넘어 일어서도록 추스르지 못한다면 해결될 수 없다.…
- 만약 이 모든 것을 한 가지 공통분모로 제시한다면, 그 결론은 다음과 같다. 생태위기는 자본주의 아래서는 해결될 수 없다. 우리는, 적어도 생태위기를 통제 아래 두기 위해서는 자본주의적 경제규제 방법을, 그리고 무엇보다도 모든 종류의 자본주의의 추동기제를 제거하지 않으면 안 된다. 다른 말로, 지배적인 경제구조에 대항하는 평화적 민주혁명을 위해서 모든 반자본주의와 사회주의적 성향을 하나로 묶음이 없이는 생태위기의 해결은 없다.…

출처: Rudolf Bahro, *Socialism and Survival*(London: Merlin Books, 1982), pp.41-3.

키웠다(상자 참조). 다른 쪽에는 농업 낭만주의자들이 있다. 그들의 색깔은 진초록이었으며, 그들은 산업사회에 대한 대안으로 지난 수세기 동안 수많은 독일 시인들이 꿈꾸어 온 탈중심화된 농촌 유토피아를 제시하였다. 그러나 두 종류의 〈펀디〉는 다 같이, 철학자 바로(Rudolf Bahro)의 말에 따르면, "자본주의적 산업체제의 급진적 반전"을, 즉 녹색의 정부참여가 단지 "용의 이빨을 닦고 입 냄새를 제거하는" 것으로 보는 관점을 지지하였다.

〈펀디〉는 초기에는 녹색당에 강력한 자극을 주었다. 그러나 시간이 지나면서 그들은 자신들과 일반 평당원들 사이에 대결상태가 점점 깊어지는 것을 깨닫게 되었다. 녹색 투표자의 80%로 추정되는 유권자들이 오염을 통제하고 에너지 사용을 줄이는 데 있어 사민당과 협력하기를 원했다. 〈레알로〉는 그들의 가장 효율적인 대변인으로 1985년과 1987년 사이의 헤세주의 녹색 환경장관을 지낸 피셔(Joschka Fischer)를 발굴했다. 그는 산업사회를 보다 녹색의 길로 향하도록 달래고 조정하기를 바라는 '질적 성장'의 신봉자였다. 1985년 피셔는 이렇게 주장했다. "나를 움직이는 것은 더 이상 유토피아가 아니라, 오히려 현실조건이다. 생태위기, 군비경쟁, 범죄증가—이것들만도 나에게는 충분하다. 나는 새로운 미래를 약속하는 전도자가 아니다.… 만약 우리가 올바른 방향으로 한 걸음 내딛는다면, 우리를 깊은 구렁에서 벗어나게 하는 한 걸음을 내딛는다면, 그러면 그것으로 [이 당의] 존재는 충분한 정당성을 갖는다." 그의 언어는, 의식적이든 무의식적이든, 그와 마찬가지로 유토피아적인 전망과 실용적인 목표를 빈틈없이 연결시킨, "타협의 아름다움"과 "한 번에 한 걸음"을 얘기한, 정치가였던 간디를 떠올리게 한다.

이런 글을 쓸 때, 〈레알로〉는 독일에서 가장 유명하고 인기 있는 정치인이 된 피셔와 함께 의기양양하였다. 그들은 통찰력 있는 분석으로 사민당-녹색 연합이 1998년 선거에서 연방의회를 장악하여, 보수적인 기독교민주당의 근 20년에 걸친 지배를 끝낼 것을 정확하게 예측했다. 3명의 녹색인이 내각에 들어갔고, 피셔는 유럽에서 가장 인구가 많고 부유하고 영향력 있는 나라의 새로운 외무장관으로 임명되었다. 이는 지구환경주의 역사 여정에 유례가 없는 최고봉을 펼쳐 보여준 것이다. 그러나 다음과 같은 질문으로 이러한 평가의 끝을 맺는 것이 좋을 것이다. 첫째, 왜 〈녹색인들〉은 독일에서 성공하였고 다른 곳에서는 아닌가? 그리고 둘째, 〈독일 녹색인들〉의 사상 가운데 어떤 것이 현실적이고 지속적인 의미를 지니고 있는가?

왜 우리나라에는 녹색당이 없느냐고 미국 독자들은 물을 것이다. 사실 하나가 있다. 그것은 1984년 미니아폴리스에서 창당되었다. 그러나 지난 13년 동안 별로 보여준 것이 없다. 미국 녹색당이 당면하고 있는 한 가지 어려움은 〈시에라 클럽〉(Sierra Club)과 〈야생성협회〉(Wilderness Society)와 같은 비정치적인 환경단체의 멀쩡한 존재다. 이들은 이미 환경주의 지지자들의 충성심을 확보한 것으로 보인다. 또 다른 문제는, 토마스(Norman Thomas)의 사회당, H. 월리스(Henry Wallace)가 이끈 진보당, G. 월리스(George Wallace)의 대중당, 그리고 최근에는 페로(Ross Perot)의 개혁당 등, 보다 잘 무장된 제3당이 흠집조차 낼 수 없었던, 철옹성을 이룬 양당체제이다. 독일 연방공화국에도 역시 기민당과 사민당의 두 지배정당이 있다. 그러나 특정 집단이 5% 이상의 득표를 하면 의회에 들어갈 수 있는 비례대표제는 군소정당들에게도 상당한 기회를 주고 있다. 비례대표제는 독일에서 환경주의자들이, 미국이나 영국과 같은 나라에서 채택하고 있는 선거구-기반 체제에서는 금지된, 정치의 길에 들어서는 것을 허용하였다.

이러한 정치적 차이에 더해, 서독이 냉전시대의 최전방 국가였다는 지리적 요인을 고려하지 않으면 안 된다. 서독은 철의 장막을 가로질러 소비에트연맹의 막강한 힘과 마주하였고, 원하지는 않았지만 수천 명의 나토 군대와 핵무기의 집이 되었다. 따라서 독일인들은 예를 들어, 고립되어 있는 캐나다인들이나 격리된 캘리포니아주의 주민들과 비교한다면 산업사회의 파괴력을 보다 강하게 인지하고, 보다 쉽게 지구에 대한 보살핌의 태도를 포용할 수 있었다. 나치의 과거 역시 무시해서는 안 된다. 그것은 보통 독일인들, 특히 교육받은 사람들 사이에 엄청난 죄의식, 즉 지난 세대의 범죄를 속죄하고 싶은 절박한 욕구를 키웠다. 이는 의심할 것도 없이 다른 문화와 다음 세대들에 대한 그들의 책임감을 높였다. 그들은 '성장의 한계' 관념을 심각하게 받아들여 탐조등을 내부로 돌렸고, 도대체 어떻게 독일사회가 나머지 세계에 대해 무가치한 표본이 되어 왔는가를 조명하였다. 리펠트는 "전 세계적인 지속 가능한 발전 모형의 열쇠는 서유럽 사회들이 실제로 생태적으로 그리고 사회적으로 바람직한 생산과 소비 양식을 허용하기 위해 그들 산업체계를 재구성할 수 있는지 여부에 있다"고 쓰고 있다. 리펠트가 여기에 미국과 일본을 포함시키지 않은 것은, 그것은 그 자신과 그의 운동이 기꺼이 모든 부담을 지겠다는 표현으로 주목할 만하다. 이는 서구인들은, 기존의 '고도 생산과 고도 소비유형을 동유럽과 '제3세계' 로 이전시키고 [따라서] 지구를 파괴하기보다는, 스스로 개혁하지 않으면 안 된다"는 것을 다짐하는 것이었다.

〈독일 녹색인들〉에게 유럽과 북미의 경제성장은 오직 제3세계의 경제적 · 생태적 착취를 통해서만 가능한 것이었다. 바로는 아주 직설적으로 다음과 같이 얘기하고 있다. "가장 앞선 산업국가들의 현재 생활양식은 인간존재를 규정하는 자연조건과 지구적이고 적대적인 모순 상태에 있다. 우리는 다른 나라들과 미래 세대들이 사는 데 필요한 것들을 먹어 치우고 있다." 이러한 눈으로 바라볼 때, 참으로

> 이곳 [〈북쪽〉]의 노동계급은 지구상에서 가장 부유한 하층 계급이다. 그리고 만일 단순히 유럽의 관점에서가 아니라 모든 인류의 관점에서

본다면, 나는 이들 거대도시 노동계급이 역사상 최악의 착취계급이라고 얘기하지 않을 수 없다.… 18~19세기 유럽에서는 주변의 착취를 통해 가난을 탈피할 수 있다는 전망 때문에 가난을 참을 수 있었다. 그러나 이것은 더 이상 가능하지 않다. 그리고 계속되는 제3세계의 산업주의는 앞으로 모든 세대의 가난과 수백만 명의 굶주림을 뜻한다.

가장 고집불통인 〈레알로〉까지도 지구적 지평에서 산업사회의 지속 불가능성은 인정한다. 피셔는 그가 노년에 어디에서 지내기를 바라는가라는 한 기자의 질문에, "프랑크푸르트 공동묘지에, 비록 그때 우리가 몸에 지니고 다니는 모든 독성과 중금속, 다이옥신으로 인해 환경이 위태로워진다는 문제가 제기될지도 모르지만"이라고 대답했다. 당 문서에는 보다 무미건조하게 "산업 경제정책과 생활양식의 지구적 전파는 우리 위성의 기본적인 생태적 건강을 다시 회복할 수 없는 빠른 속도로 소진시키고 있다"고 기록되어 있다. 이러한 지구적 관점은, 책임에 대한 강조와 함께 "부자 나라들의 광범위한 *자발적 억제*"를 요구하고 있다. 이에 따르면, 세계 에너지와 자원의 3/4을 소비하고 있으며 "기후를 위협하는 가스 배출물"의 대부분을 생산하고 있는 산업화된 나라들은, 〈남쪽〉 나라들이 빈곤에서 벗어날 수 있도록 성장을 허용하는 한편, 그들 자신의 왕성한 식욕을 억제하지 않으면 안 된다. 〈녹색인들〉은 모든 국제채무를 탕감하고, 위험에 처한 생태계를 파괴하는 생산물의 유통을 금지할 것을, 그리고 무엇보다도 급진적인 처방으로 가난한 나라에서 부자 나라로의 사람들의 자유로운 이동을 요청했다.

다른 나라와 미래 세대의 권리에 대해 주의를 기울이면서, 〈녹색인들〉은 그들 자신의 사회에서 가장 불리한 위치에 있는 부문, 즉 여성의 주장을 수용하였다. 당은 모든 간부와 국회의원의 최소한 50%를 여성에게 할당하도록 하였다. 회의와 의회에서는, 보다 공격적이거나 목소리가 큰 사람 (대체로 남자일 가능성이 큼)에게 진행을 맡기는 대신, 남자와 여자가 교대로 발언권을 갖도록 했다. 이러한 정책은 곧바로 효과를 나타냈다. 1980년과 1987년 사이에 녹색당에 투표한 여성의 수는 6배 늘었다. 그러나 녹색여성주의는 이러한 공공토론 관련 사항에 그치지 않았다. 당에 제출된 '어머니선언'은, 동일한 일에 동일한 보수의 전통적 논점을 확대 적용하여, 모든 사회적 노동의 약 절반을 담당하는, 무보수의 주부들에 대해 적절한 보상을 할 것을 주장하고 있다. 더욱이 "생태적으로 책임을 다하는 가구"를 조직하는 데 앞장서 온 것이 이들 어머니들이었다.

이론적으로나 실제적으로 이들 여성주의는, 〈녹색인들〉을 돋보이게 하는, 우리 시대의 가장 대담한 정치적 실험의 명단에 당당히 이름을 올렸다. 10년 전 또는 그 이전에 그들이 독일 무대에 나타났을 때, 보수적 인물로 이름 높은 바바리아(Bavaria)주의 수상, 스트라우스(Franz-Josef Strauss)는 그들을 무시하면서 "소련 기병대의 트로이 목마"라고 불렀다. 그러나 지금은 스트라우스의 기민당까지도 녹색 프로그램의 여러 내용을 빌려 쓰고 있다. 이는 녹색당의 영향력이 가장 완고한 그들의 반대자들에게도 미치고 있음을 증명한다. 정치학자인 마이어(Margit Mayer)는 그들이 이렇게 된 것은 그들이 가지고 있는 "온갖 단점과 어려움" 때문이었다고 주장하고 있다. 여하간 녹색당은

> 독일의 정치적 지형을 바꾸었다. 비상식적이고, 주변적이고, 유토피아적인 것으로 간주되었던 1970년대 〈녹색인들〉의 요구는 — 가령 핵에너지를 폐기하고, 지속적인 경제성장을 지양하고, 일방적으로 군축을 감행하고, 모든 영역에서 여성의 비례대표를 채택하라는 등의 주장은 — 지금은 정치주류에 속해 있는 다른 당에서까지 토의하고 요구하게 되었다.

마이어는 오직 독일에서의 영향에 대해서만 썼다. 그러나 녹색당이 전

지구적으로 주목과 찬사를 받았다는 것은 의심의 여지가 없다. 녹생당은 아마도 두 번째 환경주의의 가장 훌륭한 업적으로 간주될 수 있을 것이다. 존경스런 대문자 G는 이들을 그들의 동료 및 동시대인들과 구분 지웠다. 즉, 이들은 모든 다른 종류의 녹색인들(greens)과 구별되는 참 녹색인들(Greens)로 불렸다.

6

〈남쪽〉의 도전

환경주의는 〈북쪽〉의 부자 나라들에서 나타나는 독특한 현상, 즉 북미와 서구 사람들 사이에서 발견되는 '탈물질주의적' 가치로의 움직임의 산물이라는 믿음이 널리 퍼져 있다. 지난 20년에 걸쳐 출판된 일련의 책과 에세이에서 정치학자 잉글하트(Ronald Inglehart)는 환경주의는 "물질적 생계와 안전에 대한 최고의 우선성 부여에서 귀속의식, 자기표현 및 생활양식에 보다 무게를 두는 방향으로의" 움직임의 핵심을 이루고 있다고 주장했다. 이러한 전제에서 나오는 추론은 가난한 나라들은 자신의 환경운동을 발전시키는 것이 가능하지 못하다는 것이다. 다음과 같은 3명의 진중한 원로학자들의 언급을 살펴보자.

> 만약 당신이 환경주의에 관심을 가진 나라들이나, 환경주의를 지지하는 개인들을 본다면, 당신은 환경주의가 주로 중상층 계급의 관심사

라는 데 놀랄 것이다. 가난한 나라와 가난한 개인은 도대체 관심이 없다. (Lester Thurow, *The Zero-Sum Society*, 1980)

생태정책의 주요 지지가 부자 나라로부터 그리고 안락을 누릴 수 있는 정도의 부자와 중산층으로부터 (오염활동을 통해 돈을 버는 사업가들을 제외하고는) 나온다는 것은 우연이 아니다. 수가 급속히 늘어나는 그리고 저고용 상태에 있는 가난한 사람들은, '발전'을 덜 원하는 것이 아니라 더 원한다. (Eric Hobsbawm, *The Age of Extremes*, 1994)

오직 독성을 지닌 서방세계만이 환경을 보존할 수 있는 돈과 의지를 가지고 있다. 이것은 '〈북쪽〉 백인 제국의' 마지막 짐이며 아마도 마지막 십자군이 될지도 모른다. (Anna Bramwell, *The Fading of the Greens*, 1994)

이러한 관점에서 보면, 환경주의가 주목을 받지 못하던 나라에서 이에 관한 표현이 나온다는 것은 이 사회가 드디어 근대성과 풍요의 문지방에 도달했다는 표시가 된다. 1991년 서울 근처에서 오염에 대한 저항이 나타났을 때, 영국의 유명한 주간지인 *뉴 사이언티스트(New Scientist)*는 "남한은 드디어 환경의 잠에서 깨어났다"고 선언했다. 마찬가지로 대만에서 환경 지지자들의 꾸준한 성장은, 이 섬 국가에서 나타난, 전통에 대한 근대성의 명백한 승리의 결과로 해석되었다. 하렐(Stevan Harrell)이 쓴 글에 따르면, 대만 사람들은

도시가 오염되고 시끄럽기 때문에, 그리고 접근이 과거보다 쉬워졌기 때문에 자연에 가치를 두기 시작했다. 그들은 시간이, 산업국가의 시민들과 같이, 규칙적인 토막들로 구조화되어 있기 때문에 주말에 [야외소풍을] 나간다.… 여기에 어떤 것도 특별히 중국적인 것은 없다. 그렇다고 특별히 서양적인 것, 서구화된 것도 없다. 거기에는 묘하게 근대적인 어떤 것이 있다. 이 모든 여가와 사치를 허용해 온 사회구성체에 대한 자기비판이 그것이다.

환경주의를 유독 풍요와 등치시킴으로써, 학자들은 진화론적인 연속성—가난한 사회가 번성하게 된 다음에야 사람들은 녹색운동에 눈을 돌릴 수 있게 된다는 것—을 가정하는 듯하다. 브레친(Steven Brechin)과 캠튼(Willett Kempton)이 주목한 바와 같이, "발전도상 국가의 시민들은 환경을 돌보지도 않으며 그럴 수도 없다는 이러한 상식적인 관념은 서구의 일반인들과 외교관 사회에서 널리 받아들여져 왔다. 그것은 *이들 나라에 관한 자료가 거의 없는 상태에서*, 단순히 탈물질주의자들의 이론에 근거한 것이었다."

*침묵의 봄*이 현대 환경운동을 탄생시켰다는 데 대한 의견일치는 당연하다고 할 수 있다. 그러나 제3세계 국가들이 너무 가난해 녹색이 될 수 없다는 생각은 논쟁 없이 그냥 지나갈 수 없다. 우리는 이 장에서, '이들 개발도상국들의 자료'를 활용하여, 이러한 생각이 잘못되었음을 보여주고자 한다. 사실 브라질, 인도, 태국과 같은 나라들은 서로 멀리 떨어져 있고, 그들 사이에 큰 차이가 있다. 그럼에도 불구하고 이들 나라들은 국민의 다수가 가난에 묶여 있다는 공통점을 가지고 있다. 그러나 이들 모든 사회에는 역동적인 환경 지지자 층이 존재했고, 또 계속 늘어 왔다.

가난한 사람들의 환경주의

이 지구상에서 부자 사회로 인정할 수 없는 사회 5개를 택해 가난한 사람들의 환경주의의 예를 살펴보자.

1. 페난은 말레이시아 사라와크주의 숲에 있는 조그마한 수렵인 및 농민의 공동체다. 그들은 인구가 7,000명에 미치지 못하고, 남 앞에 나서기를 좋아하지 않는다. 그러나 1980년대 후반, 그들은 주요 논쟁에서 주

요 역할 담당자가 되었다. 숲에 있는 그들의 보금자리가 상업적인 채벌꾼들에 의해 점진적으로 잠식당하고 있었다. 벌채활동으로 강이 더렵혀지고, 토양이 드러나고, 식량으로 사용해 온 식물과 동물은 파괴되었다. 이러한 물질적인 손해 뒤에는 깊은 의미의 상실이 뒤따랐다. 그것은 페난 사람들이 그들의 강과 숲으로 이루어진 풍경과 강한 문화적 유대감을 느끼고 있었기 때문이다. 당시 그들과 같이 살았던 스위스 미술가인 만저(Bruno Manser)의 도움으로, 이 부족은 전기톱과 이를 사용하는 사람들을 그들이 온 곳으로 돌려보내기 위해 저지선을 치고 시위를 조직하였다. 페난 투쟁은 페난에 근거를 둔 존경받는 집단인 〈사하밧 알람 말레이시아〉(Sahabat Alam Malaysia), 그리고 〈그린피스〉(Greenpeace)와 〈우림지역 행동 네트워크〉(Rainforest Action Network)와 같은 범국가적인 포럼의 주목을 받았고, 따라서 국제적으로 널리 알려지게 되었다.

2. 인도 중부의 나마다강에 건설될 사다 사로바 댐은 인도 경제발전의 전시물로 계획되었다. 완성되면 460피트의 높이를 갖게 될 이 댐은 절실하게 필요한 농업용수와 전기를 공급할 예정이었다. 그러나 이로 인해, 역사적으로 중요한 옛 절들과 풍요로운 낙엽수의 숲들과 적어도 250개 마을이 물에 잠기게 되어 있었다. 잠재적인 '축출 대상자들'은, 40세의 여성인 파트카(Medha Patkar)가 이끄는 〈나마다 바차오 안돌란〉(Narmada Bachao Andolan, 나마다 운동을 구하자)의 기치 아래 모였다. 댐 건설을 중지시키기 위해, 파트카와 그녀의 동료들은 주 의사당 밖에서 단식을 하고 뉴델리에 있는 인도수상 관저 밖에 캠프를 치고, 이주대상 마을들이 겪을 어려움을 일깨우기 위해 날마다 계곡을 가로질러 걸었다.

3. 외화벌이에 대한 압력으로, 태국 산림성은 1970년대 말에 넓디넓은 자

연숲을 단일 유칼리나무 재배농장으로 바꾸는 일을 시작하였다. 산림성은 2020년까지 60,000 평방 킬로미터에 식목을 하여, 주로 일본인들이 소유하고 있는 종이공장에 유칼리 토막들을 공급하기를 희망했다. 방콕의 관료들이 보다 많은 엔화가 흘러 들어오는 것을 머리에 그리고 있는 동안, 숲에 사는 농민들은 식목에 반대하는 운동을 시작하였다. 그들은, 물을 마구 들이키고 토양을 고갈시키는 이 호주산 나무에 인접해 있는 풍요로운 그들의 땅이 영향을 받을 것으로 믿었다. 그들은 또한 가축사료와 연료와 과일, 약재를 제공하는 혼합 숲의 상실을 애통해 했다. 불교사제들은 농민저항을 조직하고, 대표를 이끌고 공무원들을 항의 방문하고, 자연숲이 인공숲으로 바뀌는 것을 막기 위해 '성스러운' 의식을 수행하였다.

4. 1995년 11월 10일, 나이제리아의 군부독재는 9명의 저항자를 처형하였다. 그 가운데 가장 저명한 사람은 시인이며 극작가였던 사로-위와(Ken Saro-Wiwa)였다. 그들의 죄명은 영국-화란 거대기업인 〈로얄 쉘〉의 석유송출이 그들의 오고니 부족에 미치는 영향에 대한 주의를 환기시켰다는 것이었다. 〈쉘〉은 오고니 지역에서 하루 25,000배럴의 석유를 송출해 왔다. 연방정부는 석유추출로, 세입증가의 형태로, 이득을 챙겼다. 그러나 오고니는 많은 것을 잃었다. 그들은 학교나 병원이 없는 채 방치되었으며, 35년에 걸친 송출은 대신 죽음과 완전파괴를 가져왔다. 그곳은 "황폐한 시골, 일산화탄소와 탄화수소…가 가득한 대기, 오염된 하천과 강들, 어떤 의미에서도 그 땅은 환경재앙 그 자체"였다. 오고니 사람들의 생존을 위한 운동은 1991년 사로-위와가 시작하였다. 그는 〈쉘〉과 이 회사를 지원하는 군부 후원자들에 대한 반대투쟁을 강화해 갔다. 라고스에 있는 장군들은 협박과 위협, 체포로 대항했으며, 마지막으로 재판을 통해 사로-위와와 그의 동료들

을 살해했다.

5. 마지막 예는 저항이 아니라 환경재건에 관한 것이다. 이것은 마타이(Waangari Matthai)가 설립한 케냐의 그린벨트 운동이다. 그녀는 미국 캔자스에서 수학한 해부학자로 자신의 나라에서 최초로 여성교수가 되었다. 1977년 마타이는 자신들의 환경을 보호하고 개선하기 위해 다른 여성들, 특권을 향유하지 못하는 여성들을 동기화시키는 일에 헌신하기 위해 대학교수직을 그만두었다. 이 운동은 1977년 6월 5일(세계 환경의 날) 7개의 묘목을 심음으로써 시작되었다. 이 운동을 통해 1992년까지 700만 개의 묘목이 배분되었고, 이것들을 케냐의 22개 지구에 퍼져 있는 여성들이 심고 돌보았다. 언론인 피어스(Fred Pearce)는 그린벨트 운동은 "사막의 확장과 아프리카의 토양파괴를 중지시키는 데, 나이로비에 본부를 두고 있는 큰형격인 국제기구 〈UN 환경계획〉(United Nations Environmental Program)의 거창한 그러나 대체로 성공적이지 못했던 반(反)사막화 계획보다 틀림없이 더 성공적"이었다고 썼다.

내가 선택한 사례들은 모두가 환경공동체에서는 상당히 잘 알려진 것들이다. 파트카는 권위 있는 (캘리포니아 박애주의자가 기부한 기금으로 세워진) 골드만 상을 수상하였고, 페난은 그들이 처한 곤경을 영화로 만들어 영국과 독일 텔레비전에서 방영하였으며, 사로-위와의 죽음은 신중한 *뉴욕타임스(New York Times)*의 1면에 실리기까지 하였다. 나는 가난한 사람들의 환경주의에 대한 예로 더 잘 알려진 것들을 선택할 수도 있었다. 그 가운데, 아마도 가장 유명한 두 가지에 대해서는 이 장의 뒷부분에서 논의하고 있다. 또한 나는 덜 알려진 예를 선택할 수도 있었다. 그러한 것은 수백 개에 달한다. 여기에는 전통적인 공동체의 권리와 자연산림을 지키는 한편

상업적 벌채와 기업적 단일종 재배에 반대하는 운동들, 비싸고 파괴적인 '거대 프로젝트' 를 막으려는 댐 이주민들의 투쟁들, 석회암 광산이나 화강암 채석장으로 인해 농지와 목초지의 파괴를 경험한 농민들의 저항, 물고기 잔량을 감소시킴으로써 그들의 생계를 파괴하는 현대적 고도기술 저인망에 반대하는 숙련된 어부들의 운동, 강하류에 사는 마을들이 화학적 배출물이 강의 아름다움뿐 아니라 그들의 유일한 식수원을 파괴시키는 데 반대하여 행하는 종이공장과의 투쟁 등이 포함된다. 이들 환경악화에 대항한 투쟁에 더해, 환경재생을 위한 운동도 널리 행해지고 있다. 아시아와 아프리카에서는 수많은 농촌 마을들이 점점 더 열성적으로 숲을 보다 잘 관리하고, 토양을 보존하며, 물을 필요한 만큼 지속적으로 확보하고, 개량난로나 바이오가스발전소와 같은 에너지 절약 고안물을 사용하는 등의 운동을 전개하고 있다.

나는 '가난한 사람들의 환경주의' 란 말을 다양한 형태의 사회행동을 지칭하는 포괄적인 용어로 사용하고 있다. 페루의 운동가인 블랑코(Hugo Blanco)는 이런 종류의 환경주의를, 보다 잘 알려진 그리고 보다 정밀하게 정의된 〈북쪽〉의 환경주의와 명백히 구분하였다. 블랑코는 이렇게 쓰고 있다. 처음 보면

> 환경주의자들과 보존주의자들은 그들의 삶의 목적이 푸른 고래나 판다 곰이 사라지는 것을 막는 데 있는, 멋진 그러나 약간 얼빠진 놈들이다. 보통 사람들은 생각할 보다 중요한 것이 있다. 예를 들면, 어떻게 매일매일의 식량을 구하느냐 하는 것이다. 그들은 때로는, 그렇게 얼빠진 것이 아니라, 멸종위험에 처한 종들을 보호한다는 것을 구실로 해외로부터 달콤한 달러를 얻으려고 소위 NGO(비정부민간기구)를 만드는, 오히려 교활한 놈들로 여겨지기도 한다.… 이러한 관점이 옳은 때도 있다. 그러나 페루에는 환경주의자가 매우 많다. 물론, 내가 이런 사람들에게 당신은 환경주의자라고 말한다면, 그들은 아마도

"네 엄마한테나 그런 소리 해라" 또는 그 비슷한 대답을 할 것이다. 그렇지만 한번 생각해 보자. 채광으로 인한 오염에 대항해 오랫동안 용감하게 싸워 온 밤바마르카 마을 사람들이 진정한 환경주의자가 아니란 말인가? 〈남 페루 구리회사〉(Southern Peru Copper Corporation)가 오염시켜 온 일로와 그 주변 마을 사람들이 진정한 환경주의자가 아니란 말인가? 계곡에서 행해지는 노천채굴을 막기 위해 불끈 쥔 손을 쳐들고 죽을 준비가 되어 있는 피우라의 탐보 그란드 마을 사람들이 환경주의자가 아니란 말인가? 또한 라 오로야의 제련소에서 나오는 연기와 폐기물 때문에 그들의 어린 양이 죽는 것을 본 만타로 계곡의 사람들은 어떤가? 아마조니아의 사람들은, 모두가 환경주의자로, 죽어라하고 그들의 숲이 강탈당하지 않도록 지키고 있다. 또한 리마의 가난한 사람들도, 그들이 해변의 물이 오염되는 데 대해 불평을 토로할 때, 환경주의자가 되지않을 수 없다.

[마르티네즈 알리에르(Juan Martinez-Alier)가 스페인어에서 번역함]

아마도 가난한 사람들의 환경주의의 특징적 모습으로는 대여섯 가지를 들 수 있을 것이다. 첫 번째는 무엇보다도 환경에 대한 관심을 보다 두드러진 사회정의에 대한 관심과 결합시키고 있다는 점이다. 클리어리(David Cleary)는, 대부분의 제3세계에서는 "사회적 압박과 환경적 압박은, 상호 배타적인 범주로 원자화하는 것이 아무 의미가 없는, 이음새 없는 망으로 이루어져 있는 것이 현실"이라고 쓰고 있다. 상업적 임업, 석유송출과 대형 댐은 모두가 환경에 손상을 입힌다. 그러나 이들은 또한, 피해자들에게는 더더욱 고통스럽게 농촌생계를 위협한다. 이들은 부족민들에게서 땔나무와 조그만 사냥감을 빼앗거나, 농민들의 곡물농사를 파괴하거나, 불행하게도 해당 지역에 속한 마을의 땅과 집을 몽땅 물 속에 가라앉게 한다. 이러한 사업에 대한 반대는 그 자체가 생계에 대한 방어인 동시에 좁은 의미의 '환경' 운동이다. 이러한 사회적 관심과 환경적 관심의 불가분성은, 발사강에 세우도록 계획된 산후안댐 건설을 위해 땅을 내놓으라는 요청을 받았던 나후아틀 안디안 공동체가 멕시코 대통령에게 1990년 12월에 제출한 탄원서에 매우 잘 나타나 있다.

> 대통령 각하, 우리는 공식적으로 그리고 집합적으로 산후안 텔레칭고 댐 건설을 거부함을 밝힙니다. 그것은 이 댐으로 인해 우리의 경계와 역사적 · 문화적 유산과 [우리들의] 삶을 지탱해 주는 자연자원이 파괴되는 것을 용납할 수 없기 때문입니다.…이 댐 건설은, 우리들의 마을과 땅을 물로 덮어 버림으로써, 온갖 방법으로 우리는 엄청난 손실을 입고 어려움을 겪게 될 것입니다. 우리는 집과 교회와 마을회관, 도로, 관개시설, 그리고 오랫동안 커다란 희생을 치르면서 협력하여 이룩한 업적들을 모두 잃게 될 것입니다. 우리는 우리의 삶을 지켜준 가장 좋은 농토를 잃게 될 것입니다. 우리는 가축들을 사육하는 데 필요한 목초지를 잃게 될 것입니다. 우리는 과수원과 과일나무들을 잃게 될 것입니다. 우리는 공예품을 만드는 데 필요한 점토와 다른 원자재를 잃게 될 것입니다. 우리는 죽어서 묻힐 공동묘지와 교회, 제사를 드리는 동굴, 샘, 그리고 다른 성스러운 곳들을 잃게 될 것입니다. 우리는, 다른 무엇보다도, 매우 중요하고 독특한 고고학적 유적지인 테오판테쿠아니틀란을 잃게 될 것입니다.… 우리는 우리들의 생계를 위해 조상들이 우리에게 가르쳐 준 우리가 알고 사용할 수 있는 모든 자연자원을 잃게 될 것입니다. 우리는 여기에 일일이 나열할 수 없는 수 없이 많은 것을 잃게 될 것입니다.
>
> [구드(Catherine Good)가 스페인어에서 번역함]

환경파괴가 종종 *경제적* 박탈을 강화한다는 사실은 이들 저항운동의 도덕적 긴박성을 잘 설명해 준다. 인류학자인 브로시우스(Peter Brosius)는 페난 투쟁을 보아 오면서, "그 사건의 정당성에 대한 명백한 진술"을 확보했다. 그러나 동시에 그는 정당성은 —반드시 그래야만 하는 것은 아니지만— 유칼리 농장과 오염물질을 배출하는 공장과 토양을 노출시키는 광산에 대항하는 농촌 공동체들의 편에 있다고 확신했다. 거기서도 역시, 문제의 자원 —토지, 물, 산림, 물고기—에 대한 오래 지속되어 온 *이전의* 권리

주장은 정부와 발맞추어 일하는 부당이득 취득자들에 의해 갑자기 소멸되었다. 그들은 이들 외부자들에게 기름과 광물 채취권과 목재 채벌권을 내주었다. 그리고 정부에 대한 말할 수 없는 배신감, 즉 정부가, *그들의* 정부가, 부자 쪽에 서서 가난한 사람들을 버렸다는 배신감을 느끼게 되었다. 페난 사람들에게 정부관리들은 "불쌍한 것이 무엇인지를 모르는 사람들…" "이러한 어려움을 만드는 데 대해 아무 느낌도 없는 그리고 그들의 관심사에 대해 전혀 개의치 않은" 사람들이 되었다고 브로시우스는 말하고 있다.

그러나 일반적으로 사람들은 처음에는 정부가 무엇이 잘못되었는지를 조사하기 위해 그곳에 올 것이라는 희망을 가지고 있는 것이 보통이다. 따라서 이러한 종류의 투쟁은 흔히 교정적인 조치를 취할 수 있는 위치에 있는 담당관들에게 편지와 탄원서를 쓰는 데서부터 시작된다. 저항자들이 보다 직접적인 대치형태로 전환하는 것은 이러한 호소에 대해 아무 대답이 없을 때다. 전자매체와 직접 쓰는 편지가 지지를 호소하는 데 효율적으로 사용되는 〈북쪽〉에서와는 달리, 〈남쪽〉의 통신망은 마을과 부족, 친족과 카스트와 같은 '전통적' 연결망에 보다 직접적으로 의존하고 있다. 일단 비슷한 마음을 가진 사람들의 수가 충분히 모이면, 그때에 풍부하고 다양한 레퍼토리를 가진 집합행동이 펼쳐진다. 인도의 대중 환경주의에 관한 연구에서, 나는 7가지 독특한 사회적 저항의 형태를 밝힐 수 있었다. 이들은 연좌파업, 대중행진, (강제로 가게 문을 내리게 하는) 총파업, (선로나 대로에 앉아서 하는) 교통차단, (댐 엔지니어 사무실과 같은 전략적 장소에서 행해지는) 일반적으로 잘 알려진 운동 지도자들의 단식, 며칠을 계속해서 사무실이나 관리들을 에워싸는 봉쇄, 그리고 정의롭지 않다고 생각되는 법을 집단적으로 어겨 감옥을 채우는 운동이 그것이다.

이들 모든 방법은 간디가 영국 식민주의와 싸우면서 완성한 것이다. 그러나 물론 이와 비슷한 것은 이미 다른 농부 문화권에도 있었다. 로만(Larry

Lohmann)은 태국 농촌의 유칼리 저항을 소개하면서, 이렇게 썼다.

> 소농들은 관료들의 경멸을 참고, 지방관리들과 내각에 청원을 내고, 암살위협을 견디어 내고, 다른 지역 마을 사람들과 전략적 회의를 준비하고 있다. 그들은 대중집회를 열고, 세미나에서 발언을 하고, 길을 막고, 정부부처로 행진을 하고, 이 저항을 위해 특별히 작곡된 노래를 부르고 있다. 이러한 수단이 실패하는 곳에서는, 그러나 그들이 충분히 잘 조직되어 있는 곳에서는, 그들은 은밀하게 또는 많은 군중 앞에서 유칼리 묘판을 부수고, 유칼리나무를 자르고, 불도저를 세우고, 묘판과 장비를 불태우고 있다. 동시에, 환경주의자들의 대의에 호소해야 할 필요를 잘 알고 있는 마을 사람들은 유칼리에 앞서 또는 유칼리를 대체하여 과수와 고무나무, 토종 산림나무들을 심고, 그들에게 동정적인 언론인들에게는 여러 세대에 걸쳐 지역의 숲 조각들을 보전하기 위해 그들이 어떠한 방법을 사용해 왔는지를 설명하고 있다.

이들 저항은 때로는 단독으로 또는 집합적으로, 강력한 토속적인 사회정의 이념의 지원을 받는다. 예를 들어, 간디는 인도 환경주의자들에게 그들이 가장 좋아하는 저항방법을 제공함은 물론 산업화에 의한 마을경제 파괴에 대한 반대를 정당화하는 도덕적 어휘도 제공하였다. 마찬가지로 태국 농부들은 공식적으로, 그들과 같은 종교를 믿는다고 주장하는 그들의 지배자들에게 정부의 정책이 정의, 근대화, 자연과의 조화에 대한 신앙적 책임을 명백히 위반한 것임을 상기시키기 위해 부처님과 불교를 자원으로 채택하고 있다. 반유칼리투쟁을 시의 적절하게도 '생태승' 이라고 불리는 불교 승려들이 이끌었다는 데도 주목할 필요가 있다. 라틴 아메리카에서 가장 쉽게 동원할 수 있는 이념은 대중 가톨릭주의로, 그 최근 변종인 '해방 신학' 은, 성직자와 교회 모두의 에너지를 다시 가난한 사람들에게로 돌릴 것을 요구하고 있다. 산후안 댐을 반대하는 사람들은 교구 신부들에게 야간 기도회를 열 것을 요청하고, 마을을 지키는 성인의 상을 들고 댐 예정지까지 걸어가고, 또한 과달루페의 성처녀(Virgin of Guadalupe)에게 경의를 표시하기 위해 멕시코시티에 있는 성당까지 행진을 하였다.

가난한 사람들의 환경주의의 특별한 양상의 하나는 여성이 수행하는 중요한, 그리고 때로는 결정적인 역할이다. 여성들은 —파트카나 마타이와 같이— 별 어려움 없이 지도적 역할을 담당하게 되었고, 또한 행진이나 시위에서는 수적으로 그들의 몫 이상의 참여를 보였다. 그들은, 때로는 잔인한 정치문화가 지배하는 곳에서도, 괴롭힘과 구타를 당하고 투옥되는 것을 두려워하지 않았다. 한 베네주엘라 여성주의자는 자신의 나라에서는 "오늘날 모든 여성집단이, 그들이 환경이 무엇인지 알든 모르든 상관없이 이미 환경주의자다"라고 썼다. 그녀의 이 말은 동시에 인도나 말레이시아, 브라질, 케냐 그리고 멕시코 여성들을 대변하는 것이기도 하다.

확실히 시골에 사는 여성들에게서는, 인간 사회가 깨끗하고 풍요로운 환경에 의존하고 있다는 데 대한 깊은 자각을 자주 발견할 수 있다. 인도 중부의 바스타 지구에 사는, 산림보호 운동에 적극적인, 한 부족의 여성은 이를 이렇게 표현하고 있다. "만일 숲이 없다면 무슨 일이 일어날 것인가? 하나님과 어머니 지구는 우리 곁을 떠나고, 우리를 죽게 내버려 둘 것이다. 우리가 여기 앉아서 얘기하는 것은 지구가 존재하기 때문이다." 이러한 말에 고무되어 몇몇 여성주의 학자들은 여성과 자연 사이에는 거의 신비적인 유대가, 즉 그들의 관점에서는 남성들에게서는 발견되지 않는, 내밀한 원초적인 생물학적 친밀성이 있음을 가정한다. 다른 여성주의자들은 여성의 환경운동에의 참여가 그들의 보다 긴밀한 매일매일의 자연이용과 이에 더해 그들의 보다 절박한 공동체 결속과 유대의 필요성에 대한 각성과 존경에서 유래한다고 주장한다. 내 견해로는 후자가 더 그럴듯하다. 대부분의 부족적이고 전원적인 농부들 가구의 분업형태를 보면, 연료를 채취하고 물을 긷고 식용식물을 거두어들이는 것은 여성(과 어린이)의 몫이다. 따라서 그들은 샘물이 마르거나 숲이 없어지는 것을 보다 쉽게 인지하고 이에 보다 빨리 대응할 수 있다. 여성은 또한 남성보다 더 장기적인 관점에서 의미를 파악하는 경향이 있다. 그 예로서, 기업을 위해 유칼리를 심으면 금방 현금을 벌 수 있으나 내일과 그 다음날의 경제적 안정을 망칠 수 있다는 판단을 들 수 있다(상자 참조).

풀뿌리 생태-여성주의

남성 관리가 제안한 유칼리 식목에 대한 안디안 마을 여성들의 반응

타푹 공동체에서… 케추아에서 여성들은 *마나이(manay)* 지대에 이식된 유칼리는 즉각 제거되지 않으면 안 된다고 격렬한 어조로 말했다. 마나이는 윤번체제로 구근 곡물들을 경작하고 경작곡물이 바뀌는 사이에 휴경을 하도록 되어 있는 농업지대다. 공동체와 공동체의 개별 성원들은 마나이에 대해 공동으로 통제권을 행사한다. 이와 같이 여성들은 공동체를 위해 발언하면서, 이들 땅은 구근 곡물들을 공급하기 위해 그들의 할아버지들로부터 물려받은 것이며, 그들은 자녀들에게 유칼리 잎사귀를 먹이지 않을 것이라고 주장했다. 더욱이 유칼리가 자라는 곳에서는, 토양이 척박해지고 양파도 자라지 않는다.

출처: Enrique Mayer and Cesar Fonseca, *Comunidad y Producion en el Peru*(Lima 1988), p. 187 (Juan Martinez-Alier 번역).

인도와 브라질의 비교

이제 크고, 복합적이고, 매우 중요한 두 제3세계 국가에서 나타난 환경운동을 비교해 보자. 브라질과 인도는 여러 면에서 공통점을 가지고 있다. 지리적으로나 인구로서나 크기가 엄청나다. 이들 사회는 높은 문화적 다양성을 보인다. 부자와 가난한 사람들 사이에 깊은 골이 있다. 야심적이고 공격적인 국가지원의 산업화 역사를 가지고 있다. 산업화 프로그램은 엄청난 생태적 · 사회적 비용을 치렀다. 그리고 마지막으로, 무엇이 적합한 발전인가에 대한 현존의 합의에 도전하는 능동적인 환경 관련 기구들이 등장했다.

제2차 세계대전 이후 브라질과 인도 양쪽에서 모두, 정치인들은 이 지구상의 가난한 나라들 사이에서 나타난, 한 세대 안에 서구 국가들이 달성한 풍요를 이룩하고자 하는 운동에 앞장섰다. 지성인들 —과학자, 기술자, 공무원, 입법의원들—은 자신들을 선택된 엘리트로 보고, 국민들을 어둠에서 구출해 빛으로, 병에 찌든 가난에서 번영으로 인도하는 역할을 맡은, 엄청나게 중요한 존재라는 자아인식을 가지고 있었다. 그들의 자만심은 — 제철소, 대형 댐, 원자력 발전소와 같은 — 맘모스의 제왕적인 사업을 낳았다. 그들은 이런 것들이 부를 가져오고 대부분의 일반인들에게 자부심과 자존감을 심어줄 것을 기대했다. 그러나 이들 사업은 그 대가를 치렀다. 수천 명이 살던 곳에서 추방당했고, 수백만 헥타르의 산림이 쓰러졌고, 수십 개의 강이 더러워졌다. 그들은 처음에는, 그들이 즐긴 위세와, 그들이 내세운 약속과, 그리고 무엇보다도 이들 사업이 상당한 정도 국민의 지지를 받는 정부에 의해 추진되었다는 사실로 인해, 전혀 비판에 무관심했다. 이들 사업은 국민 '희생'의 이상에 의해 정당화되었다. 예를 들어, 부족들이 그들의 숲을 종이공장에 양도하지 않으면 안 되었을 때, 또는 농부들이 그들의 땅으로 범람하도록 고안된 저수지 물이 차올라 도망가지 않으면 안 되었을 때, 그들에게 제공된 위안은 간단하였다. 그것은 이러한 가끔 발생하는 원치 않는 생계의 희생은 나라의 보다 큰 이익을 위해, 보다 정확하게는 국민총생산의 행복한 증가를 위해 불가피하다는 것이었다.

브라질과 인도의 발전모형에 따르면, 공적 부문은 경제에 관한 '총체적 권한'을 위임받았고, 개인 자본가들은 부의 산출에 있어 중요한 보조적인 역할을 부여받았다. 그러나 실제로는 공기업과 사기업 모두에게 자연과 자연자원의 자유로운 이용이 허용되었다. 국가는 그들에게 목재와 물, 광물, 전기 등을 시장가보다 저렴하게 제공하였고, 결과적으로 그들에게 공기와 물을 자유롭게 오염시킬 수 있는 권한을 부여했다.

산업화의 과정은 아마도 인도에서 보다 브라질에서 더 냉혹했을 것이다. 그 한 가지 이유로, 브라질에서는 젊은 국민문화와 아마존 분지의 형태로 되어 있는 '미답의 개척지'의 존재가 개발과 그 수행속도의 가속화에 대한 보다 낙관주의적 태도를 발전시켰다. 또 다른 이유로, 이 나라는 인도와는 달리 계획가들과 개발업자들의 조급성을 진정시키는 조심스러운 목소리를 제공하는, 따라서 성급함을 늦추고 개발로 인한 인간희생을 고려하게끔 강요하는, 간디주의와 같은 저항의 전통을 결여하고 있다. 생동감 넘치는 다당체제와 다양한 언어를 사용하는 언론 역시 인도에서는 다양한 목소리를 자유롭게 낼 수 있게 하는 역할을 하였다. 반대로, 브라질에서는 이미 유약한 상태에 있던 정치체제가 1964년, 자기들이 건설한 고속도로나 관대한 조건으로 산업체들에게 내준 면허에 대한 어떠한 반대도 허용하지 않는, 군부독재의 수중에 들어갔다.

그러나 1960년대 말, 두 나라에서 모두 국가지원 산업화는 실패로 드러났다. 가난은 물러가기를 거부하였고, 발전의 열매는 늘 그랬듯이 소수의 풍요로운 도시인들과 농촌 지주들의 차지가 되었다. 그들은 〈북쪽〉 사람들과 마찬가지로 자가용을 몰고, 텔레비전을 보고, 냉장고를 사용하였다. 한편 이들 나라에 사는 대다수의 남성들과 여성들은 계속해서 오두막과 불량 지역에서 살았고, 나무와 등유를 때 음식을 요리하였고, 그들의 주 교통수단은 두 다리뿐이었다. 동시에, 자연은 전쟁에 휘말려 상처뿐이었고, 한마디로 무시무시한 환경파괴가 일어났다. 그 사회적 · 생태적 비용은 다음의 인용문에 잘 요약되어 있다. 두 가지 모두 브라질에 관한 것이지만, 인도에도 똑같이 적용된다. 첫 번째 것은 1974년 *희생의 피라미드(Pyramids of Sacrifice)*란 책에서 발췌한 사회학자 버거(Peter Berger)의 비평이다.

> 한 나라에서 두 나라의 모습이 떠오른다. 하나는 상대적으로 풍요한 나라의 것이고, 다른 하나는 여러 가지로 비참한 형편에 놓여 있는 나라의 것이다. 물론 이러한 상태는 많은 제3세계 국가에서 발견된다. 그러나 거대한 영토를 가지고 있고 인구가 1억에 달하는 브라질은 단순한 크기만으로도 특별한 상황을 구성한다. 적절한 범주를 사용하여 인구를 구분하면, 브라질은 풍요한 층의 인구 1500만 명과 비참한 층의 인구 8500만 명으로 나눌 수 있다. 이들 수치의 경제적 의미를 보기 위해서는 1500만이 매우 큰 수의 인구집단이라는 사실에 초점을 맞추지 않으면 안 된다. 이는 확실히 몇 안 되는 중요한 선진 산업경제 국가의 인구에 해당한다. 한 평론가가 언급했듯이, 브라질은 인도네시아 위에 올려놓은 스웨덴이다.… 이렇게 브라질의 규모 그 자체는, 양극화의 과정을 이해하는 데 있어 다른 곳에서는 발견하기 힘든, 추가적인 차원을 구성하고 있다. 이는 또한 정권의 미사여구에 그럴듯한 합리화를 제공한다. 다행히도, 방문객은 전국을 여행하고, '스웨덴'을 빼고는, 스웨덴에 흡수되었거나 스웨덴의 다채로운 배경으로서 봉사하는 약간의 '인도네시아' 말고는, 아무것도 보지 못할 수도 있다.
>
> 이것은 경제의 건조한 면이다. 그 뒤에는 인간고통의 세계가 놓여 있다. 인구의 매우 큰 부분에게 생활은 물리적인 생존을 위한 어두운 투쟁의 연속이다.… 브라질에서는 수백만 명이 심하게 영양부족 상태에 시달리고 있고, 어떤 사람들은 말 그대로 굶어 죽어가고 있다. 브라질에서는 수백만 명이 영양실조와 기초적인 공중위생의 결핍으로 인한 질병으로 고통당하고 있다.… 실업, 소득분배 등에 관한 경제자

료를 다룰 때, 우리가 초점을 두고 보아야 할 것이 바로 이러한 현실이다. 핵심적인 사실은 인간 생명을 앗아가고 있는 것이 이들 현실이라는 것이다.

버거가 이 글을 쓸 때에는 환경적 각성이 사회학 분야의 상표가 아니었다. 따라서 그의 진단은, 그 자체로는 정확하지만 뒤에 나타난 생태학자 비올라(Eduardo Viola)의 관찰을 가지고 보완할 필요가 있다.

통제되지 않은 산림의 착취와 불합리한 단일경작은 남부와 남동부, 중서부 그리고 아마존 지역의 주요 부분을 사막으로 바꾸어 나가고 있다.… 산업생산의 부스러기와 농업에 사용된 유독성 잔여물, 직접 강에 쏟아버린 쓰레기는 수자원을 심각하게 위협하고 있다. 대부분의 브라질에서 공공으로 공급되는 물의 질은 국제적으로 인정된 기준으로 잴 때 끔직하다. 산업배출 가스는… 브라질 산업도시의 대기를 호흡기 질환의 증식자 및 발병주체로 바꾸어 놓았다. 브라질에서 자동차는 수출용으로 만들어진 것을 제외하고는, 오염방지 장치를 장착하고 있지 않다.… 이 모든 것에 더하여, 일반적인 하수시설의 결여와 (쓰레기를 아무곳에나 버리는 책임감 없는 인구층이 그리고 또한 적합한 처분과 처치수단을 거의 제공하지 않은 공공기관들이 돕고 부추긴) 폐기물의 부적절한 처리가 도시들을 공중보건의 관점에서 볼 때 진정한 '지뢰밭'으로 바꾸고 있다.… 마지막으로, 사회-환경적 파괴의 정점에는 이 나라의 산업 및 과학기술 정책에서 상당히 중요한 부분을 차지하는 무기의 생산이 자리하고 있다. 그 결과 브라질은 세계에서 다섯 번째 무기수출국이 되었다.

이 어색한 용어, 즉 사회-환경적 파괴는 이러한 반복된 자연의 오용이 '생태적' 재앙만큼 인간적 재앙이라는 것을 강조하고 있다. 그것은 인도 환경주의 궤도에서도 똑같이 발견된다. 산림이 쓰러지면 토양과 생물다양성이 파괴되고 채취자들은 일을 빼앗긴다. 유독물질은 물고기를 죽이고 강의 페하(p.h. : 수소이온지수) 수치를 급격히 바꾸고, 그들의 유일한 식수원을 오염시킴으로써 자동적으로 공동체는 건강을 위협받게 된다. 자동차의 배출물은 상파울로와 뉴델리를 세계에서 가장 오염된 10대 도시에 포함되게 하였을 뿐 아니라, 나아가 영양부족에 시달리는 도시 사람들을 더욱 쇠약하게 만들었다. 그러나 그 과정은 사회계급에 따라 다르게 작용한다. 부자계급은 자신들이 야기하는 환경악화로부터 보다 잘 보호되고, 보다 쉽게 깨끗한 공기와 물에 접근하고, 보다 쉽게 오염을 벗어나거나 버틸 수 있다.

1972년에 스톡홀름에서 열린 UN의 첫 번째 주요 환경회의에서, 인도와 브라질 정부는 환경보다는 발전을 옹호하는 목소리를 내었다. 인도 수상 인디라 간디(Indira Gandhi) 여사는 만일 오염이 진보의 대가라면 자신의 국민들은 더 많은 오염을 원할 것이라고 할 정도로 감동적인 연설을 하였다. 같은 맥락에서 브라질 대표단은 환경논의가 발전도상 국가가 더 이상 발전하지 못하도록 막는 사악한 음모라는 인상을 주는 말을 하였다. 이들 공식적인 목소리가 국민들의 생각을 정확히 반영하였는지는 이제 미결로 남아있다. 스톡홀름 1년 전에, 루첸버거(José Lutzemberger)가 이끄는 일련의 농경학자들은 〈자연환경 보호를 위한 가우초 협회〉(Gaucho Association for the Protection of the Natural Environment), 즉 AGAPAN을 창립했다. 이 협회는 브라질 최초의 주요 환경운동 단체로 볼 수 있다. 이들의 운동은, 첫 UN회의 1년 후에 시작된 인도의 칩코(Chipko), 즉 나무 껴안기 운동과 매우 유사한 모습을 보였다.

AGAPAN과 칩코 창립 이후 수십 년이 지나면서, 두 나라의 환경주의는 그 영향력이 전국에 걸친, 다양한 생태적 · 사회적 관심사를 다루는 순수한 대중운동으로 등장했다. 브라질과 인도의 환경투쟁은 공통의 쟁점들, 즉 산림과 댐, 오염, 생물다양성의 쟁점을 중심으로 이루어졌다. 이는 '엘리트주의' 환경주의가 아니라, 밑바닥에 있는 하층 공동체들을 상대로 한 운동이었다. 브라질의 가난한 사람들의 환경주의는 빠른 그리고 극적인 (오염과 산림의 연소와 같은) 환경파괴에 대응하는 도시 무허가 정착지와 원주민들을 그 기반으로 하고 있다. 반면 인도에서는 오래된 —농민, 어부, 목축업자, 화전 경작자들의— 농촌 정주 공동체들의 보존이 쟁점이었다. 그들은 사람들의 생계가 달린 공동소유 자원의 관리권을 국가가 행사하거나 개인기업에게 위임하는 문제에 민감하게 반응하였다(*상자* 참조). 두 나라 모두에서, 저항자들은 호전적인 길을 택하는 경향이 있었고, 정부 관리와 사법적 판단을 구하는 끈기 있는 청원보다는 직접적인 행동을 선호하였다. 브라질과 인도의 녹색인들은 언론으로부터 동정적인 지원을 받았다. 두 나라의 운동은 그들이 무시하고 있는 것도 같았다. 그것은 놀랍게도 환경파괴에 불을 지피는 인구 증가의 역할이었다. 브라질의 가톨릭은 신경질적으로 산아제한에 대해 얘기하기를 싫어했다. 인도의 간디 추종자들은 '과잉인구'에 대한 얘기를 '신맬서스주의'로 무시해 버렸다. 두 집단 모두, 환경파괴에 대한 책임을 져야 하는 보다 핵심적인 요소는 사회적 불공정이라고 보도록, 그리고 이것에 총부리를 향하도록 훈련을 받았다.

브라질은 적어도 3가지 점에서 인도와 다르다. 두 나라의 환경운동이 때에 따라 다른 길로 들어서는 데 중요한 역할을 하는 것이 이들 차이다. 첫째로, 브라질은 훨씬 높은 비율의 인구가, 생활조건 즉 주택, 물, 공기 및 위생의 질이 지역과 지역 사이에 엄청나게 차이가 나는 도시를 배경으로 살고 있다. 상파울로, 리오와 같은 곳의 보다 나은 환경을 위한 투쟁은 브라질 환경운동의 중요한 양상을 이루어 왔다. 그러나 인도는 인구학적으로 그리고 문화적으로 보다 농촌 지향적이다. "인도는 자신의 마을에서 산다"는 유명한 말을 한 사람은 마하트마 간디였다. 그의 추종자 대부분이 그를 따라 도시에 등을 돌렸기 때문에, 인도에서 도시공해와 주택은 환경 의제에서 낮은 위치에 머물러 있다. 인도의 녹색인들은 숲과 시골에서 토양이 물에 침수되어 재해를 입은 농부들이나, 조상의 숲에서 쫓겨난 부족들과 일하는 것을

땅과 사람을 새롭게 하자

1985년에 60명의 학자와 언론인, 사회사업가들이 발표한 '인도 환경상태에 대한 공동의 관심사'에서 발췌

영국 지배하에서 시작된, 인도를 쓰레기 땅으로 전환시키는 과정은 독립정부 아래에서도 계속되었다. 가장 무자비한 공격은 이 나라의 공동자산에 대해, 즉 목축지와 산림, 강, 연못, 호수, 해안 지구, 그리고 점점 더 대기에 대해 가해졌다. 국가가 조직하고 주도한 이들 공동자산의 이용방법은 이들 자산의 피폐와 무자비한 파괴를 부추기는 것이었다.…

자연은 가장 가까이 있는 사람들이 관리에 간여하지 않는 한 결코 잘 관리될 수 없다.… 공동 자연자원은 예전에는 다양한, 탈중심화된 공동체 통제체제에 의해 규제되었다. 그러나 공동자산을 국가자산으로 바꾸는 국가의 정책은 이를 중앙집권화된 관료들의 통제하에 두게 만들었고, 그들은 이를 다시 보다 강력한 자의 이해에 맡겼다. 오늘날, 보통 사람들은 지역자원의 관리에 참여할 수 없게 됨에 따라, 가난한 사람들은 그들의 환경으로부터 더욱 주변화되고 소외되어, 그들의 미래를 할인하고 그들이 가지고 있는 나머지 자원을 얼마 되지 않는 돈을 받고 팔아 버리는 데까지 이르렀다.

인도의 마을들은 전통적으로 목초지와 농지, 산림, 그리고 연못, 우물, 수조와 같은 수원을 가진 농림목 통합체였다. 국가의 개발 프로그램은 이러한 통합적인 마을의 성격을 산산이 찢어놓았다.…

식민지 시대에 시작된 자연자원에 대한 국가통제의 과정은 다시 제자리로 돌려져야 한다. 옛 공동체 통제체제는… 때로는 불공정하였고 따라서 재구조화를 필요로 하였다. 변화된 사회경제적 상황과 자연자원에 대한 압력의 증가를 고려하여, 새 공동체 통제체제는 보다 고도로 통합되고 과학적으로 세련되고, 형평성을 보장하고, 지속 가능하도록 만들지 않으면 안 된다. 이것이 인도의 정치체제 —단지 정치인이나 정당들뿐 아니라 시민들과 사회운동가들 앞에 놓인 가장 큰 도전이다.… 인도는, 만일 국가가 자연자원 기반을 공평하고 생태적으로 건전하게 관리하는 방법을 배운다면, 빈곤과 실업, 고된 일 그리고 억압의 문제를 이겨낼 수 있을 것이다.…

출처: *India: the State of the Environment 1984-85: the Second Citizens' Report*(New Delhi: Center for Science and Environment, 1985), pp. 394-7.

보다 편안하게 느껴 왔다.

두 번째 차이는 브라질의 높은 문자해득 및 교육수준과 연관된다. 아직 군대가 정권을 장악하고 있던 1970년대 초기에, 브라질에서는 교육받은 중산층 —과학자, 법조인, 언론인 등—은 조심스럽게 환경 의제를 실천에 옮기기 시작했다. 처음에는 오염이나 녹색지대의 보호와 같은 비교적 논란의 대상이 되지 않는 쟁점들을 택했다. AGAPAN이 맨 앞에 있었다. 녹색인들이 보다 직접적으로 '체제'에 도전하기 시작한 것은 1980년대 말 군대가 철수한 다음이었다. 반대로 인도의 환경주의는 상당한 부분 농민저항의 전통에 의존하였다. 사실, 지성인들로 하여금 처음으로 산림유실과 토양침식, 물 고갈의 문제에 경각심을 갖게 한 것은 농민들의 저항이었다. 인도에서, 전문직 중산층은 농부와 부족들의 환경주의에 더디게 반응하였고, 때에 따라서는 반응하기를 꺼려했다는 점에서 환경주의에 역행적(reactive)이었던 반면, 브라질에서는 전문적 중산층이, 일반에게 잘 알려진 도시 빈곤층뿐 아니라 숲 거주자와 댐 이주자들의 운동에도 잘 협조할 준비가 되어 있었다는 점에서 순응적(proactive)이었다고 할 수 있다.

마지막으로, 브라질 환경주의는 〈북쪽〉의 논쟁에서 보다 깊은 영향을 받았다. *침묵의 봄*은 영어로 출판된 그해에 포르투갈어로 번역되었고, 〈자연 및 자연자원 보존을 위한 국제협회〉(International Union for the Conservation of Nature and Natural Resources)와 같은 초국가적 기구들의 지회 역시 브라질에서 적극적으로 활동하였고 영향력을 발휘하였다. 미국의 환경주의자들은, 어느 정도 미국 대중들 역시, 브라질에서 일어나는 일을 열심히 추적하였고, 때로는 이에 영향을 주려고 하였다. 생태학적으로 말하면, 정주농업과 산업채광으로 인한 거대한 아마존 우림의 파괴는 —생물다양성과 탄소배출물 흡수지의 상실을 통해—〈북쪽〉 생활에 직접적인 영향을 준다. 사회적인 면에서, 토착민이 처한 곤경은 오래전에 북미의 원주민들을 도살한 사람들을 조상으로 가진 이들 〈북쪽〉 사람들의 양심에 강력한 호소력을 가졌다. 이와 같이 브라질 환경문제는 고도의 국제적 가시성을 가진다. 한 걸음 더 나아가, 미국과의 문화적 · 정치적 · 지리적 근접성으로 인해 가시성은 더 커진다.

이와는 대조적으로, 인도에는 〈북쪽〉 녹색 고전들과 〈북쪽〉 녹색 기구들이 별로 없다. 또한 환경파괴의 영향은 —그것이 아무리 심각하다 해도— 인도 안에 한정되어 있다. 가령 파괴의 행위자들은 압도적으로 정부관리들과 개별 자본가들이다. 그러나 브라질에서는 외국회사들과 세계은행과 같은 외국 원조기구들이 파괴를 통한 발전과정에 결정적인 영향력을 행사해 왔다.

이들 차이는 중요하다. 그러나 결과적으로 브라질과 인도의 환경주의에서 보다 중요한 것은 공통적 요소이다. 두 나라 모두에서 환경운동은 핵심적으로 민주주의의 심화에, 즉 의사결정의 개방성을 확대하는 데 그리고 의사결정자들에게 보다 큰 책임을 부여하도록 하는 데 기여했다. 루쳄버거(José Lutzemberger)가 1978년에 말했듯이, "시민들은 스스로 정치에 참여할 필요가 있다. 그렇지 않다면 관료들이 [그리고 첨가한다면, 정치인들이] 시민들을 무시하고 밀어붙일 것이기 때문이다. 시민들은 무엇이 일어나는지 알기 위해 참여할 필요가 있다. 그리고 그것이 공허하다 하더라도 소리치기 위해 참여할 필요가 있다." 두 나라 모두에서, 환경운동은 '삶의 질' 관련 쟁점을 넘어서 보다 직접적으로 복지와 번영과 관련된 공적인 전망에 대해 도전을 감행하는 방향으로 움직여 갔다. 정치인들은 아직도 시민들에게 '발전' 을 위해 희생이 필요하다고 주장하고 있다. 녹색인들은 이러한 주장의 실체가 무엇인지를, 즉 이것이 사회분쟁을 지속시키고 생태계를 악화시키는 데 중요한 역할을 한다는 것을 폭로하고 있다. 브라질 녹색인들은 그들의 나라에서 특징적으로 나타나는 발전을 '약탈적 발전' 으로 특징지었다. 그들의 인도 동료들은 '약탈적' 이라는 단어를 '파괴적' 이라는 용어로 대체하고 있다. 그러나 그 뜻은 대동소이하다.

칩코(CHIPKO)와 치코(CHICO)의 비교

1973년 3월 27일, 상류 갠지스 계곡 높은 곳에 자리한 한 히말라야 오지 마을에서는, 일단의 농부들이 벌목꾼들이 자작나무를 베는 것을 막았다. 나무는 국가 산림성이 소유한 땅에 서 있는 것들이었고, 산림성은 경매를 통해 멀리 알라하바드에 있는 스포츠용품 회사에 이 나무들을 넘겨주었고, 벌목꾼들은 회사가 보낸 사람들이었다. 만달 —산림의 한편에 있는 마을의 이름—의 농부들은 나무를 껴안거나 '달라붙어' (*Chipko*) 있겠다고 위협함으로써 벌채를 막았다. 만달의 얘기는 1970년대를 거치면서 여러 비슷한 투쟁을 촉발시켰고, 외부시장을 위한 벌채계약을 산골농부들이 막은 얘기도 10여 개에 이른다. 이들 저항의 총체가 바로, 우리 시대의 가장 유명한 환경주도의 하나로 알려진 칩코운동이다.

칩코는 1970년대와 1980년대에 인도의 여러 지역에서 동시적으로 분출되었던 자연자원을 둘러싼 갈등의 매우 다양한 모습을 보여준다. 거기에는 산림, 물고기, 목초 자원에 대한 접근과 관련된 갈등, 산업공해와 광물채취의 영향과 관련된 갈등, 대규모 댐의 위치와 연관된 갈등 등이 포함된다. 이들 갈등은 각각 *악화-부족-저항-(지역적) 논쟁-(전국적) 논쟁*의 연쇄과정을 통해 이해할 수 있다. 예를 들어 이 도식을 칩코에 적용해 보자. 산에서의 벌채는, 한편으로는 지역 공동체들이 필요로 하는 연료와 가축사료, 작은 목재의 부족을, 다른 한편으로는 (인도에서는 특별히 히말라야 목재가 유일한 연성목재원료로 칭송을 받기 때문에) 목재를 기반으로 하는 산업이 필요로 하는 원자재의 부족을 야기한다. 국가가 지나치게 갈등의 한쪽 즉 기업에 호의적인 태도를 보일 때, 다른 쪽 즉 농부들은 집합적인 행동을 반응방식으로 택한다. 세상에서 가장 잘 돌변하는 성격을 가진 언론이 이를 들추어내면, 저항은 어떻게 하면 —공동체, 국가 또는 사적 자본이—히말라야 숲을 가장 잘 관리할 수 있는가, 무슨 종 —침엽수, 활엽수 또는 이색종—을 심고 보호해야 하는가, 그리고 산림의 1차 생산물은 무엇이 —산업용 목재, 마을을 위한 생물자원 아니면 전반적으로 공동체를 위한 토양, 물, 깨끗한 공기가— 되어야 하는가 하는 논쟁으로 그 모습을 바꾸게 된다.

인도 안에서는 소규모의 칩코들이 많았다. 그러나 보다 넓은 지구적인 맥락에서 이 히말라야 농부들의 운동은 '치코' 멘데스(Francisco 'Chico' Mendes)라는 이름과 연관된 브라질 아마존에서 있었던 운동과 가장 좋은 비교대상이 된다. 치코 멘데스는 노동자 조직가로, 분별없는 경제적 착취로 황폐된 지역에서 '정의의 생태학' 을 추진한 것으로 국제적 명성을 얻은 사람이었다. 아마존에는 —1960년에서 1984년 사이에 약 800마일에 달하는— 대규모의 도로망 확장으로 단시간에 행운을 잡으려는 많은 사람들이 남부로부터 몰려들었다. 도로는 식민 이주자들을 불러들였고, 그들은 도로를 이용해 마호가니, 로즈우드와 다른 값나가는 나무들을 가져갔다. 30년 사이에 전체 지역의 거의 10%에 달하는, 프랑스보다도 큰, 어마어마한 6천만 헥타르의 숲이 벌채되고 불살라졌다. 이 가운데 85%로 추정되는 땅이, 표면이 노출되어 비가 퍼부으면 더욱 척박해 질 수밖에 없는 메마른 토양에게는 가장 부적절한 토지이용 형태인, 가축을 위한 목초지로 탈바꿈하였다. 총괄적으로 이는 엄청난 생태적 재앙이었다. 한 브라질 학자의 말을 빌리면, "아마존 숲을 태우는 것은 세계 역사상 가장 철저한 생물자원의 파괴를 의미하는 것" 이었다.

이러한 숲의 황폐화로 직접 영향을 받은 인간 공동체들 가운데는 고무와 브라질 호두, 바바소 야자와 같은 숲에서 나는 각종 산물의 채취자들과 수

확자들이 있었다. 불행히도, 이 사람들은 그들이 일하는 땅과 산림에 대한 확실한 법적 권리를 가지고 있지 못한 경우가 많았다. 반면 농장주들과 벌목꾼들은 이 지역을 빨리 '개발' 하려는 정부권력의 편에 서 있었다. 농장주들이 —때로는 총부리로— 숲을 인수했을 때, 원주민들은 땅뿐 아니라 생계도 잃었다. 예를 들어 아크레(Acre)주에서 농장주들은 1970년에서 1975년 사이에 6백만 헥타르를 구입했고, 그 과정에서 만 명 이상의 고무수액 채취자들이 쫓겨났다. 멘데스와 같은 사람들의 도움으로 수액 채취자들은 그들 자신의 혁신적인 저항방식인 *엠파테(empaté)*, 즉 가로막기로 맞섰다. 남자와 여자, 아이들이 숲으로 행진하여, 손을 잡고, 일꾼들과 사슬톱이 더 이상 전진하는 것을 몸으로 막았다. 첫 엠파테는, 첫 칩코 저항이 있은 지 3년이 지난 1976년 3월 10일에 일어났다. 그 다음 10년간에 걸쳐, 일련의 가로막기로 2백만 에이커의 숲이 목초지로 전환되는 것을 막을 수 있었다.

1970년대 중반부터 고무수액 채취자들은 강력한 조합을 만들었고, 1987년에는 아마존의 토착 정주자들과 손을 잡고 〈숲 사람들의 동맹〉(Forest Peoples' Alliance)을 만들었다(*상자* 참조). 이 동맹은 그 성원들의 산림과 토지에 대한 권리를 방어할 것을 결의했다. 이는 또한 고무수액 채취자들과 다른 사람들이 숲의 자체적인 재생능력에 영향을 줌이 없이 그들이 필요한 것을 수확할 수 있는, 사슬톱으로부터 보호를 받는 지역인, '진액채취 예비지' 의 창설을 위해 노력했다. 그러나 고무수액 채취자들이 더욱 조직적으로 대항하자, "농장주들은 그들을 땅에서 쫓아내기 위한 강한 집념으로," 자신들의 연합체인 〈민주농촌조합〉(Uniao Democratica Rural)을 창설하였다. 이미 고도의 폭력으로 상처가 난 지역에서, 갈등은 비극적인 방향으로 전개되었다. 1980년, 농장주들과 그들의 대리인들은 저명한 조합 조직가인 피네이로(Wilson Pinheiro)를 암살했다. 8년 후, 1988년 12월 22일에 그들은 치코 멘데스가 집을 나설 때를 맞추어 저격함으로써 마침내 그를 제거하는 데 성공했다.

칩코 운동과 치코 멘데스 및 그의 동료들의 투쟁은 놀랄 만큼 유사하다. 둘 다 국가와 외부자들에 대한 농민저항의 오랜 역사가 그 밑바탕이 되었다. 히말라야의 경우에 저항은 백년 이상으로 거슬러 올라간다. 둘 다 나무가 쓰러지는 것을 막기 위해 새로운, 비폭력적 형태의 저항을 고안했다. 여성을 방어의 맨 앞에 세운 저항형식은 벌목꾼들을 막는 데 매우 효과적인 전략적 행위였다. 이들 각각의 경우 지도력은 도시에서 자라 교육받은 운동가들이 아니라 공동체 *내에서* 나온 '유기적' 지식인들이 제공했다. 그 어느 것도, 투쟁이 단지 벌목꾼들에게 집으로 돌아가라고 요청하는 데 만족하지 않았다. 〈숲 사람들의 동맹〉은 지속 가능한 예비지를 제안했고, 반면에 칩코 일꾼들은 마을 숲을 보호하고 가득 채우는 일에 여성농부들을 성공적으로 동원했다. 두 운동 모두 그들 사회에서 넓은 호소력을 갖는 이념을 수단으로 이용했다. 두 명의 가장 잘 알려진 칩코 지도자인, 바트(Chandiprasad Bhatt)와 바후구나(Sunderlal Bahuguna)는 평생 간디주의자였다. 마찬가지로 가톨릭 성직자들이 고무수액 채취자들을 지지하였고, 멘데스는, 그가 엠파테 후 체포되어 구치소로 가는 길에, 저항자들이 찬송가를 불렀을 것으로 회상하였다.

칩코 운동과 치코 멘데스의 투쟁은 넓은 의미에서 비교 가능하다. 그러나 물론 이들의 성격이 일치하는 것은 아니다. 히말라야 남벌은 —토양유실과 홍수의 빈도를 증가시키는 모양으로— 생태적인 혼란을 가져왔다. 반면, 아마존의 개간은 그보다 훨씬 심각한 생물다양성의 유실을, 즉 수백 종의 곤충과 식물, 새, 동물의 멸종을 뜻한다.(이것이 브라질 운동이 칩코보다 커다란, 그리고 지속적인 국제적 주목을 받아온 이유다.) 사회적 측면에서, 아마존 숲을 둘러싼 갈등은 보다 높은 수준의 폭력을 특징으로 하고 있다. 민주주의 전통은 인도보다 브라질에서 덜 공고하고, 따라서 저항과 불만의 토

아마존 사람들의 목소리

1989년에 개최된 제2차 전국회의에서, 〈브라질 고무수액 채취자 협회〉는 우리들의 지역문화를 지지하는 원칙들을 위해 그들의 생명을 건 투쟁에 참가한 모든 사람들에게 경의를 표했다. 특별히 우리는 우리들의 가장 뛰어난 동지인 치코 멘데스를 기억한다. 따라서 본 협회는 다음의 프로그램을 위한 투쟁을 결의한다.

숲 사람들을 위한 발전정책

1. 자연의 파괴 없이 숲 사람들의 생활양식, 문화, 전통을 존중하고, 또한 삶의 질을 증진시키는 발전모형.
2. 인도인들과 고무수액 채취자 및 다른 진액채취 인구가 그들이 거주하는 숲에 관련된 모든 정부정책에 대한 공공토론에, 자신들을 대표하는 연합체와 법인을 통해 참가할 권리.
3. 아마존에서 이미 실시하기로 되어 있는 프로젝트들의 재앙적인 영향을 정밀 검사하고 막을 수 있도록 하는, 그리고 환경과 아마존 사람들에게 손실을 가져오는 프로젝트를 즉각 중지토록 하는 공적인 보장.
4. 의회에서 토의대상이 되어 있는 아마존 관련 정책과 프로젝트 및 다른 거대 프로젝트들에 관한 정보 제공과, 이들 프로젝트에 의해 영향을 받는 사람들을 대표하는 조직의 참가.

이들 원칙에 기초해 본 협회는 또한 농업개혁, 교육, 신용과 마케팅, 그리고 인권의 보호를 위한 구체적인 프로그램 초안을 작성하였다.

출처: Susanna Hecht and Alexander Cockburn, *The Fate of the Forest: Developers, Destroyers and Defenders of the Amazon* (London: Penguin, 1990), Appendix E.

로가 폭력을 불러올 가능성이 더 높다. 우리가 칩코 운동을 *비폭력적* 저항 기법 때문에 높이 사는 경향이 있다면, 아마존 투쟁은, 적어도 브라질 밖에서는, 그 지도자의 *폭력적* 사망으로 인해 기억되는 경향이 강하다.

마지막으로 우리는 두 운동 모두 언론을 통해 잘못 소개된 점이 많다는 것에 주목할 필요가 있다. 아마존 투쟁은 때로는 치코 멘데스의 이미지를, 파괴자들로부터 '아마존을 구하기' 위해 죽은, '녹색 순교자' 로 단순화시킨다. 마찬가지로, 칩코는 일반적으로 나무를 껴안고 있겠다고 위협함으로써 '히말라야를 구한' 무지한 여성들의 이미지로 묘사된다. 칩코와 치코를 둘러싼 신비성 때문에, 불행하게도 환경보호가 사회정의와 불가분의 관계에 있음을 보여주는 투쟁으로서 이들의 실제적이고 깊은 의미가 애매모호해지는 경향이 나타나기도 한다.

발전의 재정의

토속적인 정의 이념 —간디주의, 불교, 또는 가톨릭주의—을 자원으로 무장한, 그리고 보다 일반적으로 '생태 여성주의' 의 주장으로 담대해진, 가난한 사람들의 환경주의는 발전의 이념 자체에 대한 전반적인 재고를 촉발시켰다. 이들 운동에 동정적인 지식인들은 정부정책이 산업 및 도시 편중적이라는 비판을 유행시켰고, 이를 탈중심적이고 사회적인 각성이 들어 있으며, 환경적으로 호의적인, 한마디로 보다 *부드러운* 형태의 발전으로 대치할 것을 촉구했다. 이들의 노력은, 때로는 명시적으로, 제2장에서 논의한 초기 환경주의자들의 관념에 근거를 두고 있다. 그러나 이들의 논의는 또한 현대 생태학 및 사회과학적 사고를 받아들여 보다 풍부해졌다. 상식적인 관념을 중심으로 이해되고 실천된 발전은 철학적인 지평에서는 줄곧 비판을 받아왔다. 그러나 비평가들 역시 현실 밀착적인 부문별 해결책을 들고 나왔다. 물 관리 영역에서, 이들은 큰 댐 대신 작은 댐 또는 수조나 우물, 전통적인 관개의 부활과 같은 대안을 제시해 왔다. 산림의 영역에서, 이들은 공동체의 자연숲 통제가, 공공토지를 힘들이지 않고 산업농장들에게 넘기는 것에 비해, 보다 공정하고 지속 가능한 선택이 아닌지 물어왔다. 어업의 영역에서, 이들은 지방 선박들을 희생시키고 저인망 업자들에게 호의를 베푸는 것을 비난하고, 바다 수역을 조심스럽게 구획하여 저인망을 사용할 수 있는 지역을 제한함으로써 토속적인 방법의 자유로운 사용을 허용하고 어류 총보유량의 회복을 촉진시킬 수 있도록 할 것을 제안해 왔다.

〈북쪽〉에서와 같이 〈남쪽〉에서도 환경운동은 물론 환경논쟁 역시 활발하다. 그러나 두 지역 사이에는 뚜렷한 차이점이 관찰된다. 〈북쪽〉 환경주의가 가치 변화(탈물질주의로의 전환)의 중요성을 강조하였다면, 보다 강하게 물질적 갈등에 뿌리를 두고 있는 듯이 보이는 〈남쪽〉의 운동은 경제적 정의에 대한 요구 —즉 보다 가난한 공동체들의 자연자원에 대한 권리—를 녹색운동에 통합할 것을 주장한다. 이것이 이들 운동이 문화변동을 가져오는 것은 물론 때로는 보다 직접적으로 생산체제의 변화를 야기하는 이유가 되기도 한다(*상자* 참조). 또한 〈남쪽〉 집단들이 그들 정부에 —파괴적이거나 불공정하다고 간주되는 법과 정책에— 대해 반대자의 입장에 서는 경향이 일반적인 데 반해, 〈북쪽〉 집단들은 정부와 함께 환경적으로 자애로운 법과 정책을 추진해 나감으로써 정부 프로그램을 돕는 건설적인 협력자의 역할을 자주 수행하였다.

두 맥락 모두에서, 이러한 행동을 설명해 주는 풍부한 양의 성찰적 업적이 이미 축적되어 있다. 그러나 가난한 나라에서는 인과관계가, 대부분의 경우 지성적 성찰이 대중저항에 의해 촉발되거나 그 이후에 나타나는 데서 보듯이, 다른 (*침묵의 봄*과 같은 책이 환경운동을 촉발했다고까지 얘기되는, 〈북쪽〉과는 반대의) 방향으로 흐른다. 마지막으로, 〈북쪽〉 녹색인들은 피해를 입거나 멸종위기에 처한 동물과 식물 종들의 권리에 깊이 마음을 쓴 데 반해, 〈남쪽〉 녹색인들은 자신과 같은 종 가운데 행운이 덜한 성원들의 권리에 보다 주목하여 왔다.

그러나 두 맥락의 환경주의자들을 하나로 묶고 있는 것이 하나 있다. 그들이 대항해 싸워야만 하는 반(反)환경적 로비가 그것이다. 미국과 같은 나라에서는, 기업인들과 산업주의자들이 녹색인들에 대해 가장 적대적이고 비판적이다. 인도와 말레이시아에서는 국가 공무원들과 기술관료들이 이들에 가세한다. 발전의 사적 및 공적 추진자들은 환경주의자들을 외국인들의 사주를 받은, 법과 질서의 문제를 만드는, 또는 '뒤떨어진' 부족들이나 농촌 사람들을 자신들과 동료 낭만주의자를 위한 박물관에 가두어두고 멍청히 바라볼 수 있도록 하기만을 바라는 사람들로 공격하고 있다. 이들 반환경주의자들 가운데 가장 유명하고 강력한 힘을 가진 사람은 말레이시아 수상이었던 마하티르(Mahathir bin Mohamad)였다. 1990년, 그는 이렇게 선언했다. 그와 그의 정부는

> 페난을, 나머지 세계가 그들에 대해 무관심한 동안, 관광객들의 구경거리가 되고 인류학자들의 연구대상이 되는 인간 동물표본으로 바꿀 의향이 없다.… 결국 모든 정글 거주자들을 주류 사회로 편입시키는 것이 우리의 정책이다.… 이들 희망이 없고, 반쯤 굶어 죽어가고 있고, 질병에 찌든 사람들에 대해 낭만적인 감정을 가질 필요는 하나도 없다.

2년 후, 지구 정상회담을 위해 특별히 준비한 문서에서, 마하티르는 이렇게 주장했다.

> 동굴과 숲의 거주에서 마을과 도시 생활로의 전이는 인간 사회가 태고시대로부터 형태전환을 해 왔음을 알리는 현상이다. 환경운동가들은 이러한 변화와 인간 발전의 과정에 있는 페난 사람들의 길을 막고 서 있을 권리가 없다.

환경주의와 민주주의의 방어

헨리 데이비드 소로우는 전에 "세계의 보전은 야생성에 있다"고 말했다. 현대 브라질의 경험은 최근에 나온 책에 실린 다음의 문장이 설명해 주는 바와 같이, "환경의 보전은 민주주의에 있다"는 뒷말을 요구하는 듯하다.

환경악화에 반대하는 투쟁은 점점 더 새로운 시민권의 모형을 세우고 강화하기 위한 민주적 투쟁의 한 부분으로 이해되고 있다. 환경권을 진전시키려는 노력은 수많은 사회운동의 분파를 하나로 묶어 왔다. 이들은 모두가 인간적인 삶의 수준을 보장하기에 적당한 양과 충분한 질로 물이나 공기와 같은 필수적인 공공재에 접근할 수 있도록 할 것과, 고무수액 채취자들, 호두 채취자들, 어부들과 원주민들과 같은 특수 사회문화적 집단들이 사회적 재생산을 위해 집합적 재화를 사용할 수 있도록 할 것과, 녹지대와 수로, 상수원, 생태계와 같은, 흔히 사회의 집합적 관심과 양립할 수 없는 사적 이해로 파괴되어 온, 자연자원의 공적 이용의 보장을 담보할 것을 요구해 왔다.

…브라질 환경위기에서 명백한 [것은], 생태적 악화와 사회적 불평등은 하나의 뿌리에서 나온 두 개의 가지라는 점이다. 다시 말하자면 그 뿌리에서, 농부들을 그들의 땅에서 쫓아내고, 기업농의 전초지를 확장시키고, 땅 투기와 산림벌채를 장려하고, 토지를 마모시키고, 강을 마르게 하고, 전통적 고기잡이와 산림진액 채취를 불가능하게 하고, 환경적으로 해로운 산업표준을 채택하고, 지나치게 도시구조를 부하시키고, 부를 집중시키고, 인구집단들을 주변화시킨 브라질 자본주의가 발전하여 왔다.…

…필요한 것은 자연자원의 공급과 가격을 생산적 투입물로서 보전하는 데 그치지 않는 그러한 종류의 발전을 추구하는 것이다. 절대 다수의 브라질 국민은 단지 기술적으로 생산체제를 옛 모습으로 돌리고, 자연자원의 이용에서는 자본주의적 원리를 택함으로써 '지속 가능한' 것처럼 꾸미는 그런 종류의 발전에 관심을 가지고 있지 않다. 우리는 발전의 결정논리를 바꾸고 환경적 변수를 국민들의 생활과 작업 조건을 구성하는 요인으로 포함시키도록 노력해야 한다. 이러한 종류의 변화에 있어 기술적 진보에 의한 변화의 가능성은 단지 부차적인 의미를 가질 뿐이다. 사실, 변화는 일차적으로는 정치적 과정의 민주화에 의존

한… 자연자원에 대한 통제를 민주화하고, 모든 사회와 나라에 공통되는 환경을 탈사유화하고, 민주주의를 환경행정에 도입하고, 그리고 공동의 자연자산의 공적 성격이 [환경운동의] 토론쟁점이 되도록 보장하는…

출처: Henri Acselrad 편저, *Environment and Democracy*(Botafogo: IBASE, 1992), 서문.

페난과 관련해서 뿐 아니라, 말레이시아에서 뿐 아니라, 환경운동가들은 권력자에게 진실을 말하고, 정치가들과 기타 지배자들에게 무엇을 대가로 한 발전인가, 누구의 비용으로 이루는 진보인가라는 듣기 싫은 질문을 던짐으로써 새로운 신호탄을 쏘아 올렸다.

7

사회주의와 환경주의 (또는 그것의 결여)

초기 소비에트 환경주의

집합적으로 유럽과 북미의 풍요로운 사회는 일본, 호주, 뉴질랜드와 함께 '제1세계'로, 한편 아프리카, 아시아, 중남미에 위치한 〈남쪽〉의 가난한 나라들은 '제3세계'로 알려져 있다. 이 책은 제1세계와 제3세계의 사상가들과 운동에 초점을 맞추었다. 이제까지 이들 사이에 위치한 사람들과 지역에 대해서는 언급하지 않은 채 지나쳤다. 이제 우리는 제2세계, 즉 부자도 가난하지도 않은, 그리고 1989년 베를린 장벽이 무너질 때까지 국가사회주의 이념에 대한 몰입으로 특징지어진 철의 장막 뒤에 있던 나라들에 도달했다. 논의는 제2세계의 큰형이었던 옛 초강대국 소련에 초점을 맞출 것이다.

앞 장에서, 브라질과 인도 정치인들이 가진 풍요로운 사회를 따라잡아야 한다는 강박관념에 대해 얘기한 바 있다. 이러한 강박관념은 사실 보다 앞서, 제2차 세계대전이 아니라 제1차 대전 직후 소련에서 표출되었다. 1917년 11월의 볼셰비키혁명 지도자들은 경제적으로는 물론 군사적으로도 자본주의를 따라잡기를 바랐다. 그들은 오직 가파른 산업화만이 자본주의 열강들에 의해 포위 공격당하고 있는 자신들의 나라를 쓰러짐에서 구할 수 있다고 믿었다. 스탈린(Joseph Stalin)은 한때 이렇게 말했다. "우리는 가장 앞선 나라들에 비해 50년에서 100년 뒤떨어져 있다. 우리는 이 간격을 10년의 기간에 메워야 한다. 우리가 그렇게 하지 않으면 그들이 우리를 쓸어버릴 것이다." 기술 숭배, 사회문제의 해결 수단으로서 산업생산에 대한 믿음, 자연적 한계에 대한 오만한 무시, 이들 모두가 소비에트 공산주의와 미국 자본주의의 차이를 흐릿하게 하는 데 도움을 주었다. 1933년의 글에서 레오폴드는 직관적으로 언뜻 보기에는 서로 반대되는 정치체제들을 연합하게 만드는 그 무엇에 대해 말했다.

> 내가 가까이서 볼 수 있는 한, 모든 새로운 주의들—사회주의, 공산주의, 국수주의… 등은 한 가지 선입견에 있어서는 자본주의조차 능가하고 있다. 그것은 기계로 만들어진 상품을 더 많이 더 많은 사람들에게 분배해야 한다는 것이다. 이들은 서로를 멸시하지만 한 가지 신조, 즉 기계에 의한 구원에 대한 믿음에 있어서는 뒤지기를 거부하는 경쟁적인 사도들이다.

소비에트의 산업재건 프로그램을 옹호한 것은 마르크스주의, 즉 현대적 기술의 힘으로 자연을 길들이고 정복할 수 있다는 데 대해 굳건한 믿음을 보이는 이념이었다. 마르크스주의자들은 또한 사유재산의 폐지가 자동적으로 공해의 감소를 가져올 것으로 믿었다. 그것은 공산주의의 승리가 자신들의 이익을 지키기 위해서는 어떤 일—예로서 처리되지 않은 배출물을 물에 쏟아 붓는 일—도 서슴지 않는 자본가들을 제거할 것으로 보았기 때문이다.

이러한 관점에서는, 어떤 잔여적인 환경오염도 모든 것을 보고 모든 것을 알고 있는 중앙집권적인 계획체제가 처리할 수 있을 것으로 여기게 된다.

또한 철학과 실천의 양 측면 모두에서, 소비에트 마르크스주의는 주로 자연과 자연의 한계에 대한 철저한 무관심으로 특징지어진다. 1920년대 초반 트로츠키(Leon Trotsky)는 "공산주의의 바른 목표는 기술에 의한 자연의 지배, 계획에 의한 기술의 지배로, 이를 통해 자연의 원자재는 인류에게 그들이 필요한 모든 것과 그 이상을 제공할 것이다"라고 말했다. 10년 뒤 한 소비에트 과학자는 이렇게 주장했다. "인간의 역사는 자연의 기초적 힘에 대한 예속과 맹목적 종속에서 그것에 대한 투쟁[과] 정복으로 가는 길이다.… 사회주의적 조건에서…경제를 위한 자연자원 기반은 수축적인 것이 아니라, 제한 없는 발전에 필요한 모든 성분을 다 가지고 있다."

그 징후는 불길하였다. 그러나 공산주의 지배의 첫 10년에는 갓 태어난 보존운동이 인상적인 걸음을 내디뎠다. 거기에는 이미 혁명 이전의 풍부한 자연사의 전통과 멸종위기에 처한 서식지들을 챙기는 일을 돕는 자연보전 협회들이 존재했다. 1917년 11월 첫 주에, 볼셰빅이 권력을 장악한 그 시점에, 페트로그라드에서 열린 한 보존회의에서는 "미국 국립공원 모형을 따라 *자포베드니키(Zapovedniki)*를 설립할 필요가 있는 장소의 종류에 관한" 제안서에 대해 논의했다. 사실 러시아인들의 자포베드니키 또는 보호지역에 대한 이해는 미국인들의 것보다 더 세련된 것이었다. 미국의 국립공원은 문화적이며 민족주의적인 이유에서 세워졌다. 반면 소비에트 과학자들은 생태학적 범주에 따라 처녀지의 성격을 가진 지역을 선택하여, 다른 지역, 말하자면 비보호지역에서의 인간 간여의 적합성의 판단을 가능케 하는 '기준선'으로서 활용할 것을 요청해 왔다.

확실히, 소비에트 지배 초기에는 과학적 연구와 대학교육이 번성하였다. 역사가인 와이너(Douglas Weiner)는 러시아에서 1920년대는 생물학 교육

자연의 사회주의적 정복에 관한 레온 트로츠키의 입장

러시아 혁명 설계자의 한 사람이 자연에 대한 인간의 사회주의적 지배에 관한 전망을 개괄하였다.

산과 강, 들, 풀밭, 대평원, 숲, 그리고 해변의 현재 분포를 최종적인 것으로 여길 수는 없다. 인간은 이미 적지도 무의미하지도 않을 정도로 자연의 지도를 변화시켜 왔다. 그러나 앞으로 올 것과 비교하면 이것은 학생들의 연습에 불과하다. 믿음은 단지 산을 움직일 것을 약속한다. 그러나 기술은, '믿음'에서 아무것도 취하지 않고도, 실제로 산을 자르고 움직일 수 있다. 이는 지금까지는 산업적 목적(광산)이나 철로(터널)를 위해 행해졌다. 그러나 미래에는 총괄적인 산업 및 예술적 계획에 따라 잴 수 없을 정도의 큰 규모로 행해질 것이다. 인간은 스스로 산과 강을 재등록하는 데 바빠지고, 열심히 그리고 반복적으로 자연을 개선해 나갈 것이다. 종국에, 인간은 지구를, 만약 자신의 영상이 아니라면 적어도 자신의 취향에 따라 다시 건설하고야 말 것이다. 우리는 이 취향이 나쁠 것이라는 우려를 조금도 갖고 있지 않다.

… 기계를 통해, 사회주의 사회의 인간은 자연을 총체적으로 지휘할 것이다.… 그는 산과 길이 있어야 할 곳을 지적할 것이다. 그는 강이 흐르는 길을 바꾸고, 해양을 위한 규정을 입안할 것이다. 이상주의 숙맥들은 이것이 답답하다고 말할지도 모른다. 그러나 그것은 그들이 숙맥이기 때문이다.…

출처: Leon Trotsky, in C. Wright Mills, *The Marxists*(Harmondsworth: Penguin Books, 1963), pp. 278-9에서 인용.

의 '황금기'라고 말했다. "반(反) 개화주의자인 로마노프의 족쇄"에 더 이상 얽매이지 않게 되자, "생물학자들은 교실에서 가장 발전된 이론을 자유롭게 소개할 수 있게 되었다. 세계적인 반열의 유전학자, 생태학자, 실험 생물학자로 구성된 완전한 한 세대의 생물학자 집단이 형성되었다."

몇몇 이름을 열거해 보자. 세계적인 생물학자 가운데는 위대한 곡물류(類) 학자이며 수집가며 분류가인 바빌로프(N. I. Vavilov)와, 종의 "생태적 적소"의 관념을 이끌어 낸 가우즈(G. F. Gauze)가 있다. 또한 빼 놓을 수 없는 사람은 "생물권"과 "지구권"이라는 용어를 만든 학자인 베르나드스키(V. I. Vernadskii)다. 베르나드스키는 로마클럽의 보고서인 *성장의 한계*가 출판되기 40년 전에, 자연의 생산력에는 "한계가 있다. 이들 한계는 실제적인 것이고, 상상적인 것도 이론적인 것도 아니다. 이것은 자연에 대한 과학적 연구에 의해 확인될 수 있는 것이고, 우리에게는 우리의 생산능력에는 극복할 수 없는 자연적 한계가 있음을 말해 주는 것이다"라고 지적하였다. 주목되는 네 번째 과학자는 곤충학자인 세메노프-티안-산스키(A. P. Semenov-tian-shanskii)로, 그는 실험실의 전문기술을 자연에 대한 낭만적 사랑과 결합시킨 사람이었다. 세메노프-티안-산스키는 그가 수집한 70만 개의 곤충을 모스크바의 동물 박물관에 기증할 것을 유언하였다. 여기에는 그 자신이 발견하고 처음 서술한 900종의 표본이 포함되어 있다. 그가 자연을 "존재하는 모든 것에 관한 위대한 책, 즉 우리의, 앞으로 보다 진전된 개화와 정신적 발전을 위해 필수 불가결한 박물관, 일단 파괴되면 다시 인간의 손으로 지을 수 없는 박물관"으로 생각한 것은 별로 놀라운 일이 아니다. 세메노프-티안-산스키는 사회는 "자연에 대한 커다란 도덕적 의무"를 가졌으나, 산업적 인간은 스스로 "예술에 영감을 주는 웅장한 장면"을 파괴하기로 작정한, "자연의 조화를 깨는… 땅을 이용한 벼락부자"라고 믿었다.

과학적 연구가 융성하면서 보존협회들의 창립이 뒤따랐다. 여기에 속하는 것으로는, 문화유산은 물론 자연유산의 보호를 위해 일하는 〈중앙지방 전설연구국〉(러시아 약어로 TsBK), 지역단체인 동물 및 식물 방어를 위한 〈전(全)우크라이나협회〉(ZhIVRAS), 그 울타리에 몇몇 가장 저명한 소비에트 과학자를 끌어들인 〈전러시아보존협회〉(VOOP)가 있다. 1920년대 후반에 TsBK는 2,000개의 지회와 60,000명의 회원을 갖게 되었다. 우크라이나 협회는 회원이 9,000명에 달했고, VOOP는 회비를 내는 회원은 1,400명에 불과했으나 구독자가 3,000명이 넘는 사진이 많이 포함된 격월간지로서 영향력을 가진 잡지인 *오크라나 프리로디(Okhrana prirody)*를 발간했다.

그의 형제가 생물학자였으며, 자신은 도보 여행가이자 자연 애호가였던 소비에트 독재자 레닌(Vladimir Illyich Lenin)은 과학자들과 그들이 속한 학회들을 성원하였다. 1921년 9월, 현존하는 *자포베드니키*에서 수렵과 낚시를 금하고 새로운 *자포베드니키*의 창설을 권장하는 "자연 기념물과 정원, 공원 보호"를 위한 새 포고령에 서명한 것이 레닌이었다. 1929년 소련에는 61개의 *자포베드니키*가 있었고, 그 포괄지역은 400만 헥타르에 가까웠다. 이들 보호지역 밖에 있는 나무의 벌채는 1923년 7월에 서명된 산림령의 규제를 받았다. 이 법안은 재조림을 장려하고 지속 가능 벌목을 추진하는 한편, 숲이 8% 이하인 지구에서는 벌채를 완전 금지하였다.

돌아보건대, 1920년대는 소비에트 과학과 소비에트 환경주의의 황금기였다. 와이너는 답답한 마음으로 "소비에트 태양에서 생태적 보존의 순간은 비극적으로 짧았다"고 평했다. 인도에서 간디주의의 폐퇴와 소련에서 환경주의의 퇴각은 무서운 유사성을 가진 것처럼 보인다. 두 흐름 모두, 밝은 전망을 가지고 시작하였으나 자연의 한계를 인정하지 않는 국가 주도 산업화의 철학이 힘 있게 등장하면서 버림을 받았다. 그러나 간디주의자들은 간단히 자신들의 *아슈람(ashram)*으로 돌아간 반면, 이들 러시아의 동료들에게는 그러한 행운이 따르지 않았다. 예를 들어, 베르나드스키는 여러 해 동안 망명생활을 했고, 가우츠는 새로운 실험을 고안하는 것을 금지당했다. 이들 중 가장 비극적인 최후를 맞이한 것은, 감옥에서 스탈린의 애완 생물학자인 협잡꾼 리센코(Trofim Lysenko)의 칼에 맞아 죽은 바빌로프였다.

소비에트 환경주의의 사망 신호는, 농업과 공업 생산방법을 급격하게 바꿀 것을 요구한, 1929~34년의 제1차 5개년계획에서 발신되었다. 이 계획은 목재생산을 1억 7천8백만 입방미터에서 2억 8천만 입방미터로 늘리도록 명령했다. 다른 목표들도 마찬가지로 원대한 것이었다. 이제 생태학자들에게는 '결과'를 내보이라는 혹독한 압력이 가해졌고, 그들의 연구는 곧바로 자연자원의 경제적 착취로 이어졌다. 농업의 집단화는, 대초원지대에 있는 수많은 보호지역을 파괴하여, 자연 생물공동체들을 경작지로 바꾸었다. 다른 야생지에서는 채광과 벌목이 허용되었다. 한때, 1250만 헥타르에 걸쳐 있던 *자포베드니키*가, 1950년대 초기에 이르면 단지 150만 헥타르로 줄어든다.

생태학자들과 보존주의자들은 심리적으로만 아니라, 전문적인 측면에서도 방어적인 위치에 있었다. 그들과 그들의 업적에 대한 공격에는 용서가 없었다. 인민위원들과 공산주의자들은 더 이상 자연에 대한 '사카린-감성적' 접근, 즉 그들이 더 이상의 사회주의 발전을 막는다고 생각한, "벌거벗은 보전주의 관념"은 설 자리가 없다고 불과 같은 공격을 퍼부었다. TsBK는 "골동품 보존협회," "혁명*으로부터의* 보호협회"라는 조롱을 받았다. 그들은 과학협회들을 교수들이 할일 없이 노니는 *자포베드니키*로 비유하였다. 그들은 협회들의 목적이 "5개년계획으로부터 자연을 구하는 것"이라고 조롱하였다. 보존주의적 관념을 가진 것으로 알려진 존경받는 학자들은 비(非)마르크스주의자, 반(反)혁명주의자, 또는 "세계 부르주아 계급의 첩자"로까지 비하되었다.

소비에트 보존운동은, 첫 번째 가장 풍성한 국면에 있을 때에는, 3가지 뚜렷한 환경주의 분파가 나타날 가능성을 지니고 있었다. 방해받지 않은 야성생의 보호를 선호하는 생태주의자들, 조심스럽게 과학과 농촌 낭만주의를 연결시킨 사람들, 그리고 지속 가능한 수확을 위한 관리를 실천하려는 사람들의 운동 가능성이 그것이다. 이들 가운데 처음 두 가지 지향은 1930년대 말기에 이르면 거의 망각의 세계로 사라진다. 세 번째 과학보존 분파는, 국가계획 산업화와 불안하게 연합한 상태에서 아직도 존재한다. 자신을 승자 쪽에 있다고 보는 한 과학자는 이렇게 썼다.

> 옛 자연 자체를 위한 자연보존 이론은—고대의 자연 물신숭배의 냄새를 풍기는 전제를 가진 것으로—우리의 경제적 그리고 과학적 이해관계 모두에 첨예하게 대립되고, 따라서 우리의 건설 중인 사회주의 땅에는 설 자리가 없다.… 그것이 무엇이든, 기존 자연상태의 보전이 아니라, 자연 생산력에 대한 합리적 개입, 연구, 정복과 규제—이것이 우리 사회의 깃발에 그려 넣지 않으면 안 되는 것이다.

소비에트 환경주의의 운명을 평가할 때, 이 운동의 생사를 지배해 온 정치적 풍토를 결코 간과해서는 안 된다. 1930년대와 1940년대 러시아는, 지적이고 정치적인 저항이 불가능한, 가장 극단적인 전체주의적 사회였다. 바빌로프도 150만 명으로 추정되는, 그것이 아무리 온건한 것이라도, 당 노선에 어긋나는 의견을 제출한 죄로 죽음의 수용소에서 사라진 사람들 가운데 하나였다. 따라서 경제적 압력과는 전혀 별도로, 소비에트 러시아에서는 받아들여질 수 있는 것으로 간주되는 것의 범위가 매우 좁게 한정되었고, 그 한계를 벗어나는 환경주의적 관념의 표현에는 매우 현실적인 속박이 따랐다.

산샤 댐 프로젝트 : 저항 아닌 저항

1956년, 모든 권력을 장악한 중국 공산당의 총서기는 대 양자강에서 수영을 하였다. 물에서 나오면서, 그는 자연의 힘을 넘어서는 인간의 힘에 의해 펼쳐지는 보다 웅장한 세계를 보았다.

수영

마오쩌뚱

웅대한 설계도가 만들어졌다.
큰 다리가 날라 남과 북을 잇는다.
돌벽을 강 서편에 쌓아
우산의 구름과 비를 멈추게 하면,
좁은 계곡에 거울 같은 호수가 떠오른다.
우산 선녀들도, 아직도 거기에 있다면
그렇게 변한 세상에 놀라리라.

이 위대한 계획은 실은, 민족주의 지도자 손문이 〈산샤〉[세 계곡]를 가로질러 강의 상류에 도달하는 댐의 건설을 제안한 1920년대에 처음 세워졌다. 이 생각은 마오쩌뚱에 의해 다시 살아났고, 정치가의 시상이 엔지니어의 설계로 옮겨지는 데 다시 30년이 걸렸다. 현재 중국 계획자들이 제안한 바에 따르면, 산샤 댐은 185미터의 높이에 17,000메가와트의 전기 발전용량을 가질 것이고, 건설에 20년이 걸리고, 어마어마한 금액인 미화 50조 달러(224조 위안)의 비용이 들 것이다. 이는 "공학적 거대주의"의 위업, 즉 이 나라 역사에서 오직 만리장성에 비견할 만한 국가계획의 마지막 도전의 상징, 즉 마지막 영웅적인 프로젝트가 될 것이다.

공산주의 중국은 소비에트가 한 것과 똑같이, 저항자들을 무참하게 다루었다. 그러나 1989년 초기에 일단의 용감한 언론인들과 학자들이 함께 *양자강이여! 양자강이여!(Yangtze! Yangtze!)*를 출판했다. 이는 산샤 프로젝트를 냉정하고 비판적인 관점에서 다룬 책이었다. 2월에 인쇄된 이 책이 처음 나왔을 때, 언론은 대체로 동조적인 논조를 취하였다. 이 사건은, 학생들의 북경 천안문 광장의 평화시위로 정상에 오른, 보다 광범한 친(親)민주주의 운동인 '북경 해빙'의 한 구성요소가 되었다. 6월에 군대가 시위대에게 발포한 후, 이 운동은 붕괴되었고, 국가는 댐 반대자들에게 무거운 벌을 내렸다. 여러 명이 투옥되었고, *양자강이여! 양자강이여!*는 피의 청소 이후 곧바로 판금되었고, 팔리지 않은 책들은 서점에서 회수되어 종이공장으로 보내졌다.

*양자강이여! 양자강이여!*의 필자들 가운데는 중국의 가장 저명한 수문학자, 물리학자, 생태학자, 계획가들이 포함되어 있었다. 그들의 산샤 프로젝트에 대한 비판은 기술-경제적 부적합성에 초점이 맞추어져 있었다. 이들 과학자들은 대규모 기금차입은 수용할 수 없는 높은 수준의 물가상승을 가져온다는 점, 프로젝트 추진자들이 총체적으로 이익을 과다 추정하고 비용을 과소 추정하였다는 점, 이 댐이 홍수통제에 별 도움이 되지 않을 것이라는 점, 현재 14개의 철도노선이 운반하는 것과 맞먹는 물품과 사람을 수송하는 양자강의 선박교통에 심각한 장애를 일으키리라는 점, 댐 건설이 침전을 증가시켜 중요한 항구인 중경의 쇠퇴를 가져오리라는 점, 그리고 이것이 보다 실용적이고 덜 파괴적이며, 보다 빠른 성과를 산출할 소규모 프로젝트들에 기금이 배정되는 것을 막는다는 점을 지적했다.

이러한 기술적 비평에 더불어 사회적 · 환경적 · 미적 비평이 나타났다. 이 댐이 건설되면 130만 인구가 다른 곳으로 배치되어야 한다. 그러나 한 학자가 지적했듯이, 이러한 대규모 인구 재배치와 관련해, 계획 담당자들은 "웃기는 재정착 계획"을 제안했다. 또 다른 전문가는 이 지역이 이미 식량이 부족하고 토지가 황폐한 과잉인구 지역이라는 데 주목했다. 유럽의 작은 나라가 가진 만큼의 인구를 재정착시킨다는 것은 틀림없이 이 산악지방의 지역 환경 수용능력을 넘어서는 일일 것이다. 이러한 얘기들 가운데 가장 설득력 있는 것은 다음과 같은, 고참 식물학자인 호우 슈에유(Hou Xueyu)의 말이다.

다시 회복할 수 없는 토양손상 말고도, 이 지역의 자연미와 문화유산 역시 영구히 손상될 것이다. 나는 산샤가 세계의 모든 협곡 중에 가장 아름답다고 생각한다. 주변지역에는 많은 국가 보물이 있고, 그 가운데는 5,000년이 넘은 것도 있다. 여기에는 그 유명한 고대 다시(Daxi) 문화의 유적과 춘추전국시대, 동한(Eastern Han), 명과 청 왕조의 무덤들도 포함된다.… 나아가 산샤는 매우 독특한 지질학적 특성을 가지고 있어 그 자체가 연구자료로서 중요한 의미를 지니고 있다. 저수지가 건설되면, 이 모든 것이 침수되고, 관광산업은 계산할 수 없는 막대한 경제적 손실을 입게될 것이다.

전 세계에서, 대규모 댐들은 "조심성 없는 시대를 상징하는 시대착오적인 기념물," 즉 더 이상 받아들여질 수 없는 중앙집권적이고, 자본집약적이고, 환경 무신경한 발전양식의 상징으로서 도전을 받고 있다. 산샤 프로젝트에 대한 중국의 비평가들은 이러한 전 세계적인 운동을 알고 있고, 가슴으로 느끼고 있다. 그들은 냉혹하게, 이러한 프로젝트의 하나인 ―어느 곳의 것보다도 규모가 큰― 이타이푸(Itaipu) 수력발전소 건설이 브라질의 공공부채를 엄청나게 증가시키고, 그 결과 365%의 물가상승을 가져온 점에 주목했다. 그들은 희망을 가지고, 민중저항이 있은 후 계획된 댐 건설이 취소된 경우인 남인도의 침묵의 계곡(Silent Valley)과 호주의 프랭클린강을 멀리서 바라보았다.

비참하게도 중국에서는 공개적이고 집합적인 저항의 전망은 영에 가깝다. 어느 곳에서든, 예를 들어 브라질이나 인도에서, 떠날 위험에 처한 사람들은 대규모 시위를 조직하고, 저수지 건조자들을 몰아내고, 지방 및 국가 수도를 향해 행진하고, 분노의 대상이 되는 정치가들과 기술관료들의 허수아비를 불태워 왔다. 이러한 저항이 언제나 댐 건설을 중지시키는 데 성공적이지는 않았다. 그러나 적어도 그런 일이 일어는 났다. 반대로 중국에서는, 백만 명 이상의 산샤 프로젝트 피해자들이 댐이 지어지는 동안 조용히 고통을 인내하지 않으면 안 된다. 유일하게 용감한 과학자들이 비판을 제기했지만, 그들도 곧 조용해졌다. 1992년 4월 공산당의 관련 위원회에서는 댐 계속 추진을 투표로 결정했다. 다음해 1월, 건설을 감독하기 위해 산샤 댐 개발공사가 설립되었다. 니뽄(Nippon)과 메릴 린치(Merril Lynch)를 포함한 일련의 외국기업들이 계약입찰을 위해 줄을 섰다.

환경보호와 권위주의적 지배 사이의 갈등은, 일당국가를 유지하면서 경제통치를 자유화시켜 온 중국에서 날카로워질 수밖에 없다. 지난 10년간의 산업 붐은 엄청난 양의 오염을 배출했다. 그러나 시민들은 이에 대해 어떤 행동을 하는 것도 엄격하게 금지당하고 있다. 1993년 8월, 간수(Gansu)성에서 마을 사람들이 물고기와 가축의 죽음을 가져오고 호흡기 질환을 증가시키는 화학공장에 의한 물오염에 대해 저항을 한 일이 있다. 공산당과 연결이 좋은 공장 관리자들은 마을 사람들의 불만을 무시했고, 농부들은 길거리로 나섰다. 폭동진압 경찰이 투입되었고, 2명의 시위자가 죽고 몇 명의 부상자가 발생한 후 '질서' 가 회복되었다.

중국 정부는 분명 자연애호가들의 비정치적 집단의 형성조차도 허용하지 않을 것이다. 저명한 역사학자인 리안 꽁지에(Lian Congjie)는 1993년에, "중국 대중에게 환경보존의 중요성을 교육하는 일을 할," 〈자연의 친구들〉(Friends of Nature)이라고 불리는 단체의 등록을 신청했다. 허가가 거부되지는 않았지만 주어지지도 않았다. 관리들은 신청서를 무시했다. *양자강이여! 양자강이여!*의 편집자인 다이 칭(Dai Qing)은 "비록 리안 꽁지에가 '나는 정치에 흥미가 없다. 나는 단지 환경을 돕고 싶을 뿐이다' 라고 말했지만, 정부는 그를 믿지 않았다" 고 주석을 달았다.

민주주의와 환경주의, 그리고 이 둘을 엮는 끈

〈중국 은행협회〉 회장인 치아오 페이신(Qiao Peixin)은 "나는 산샤 프로젝트에 관한 논쟁에서, 민주주의가 충분했는지 의심스럽다. 찬성하는 목소리는 들리도록 허락되었으나 반대의 목소리는 자주 억압되었다"고 평하였다. *양자강이여! 양자강이여!*를 편집한 한 여성 언론인은, 이 책이 금서가 된 다음, 마찬가지 관찰을 하였다.

> 오늘, 많은 중국 및 외국 신문과 잡지들은 나를 '환경주의자'라고 명명하였다. 이 명칭은 매우 과장되었다. 비록 내가 환경운동을 매우 존중하지만, 우리가 *양자강이여! 양자강이여!*를 편집하고 출간하였을 때, 나나 내 동료들이 우리 스스로를 환경주의자로 간주하지는 않았다. 우리의 목표는 정책결정 과정에 있는 쟁점에 대해 조금 더 언론의 자유를 확보하는 쪽으로 중국 정부를 밀어붙이기 위함이었다.

국가사회주의의 이념은 여러 가지 근거에서 환경주의에 대해 반대 입장에 있다. 기술에 대한 숭배에서, 자연을 정복하려는 오만한 욕망에서, 오염통제를 생산목표 달성의 방해로 간주하는 중앙집권적 계획체계를 통해 이러한 입장은 나타났다. 그러나 국가사회주의는 무엇보다도 민주주의를 질식시킴으로써, 기본적인 결사와 결합, 표현의 자유를 부정함으로써 환경주의를 억압하였다.

1988~89년의 짧은 해빙기에 중국에서 산샤 댐을 반대하는 저항이 표면으로 부상하였다면, 공산주의 세계 다른 곳에서는 보다 넓은 민주주의 투쟁의 일부분으로 환경운동이 형성되어 갔다. 노동조합 〈솔리다리티〉(Solidarity)가 공산주의 반대 투쟁을 이끈 폴란드에서, 지역분회를 통해 환경오용 사건

감히 희망하고,
그렇게 하기를 희망한다.

베이 다오(Bei Dao)의 제목이 없는 시로 바르메(Geremie Barmé)가 번역한 것으로, 대규모 산샤댐 계획을 비판한 한 책의 맨 끝에서 인용함.

나는 믿지 않는다. 중국 국민이 영원히 스스로를 위해 생각하기를 거부할 것이라고.
나는 믿지 않는다. 중국 국민이 결코 글을 통해 자신을 표현하지 않을 것이라고.
나는 믿지 않는다. 도덕성과 정의가 억압 앞에서 사라질 것이라고.
나는 믿지 않는다. 우리가 세계와 통신하는 시대에,
'언론의 자유'가 공허한 말로 남아 있을 것이라고.

출처: Dai Qing 편저, *양자강이여! 양자강이여!*(영문판: London: Earthscan, 1994), p.265.

들을 조사하고 선전하는 일을 시작한 것 역시 〈솔리다리티〉였다. 모든 동유럽에서, 1980년대에 전체주의에 대항하는 투쟁이 세력을 규합하게 되자, 환경집단들도 국가에 대해 "자연에 대한 범죄"의 책임을 주장하기 시작했다. 이들 범죄내용은 자명했다. 폴란드에서는 환경오염으로 1970년과 1985년 사이에 평균수명이 감소하였다. 체코슬로바키아에서는 숲 지역의 50% 이상이 산성비로 손상을 입었다. 루마니아에서는 심각하게 오염된 곳이 자그마치 625개소에 이른다는 것이 한 독자적인 연구에 의해 밝혀졌다. 러시아에서는 거대한 바이칼 호수가 부영양화로 서서히 그리고 고통스럽게 죽어 가고 있었다.

이전에는 이 모든 것에 대해 거리낌 없이 얘기할 수 있는 기회가 거의 없었다. 상태는 1985년에 소비에트 지도자 고르바초프(Mikhail Gorbachev)가 권력에 오르면서 교정되었다. 고르바초프의 *글라스노스트(glasnost)*, 즉 개방정책은 곧바로 소비에트 연방으로부터 위성국가로 넘쳐 흘러 들어갔다. 아직도 인민들은 보다 자유롭게 숨쉬고, 보다 깨끗한 공기를 요구할 수 있는 권리를 허용받지 못했다. 새로운 환경주의를 위한 추진력은 여러 곳으로부터 나왔다. 폴란드에서는 〈솔리다리티〉와 가톨릭교회, 동독에서는 복음주의 성직자들, 헝가리와 체코슬로바키아에서는 과학자들, 공산주의 독재자 가운데 가장 독재적이었던 지브코프(Todor Zhivkov)와 차우세스쿠(Nikolai Ceuceascu)의 고향인 불가리아와 루마니아에서는 평범한 구식 민주당원들이 여기에 포함된다. 이들 나라에서 환경주의자들은 일당독재국가를 기억 밖의 세계로 쫓아낸 1989년 혁명에서 중요한 역할을 했다. 이후 실시된 선거에서 녹색 정당들은 루마니아, 불가리아 및 슬로베니아에서 의회에 진출하였고, 체코슬로바키아에서는 환경주의자들이 녹색 마음을 가진 극작가 하벨(Vaclav Havel)이 이끈 시민 포럼과 연대하여 의회선거에서 승리를 거두었다.

고르바초프의 의제 또한 그가 부상하기 약 10년 전부터 자신의 땅에서 모습을 드러내기 시작한 환경 지지기반의 형성과 멋진 조화를 이루었다. 아마도 여기서 잠깐, 물론 오랜 기간의 전체주의 지배로 단절을 경험한, 소비에트 환경주의의 두 파도에 대해 언급하는 것이 좋을 것이다. 1953년에 스탈린이 죽었고, 3년 후 그에 대한 '개인숭배'가 극적으로 폐지되었지만, 환경주의의 관점에서 쓴 글들이 신문과 문학잡지에 자리를 확보하기 시작한 것은 20년이 더 지나서였다. 1970년대 중반부터 작가들과 과학자들은 통제되지 않은 악취 나는 산업화의 잔재에 대해 부드럽게 비판하기 시작했다.

이러한 비판은 고르바초프의 권력등극과 거의 동시적으로 발생한 체르노빌 원자력 발전소 사건 직후인, 즉 재앙으로 얼룩진 '계획' 개발사에서 가장 대규모의 재앙이 발생한 직후인, 1980년대 중반에 더욱 요란해졌다. 다양한 단체와 협회들이 서로 연합하기 시작하였다. 그 가운데 하나가, 자리긴(S. P. Zalygin)을 의장으로 하는 〈생태와 평화협의회〉(Ecology and Peace Association)로, 이 협의회는 "오직 민중만이 자연을 구할 수 있다"는 고무적인 표어를 내놓았다. 이들 민중은 그들이 사랑하고 안타까워하는 수원을 살리기 위해 시끄럽게 움직였다. 그 명단에는 파괴적인 댐 건설업자들이 눈독을 들이고 있던 볼가강과 돈강, 그리고 세계에서 가장 큰 종이공장의 하나로부터 나오는 배출물로 질식 상태에 있던 바이칼 호수가 포함되어 있었다. 거대한 강과 호수 말고도, 시민들은 힘을 합해 오염산업에 대항하여 그들에게 벌금을 물리거나, 보다 청결한 공정을 채택하도록 하거나, 아니면 아주 공장문을 닫도록 하는 성과를 얻었다. 우연인지 또는 계획적이었는지, 보다 위험한 많은 공장들이 러시아 밖에, 종속 공화국이었던 에스토니아, 아르메니아 및 라트비아에 위치하고 있었다. 이곳의 환경주의자들은, 이들 용납할 수 없는 공장들을 거대 러시아 쇼비니즘과 연결시킴으로써 민족주의자들과 연합하여, 러시아가 교묘하게 오염물질을 비 러시아 지역으로 수출하였다고 비난했다.

그러나 울프손(Ze'ev Wolfson)이 지적한 바와 같이 이 "생태학과 자연사의 혼인"은 줄곧 "러시아 녹색운동의 자체적인" 특징을 이루어 왔다. 소비에트 소설가들이 한때 제철소와 집단농장을 극구 칭찬한 1970년대와 80년대에도 혁명 이전의 과거 농부들을 사랑스럽게 돌아다보는 작가들의 분파가 눈에 띄었다. 이들 '마을' 소설가들 가운데 가장 잘 알려진 라스푸틴(Valentin Rasputin)은 수력발전 계획을 추진하는 농촌 공동체를 방어하는 유명한 소설을 썼다. 그는 또한 자신의 고향인 시베리아와 자기가 살던 연안지역에 있는 바이칼 호수의 경관이 위협받는 데 대해 감정이 흠뻑 우러나는 글을 썼다. 라스푸틴에게, 동시대 작가 벨로프(Vasiliy Belov)에게도 마찬가지로, 마을은 "도덕성과 종교적 의미, 그리고 자연환경과의 조화의 샘물이며, 더욱이 이들 가치를 미래 세대로 전수할 수 있는 유일한 신뢰할 수 있는 매개체"였다. 또한 본다레프(Yuriy Bondarev)는 이렇게 표현했다.

> 만일 우리가 고고학적 기념물의 파괴를 중단하지 않는다면, 만일 우리가 땅과 강에 대한 폭력을 중단하지 않는다면, 만약 과학과 비평에서 도덕적 폭발이 나타나지 않는다면, 그러면 어느 맑은 아침, 그날이 우리의 마지막 날, 우리의 장례 날이 될 그날 아침에, 우리는 지칠 줄 모르는 낙관주의를 지닌 채 깨어나, 위대한 러시아의 민족문화—그 정신, 조국에 대한 사랑, 그 아름다움, 그 위대한 문학과 그림, 철학—가 흐려져 왔고, 영원히 사라지게 되었고, 살해당하고, 영원히 파멸되었음을 깨닫게 될 것이다. 그리고 우리는, 발가벗겨지고 가난해져, 잿더미 위에 앉아, 우리 마음에 그렇게도 소중한 고유의 알파벳을 기억하려 노력할 것이다. 그러나 우리는 기억할 수 없을 것이다. 왜냐하면 생각과 느낌과 행복과 역사적 기억이 사라졌을 것이기 때문이다.
>
> [러시아어로부터 다스트(Robert G. Darst) 2세의 번역]

이 글은 1986년 〈소련 작가연맹〉(USSR Union of Writers) 연례대회에서 발표되었다. 이 단체는 아마도, 1966년이나 1946년에는, 공산주의 경제 이념, 즉 과거는 멸시하고 근대의 절대적인 힘에 대해서는 존경을 표시하는 이념에 대한 이러한 직설적인 논박은 허용하지 않았을 것이다. 그러나 저항은 민주주의에 있어 생명의 피다. 환경주의자들이 정치적 허용 한계로 간주되어 온 그 어떤 한계를 뒤로 밀어붙여 온 것은 공산주의 국가에서만은 아니다. 호전적인 저항은 총알세례를 맞을 위험이 있는 인도네시아의 섬 발리에서도 일어났다. 파괴적인 개발계획에 반대하는 녹색인들은 현명하게 청원, 시낭송, 절에서의 기도와 신문의 만화를 이용해 왔다. 인류학자 워런(Carol Warren)이 주목했듯이, 이 일당국가에서 "환경 쟁점들은 보다 넓은 사회적 · 정치적 문제들에 대한 불만을 표현하는 수단"이 되었다. 환경개혁과 보다 일반적으로 정치개혁 사이의 연결은 또한 1990년 한 불가리아 녹색단체의 선언문에 명백히 드러나 있다. 이 선언문은 국가와 당이 하나인 곳에서, "특권을 가진 우두머리들과 특권이 없는 소비자들이 있다"고 말하였다. 그리고 "전략적 결정을 내리는 이들이 그 결과를 감내해야 하는 이들과 같은 사람이 아니기" 때문에, "결정에 있어서 한 개인의 책임은 환경오염이 그에게 가져다주는 실제 고통에 반비례 한다"고 주장했다.

이 불가리아 단체는 〈생태개방협회〉(Ecoglasnost)라 불리는데, 이 이름은 민주주의와 환경주의의 불가분의 연결을 증언하고 있다. 그것은 권위주의 국가는 녹색운동의 등장을 허용할 수 없기 때문이다. 반대로, 녹색운동은—1970년대의 브라질과 1980년대의 동유럽에서와 같이—공산주의나 군사 독재정권을 다당체제의 방향으로, 소위 개방사회로 움직여 가게 하는 데 도움을 줄 수도 있다. 보다 강력한 〈남쪽〉의 녹색운동이 인도에서 발견된다는 것은 결코 우연이 아니다. 인도는 52년의 역사 가운데 2년을 제외하고는 줄곧 독립된 공화국으로서 민주주의 국가였다. 마찬가지로, 정치적 민주주의에 대한 헌신이 다른 어떤 곳이나 인간 역사의 다른 어떤 시점에서 보다도 깊이 작용하는, 미국과 서유럽에서 환경주의가 가장 영향력을 발휘하고 있다는 것도 놀라운 일이 아니다.

8

하나의 세계 아니면 둘?

세계에서 가장 규모가 큰 보존기구인 〈세계야생기금〉(World Wildlife Fund)은 1986년 9월 기발한 방법으로 창립 25주년을 기념하였다. 그들은 이탈리아의 조그마한 도시인 아시시(Assisi)로 세계 5대 종교 —기독교, 이슬람, 힌두교, 불교와 유대교—의 대표들을 불러 모았다. 아시시는, 가난한 자들과 자연을 사랑한 행동가 수사였던 성 프랜시스(Saint Francis, 1181–1226)의 출생지다. 이 조숙한 초기 환경주의자는 1979년 교서에 따라 생태 '보호성자' 로 인정되었다, 그가 죽은 지 650년이 지난 이제, "자연의 존엄성과 자연세계 안에서 조화롭게 살아야 하는 모든 사람들의 의무를 기리는" 종교와 자연의 상호신뢰 의식을 위한 영적 지도자들의 모임이 그의 성당에서 열렸다. 이 의식은, 그들의 종교전통이 어떻게 환경파괴에 대처할 수 있었는지 그리고 할 수 있는지를 설명하는, 다섯 신앙 지도자들의 설교로 시작되었다. 이들의 연설은 각각, 기독교 찬송과 불교 성가, 힌두교회 춤과 같은 보다 성스러운 분위기를 고조시키는 예식을 수반했다. 회개의 의식을 위한 시간도 따로 마련되었고, 선지자들은 그들과 충성스러운 그들 동료들이 자연에 대해 촉발한 가해행위에 대한 용서를 구했다.

아시시에서 연설한 이들은 그들 각자의 종교계에서 높은 위계에 있는 사람들이었다. 그들 가운데는 달라이 라마(Dalai Lama)의 개인 대리인의 역할을 담당한 북동 인도 고대 불교사원의 큰 스님, 지도적인 프랜시스코 수도원의 행정원장, 무슬림 세계연맹의 총회장, 세계 유대회의의 부의장이 포함되어 있었다. 여기에는 또한 이탈리아 환경장관과 영국 여왕의 남편이며 〈세계야생기금〉의 오랜 후원자인 필립 왕자와 같은 세속세계의 권력자들도 참석하였다. 해리스(Lis Harris)는, *뉴요커(New Yorker)*를 위해 이 사건을 취재하면서, 주최자들은 "아시시 행사의 보전 메시지를 전 세계적인 연결망을 통해, 신문을 읽지도, 텔레비전을 보지도, 잡지를 구독하지도 못하는 엄청난 인구와 가깝게 접촉하고 있는 지방 사제들, 회교 스승들, 유대 율법사들, 라마승들, 힌두 수행자들에게 전하기를…" 희망했다고 썼다. 아시시의 범종교예배 뒤에 숨어 있는 생각은 이렇게 다양한 그리고 널리 퍼져 있는 에너지들을 하나의 집합적 목표, 즉 우리 모두의 거처인 하나의 지구의 보호에 묶어두는 데 있었다.

앞에서 살펴본 바와 같이, 1970년대에 이르러 환경주의는 세계 모든 대륙에 지부와 출장소를 갖춘 전 세계적인 운동으로 등장하게 되었다. 한나라 한나라씩, 개인과 집단들은 그들 자신의 마을과 도시, 지역, 지방에서 나타나는 환경악화에 대한 우려를 공개적으로 표시하였다. 그러나 1980년대에 이르면서, 이들 지역적 · 지방적 문제들에 오직 지구적이라고 서술할 수밖에 없는 새로운 종류의 문제들이 추가되었다. 여기에는 대기에 축적되는 이산화탄소와 다른 가스 문제, 소위 온실효과, 남극에서 관찰된 기본적으로 클로로플루오로카본 즉 CFC의 배출에 의해 야기된 오존층에 생긴 구멍, 수 없이 많은 종류의 식물과 곤충, 동물, 경우에 따라서는 이들 서식지의 소멸을 통한 생물 다양성의 급속한 감소의 문제가 포함된다. 이들 문제는 그 발생경계가 모든 사람들의 영역에 속하거나 아니면 누구의 영역에도 속하지 않는 속성을 가졌다는 점에서 지구적 문제로 간주되었다. 이들은 또한 그 영향으로부터 보호받을 수 있을 정도로 행운을 가진 나라는 하나도 없다는 점에서 지구적이다. 세계 기후변화나 생물다양성의 상실과 관련하여, 아직도 최초로 고통을 받은 나라가 어떤 나라인지, 가장 심각하게 고통을 받은 나라가 어떤 나라인지에 대한 얘기는 없다.

우주로부터 들어오기 시작한 지구의 사진들은 우리가 공유하거나 잃어버릴 세계가 오직 하나라는 정서를 키웠다. 땅에서 보면, 지구의 공간은 끝없이 광활해 보인다. 그것은 무한히 증가하는 인간의 식성과 욕구를 충족시키는 능력에 있어서도 마찬가지다. 그러나 인공위성으로부터 오는 지구의 모습은 갑자기 취약하고 깨어지기 쉬운 것같이 보였다. 우연히 거기에 살게 된 것들과 각별한 조화를 이루고 있는, 우주의 아주 조그마한 한 부분일 뿐이다. 우주선 아폴로 14에 탑승한 우주인 미첼(Edgar Mitchell)은 지구를 "두꺼운 검은 신비의 바다에 떠 있는 조그만 진주 같은, 반짝이는 푸르고 하얀 보석"으로 보았다.

1989년 첫 주에, 인기 있는 시사잡지 *타임(Time)*은 이러한 지구 환경의식의 등장을 매우 위엄 있게 다루었다. 이 잡지는 지구를 "올해의 행성"으로 선정하였다. 이는 정치인이나 과학자, 운동선수 또는 록스타를 '올해의 인물'로 지명하는 관행으로부터의 파격적인 이탈이었다. 그의 주제 논평에서, 생튼(Thomas A. Sancton)은 아래와 같은 관찰과 함께, 지난해의 환경재앙의 명단—모래폭풍, 폭염, 홍수, 멸종된 종 등의 명단—을 제공하였다.

모든 사람이 갑자기 이 자전하는 공, 이 귀중한, 우리가 아는 모든 생명체의 저수지가 위험에 처하였다는 것을 느끼게 되었다. 어떤 한 개인도, 어떤 사건도, 어떤 운동도 우리 공동의 집을 이루는 바위와 토양과 물과 공기보다 우리의 상상력을 더 사로잡거나, 더 많이 표제로 다루어진 적이 없었다.

생튼은 "지구를 위협하는 [환경] 문제의 원인과 결과가 모두 지구적이고, 이들 문제는 지구적으로 공격해야만 한다"는 관점을 지지하기 위해 여러 명의 존경받는 과학자들의 말을 인용하였다. 그리고 그는 이렇게 심금을 울리는 간곡한 말로 끝을 맺었다.

이 행성 위에 사는 모든 개인은 이 행성이 매우 상하기 쉽고 매우 긴급한 보호의 필요에 직면해 있다는 것을 깨달아야 한다. 보통 사람들이—캘리포니아의 주부, 멕시코 농부, 소비에트 공장노동자, 중국의 농민들이—자신들의 생활양식을 기꺼이 바꾸지 않는다면, 환경을 보호하려는 어떠한 시도도 성공할 수 없을 것이다. 우리의 낭비적이고 조심성 없는 생활 방법은 과거의 것이 되지 않으면 안 된다. 우리는 더 재생해야 하고, 덜 낳아야 하고, 불을 꺼야 하고, 대중교통을 이용해야 하는 등 우리의 일상생활에서 수천 가지를 바꾸지 않으면 안 된다.… 지금, 그 어느 때보다도, 이 세계는 불타는 사명감으로, 국가적이고 군사적인 캠페인으로서가 아니라, 이 행성을 구하려는 우주 십자군이 되어, 동료 시민들을 고무시킬 수 있는 지도자들을 필요로 한다.

II

아시시 회의와 *타임*의 기사는 둘 다 환경적 긴장과 싸우는 데 있어 모든 사람들이 공유하고 있는 이해관계를 강조하였다. *타임* 잡지는 미주리의 식물학자 레이븐(Peter Raven)의 다음과 같은 말을 긍정적으로 인용하였다. "모든 나라들은 공동 운명체로 묶여 있다. 우리는 모두 공통의 문제에 당면

응하는 보상을 허용하지 않았다.

말레이시아 녹색운동가인 펭(Martin Khor Kok Peng)은 UNCED가 두 가지 핵심적 질문에 대해, 즉 이미 저질러진 파괴에 대한 공정한 책임 할당과, 국제연합과 국제포럼들이 실제로 어느 정도 세계 모든 국가에게 동등한 목소리를 허용해 왔는가에 대한 문제 제기에 대해, 직접 대면할 능력이 없거나 그러기를 꺼려하는 것같아 보였다고 지적한 바 있다. 많은 환경주의자들이, 그들 모두가 〈남쪽〉 사람들은 아닌데, "가용한 모든 증거가 환경위기는 거의 대부분이 〈북쪽〉의 낭비적이고 과잉적인 소비에 의해 응축되어 왔음을 보여주고 있다. 이들은 틀림없이 이 행성의 자원뿐 아니라 그 처리장의 약 80%를 유럽과 북미, 오세아니아와 일본에 살고 있는 20%의 인구가 사용하고 있다"고 주장하였다. 제3세계의 인구증가가 흔히 환경파괴의 주범으로 주장된다. 그러나 영국의 작가인 피어스(Fred Pearce)는 이렇게 물었다. "왜 서구 환경주의자들이, 북미나 유럽에서 태어나는 한 아이가 가난한 나라의 아이에 비해 10배내지 100배의 세계 자원을 소비하고 몇 배의 공해를 일으킬 텐데, 가난한 나라의 인구성장에 대해 그렇게 걱정을 하고 있는가? 논리적으로 세 자녀를 가진 미국의 가정은 8명(또는 80명까지) 자녀의 아프리카 가정보다 몇 배나 더 이 행성에 해를 입히지 않는가?"

리오에서의 논쟁을 보다 잘 이해하기 위해서, 우리는 소비의 외연만큼 그 성에 마찬가지로 초점을 맞출 필요가 있다. 클로로플루오로카본(CFC, 순 성 냉매)의 주범은 냉장고며, 온실가스의 주범은 자동차 배기물이다. 자동 와 냉장고의 소유는 진보, 번영, 그리고 때로는 문명 자체의 지수로 간주 왔다. 그러나 여기에 진실은 실제로 모든 미국인, 일본인, 노르웨이인, 에 사람들이 이미 자동차와 냉장고를 소유하고 있는 반면, 대부분의 인 , 케냐인, 콜롬비아인과 르완다인들은 가지고 있지 않으나, 그들도 *머* 은 *장래에 갖게 되기를 열망하고* 있다는 점이다. 〈남쪽〉 나라들에게

해 있다. 그것은 우리가 가지고 있는 단 하나의 자원을, 말하자면 이 세계를 어떻게 계속 적합한 상태로 유지하는냐" 하는 것이다. 〈세계야생기금〉 모임에 모인 성직자들과 종교교사들은 여기에서 '나라들을' '종교들'로 바꾸었을 뿐 이 말을 그대로 지지했다.

아마도 이러한 공동의 지구 이미지를 처음 사용한 사람은 런던에 기반을 둔 경제학자 워드(Barbara Ward)와 뉴욕의 미생물학자 뒤보(René Dubos)였을 것이다. 이들은 함께 1972년 스톡홀름에서 열린 〈제1차 UN 인간환경회의〉(United Nations Conference on Human Environment)를 위한 책을 집필했다. 그들의 연구는 *단 하나의 지구: 한 조그마한 행성의 보호와 관리(Only One Earth : The Care and Maintenance of a Small Planet)*로 불렸고, 그 서문의 마지막 줄에는 "우리가 인간 진화의 지구적 국면에 들어감에 따라, 우리 각자는 두 개의 나라, 즉 그 자신의 것과 행성 지구를 가지고 있음이 명백해졌다"는 말이 나와 있다. 이러한 하나의 조그마한 공유된 지구의 관념은 환경분야에서 국제적 협력을 이루어 내고자 하는 UN의 지속적인 노력을 정당화시켜 주는 이유가 되었다. 그 예로, 1987년 UN은 노르웨이 수상인 브룬트란트(Go Harlem Brundtland)가 의장으로 활동한 초국가적 위원회에서 집필한 *우리 공동의 미래(Our Common Future)*라고 불리는, 매우 큰 영향력을 가진 지속 가능한 발전에 관한 보고서를 출간하였다.

브룬트란트 보고서가 나온 이후, 약어로 UNCED로 알려진 〈환경과 개발에 관한 국제연합회의〉가 있었다. UNCED는 1992년 6월 리오 데 자네이로에서 개최되었다. 이는 일종의, 20년 전 스톡홀름 회의의 뒤늦은 후속편이었다. 이 '지구정상회담'에는 180개국이 참가하였고, 많은 경우 국가 최고 지도자가 대표로 참가하였다. 공식회의와 나란히, 비정부기구 즉 NGO들의 회의가 열렸다. 이들 기구는 이 지구상에서 가장 잘 알려진 환경운동가들의 강연과 공개토론회를 제공했다. 이 지구정상회담은 아마도 이 지구에서 열

린 가장 큰, 그리고 논란의 여지없이 가장 논쟁적인 국제회의였을 것이다. 아시시의 영성주의자들과 *타임*지가 선정한 과학자들은 '공동의 미래' 에 쉽게 동의한 반면, 리오의 논쟁은 세계는 하나일지 모르지만, 그 세계는 두 개의 불평등한 반쪽들로 나뉘어 있음을 드러냈다.

리오에서 토의된 3개의 주요 지구적 문제는 산림벌채, 기후변화, 그리고 생물다양성 상실이었다. UNCED는 참여국들이 이들 각각에 대한 국가간 조약을 비준하기를 희망했다. 조약 초안은 이미 배포되어 1990년과 1991년에 있었던 예비회의에서 토의되었다. 예비회의에서는 대체로 서로 상반되는 두 개의 진영이 부상하였고, 이들 사이의 이견 조정은 1992년 6월 토의로 넘어갔다. 한 편에는 산업화된, 주로 풍요로운 〈북쪽〉의 나라들이 위치하였고, 다른 편에는 산업화되고 있는, 주로 〈남쪽〉의 가난한 나라들이 위치하였다.

기후변화에 관한 과제가 가장 논쟁거리로 등장하였다. 이 안은 대기에 온실가스가 쌓이는 것을 막기 위해, 처음에는 모든 나라가 각국의 탄소배출량을, 합의된 감소 시작의 날, 가령 2015년까지 안정화시키는 데 동의하기를 권고했다. 이것은 워싱턴에 근거를 둔 〈세계자원기구〉(World Resources Institute : WRI)가 제출했는데, 〈남쪽〉 환경주의자들로부터 극심한 공격을 받았다. 뉴델리에 있는 〈과학과 환경 센터〉(Centre for Science and Environment)의 아가왈(Anil Agarwal)과 나레인(Sunita Narain)은 가난한 사람들의 "생존을 위한 배출"과 부자들의 "사치스러운 배출"을 엄격하게 구별했다. 그들은 어떻게 WRI가 유럽과 북미의 가스를 마구 들이키는 자동차가 뿜어내는 이산화탄소와, 이점에 있어서는 제3세계 어디에서나 마찬가지인, 서부 뱅갈이나 태국에 있는 자족적인 농민들이 끄는 소와 경작하는 논에서 나오는 메탄 배출물을 같이 취급할 수 있는지 의아해 했다. 이미 알려진 바와 같이, 지구의 바다와 숲은, 마치 그것을 '탄소

쓰레기장' 으로 가정한다면, 엄격하게 제한된 배출물 흡수 능력만을 가지고 있다. 그들은 만약 가스의 축적이 흡수 불가능할 정도로 위험한 수준에 도달하였다면, 교정행위는 먼저 〈북쪽〉으로부터 나와야 한다고 주장했다. 그것은 모든 현존하고 있는 인간들에게 대기를 평등하게 분배한다면, 〈북쪽은 그들에게 배당된 것보다 더 큰 공간을 '쓰레기장' 으로 사용해 왔기 때이다. 반면 중국이나 인도와 같은 나라에서는 배출물이 그들의 당연한 로 배정된 쓰레기장 공간의 한계에 크게 못 미쳤다.

리오에서는 또한 산림자원에 대한 지구적 통제 강화를 위한 산림 가 배포되었다. 〈북쪽〉 환경주의자들은 국제관리통치체로 하여금 성장을 촉진시키도록 하여 이것을 통해 추가적으로 탄소처리를 할 를 원했다. 반면 그들의 〈남쪽〉 상대자들은 오히려 지방통제가 국 대신해야 한다고 주장하였다. 왜냐하면, 산림은 무엇보다도 아시 카 및 중남미에 있는 수백만 명의 산림 거주자들의 생존에 핵심 공동체 자원이기 때문이다. 12명의 〈남쪽〉 국가에서 온 운동 산림을 지구적 통치체계 아래 두어야 할 필요성이 있다면, 〈북 고 통제해 온 자연자원의 관리도 같은 원칙에 따라야 하지 않 는 성명서를 발표했다. 성명서는 "만약 산림관리가 지구적 다면, 세계 석유자원의 관리도 마찬가지다. 그러면 우리는 지속 가능한 생산, 관리 및 보존을 위한 지구석유회의를 질문하고 있다.

논쟁은 또한 생물다양성 조약과 관련된 제안에서 〈남쪽〉 운동가들의 생각은 〈북쪽〉의 생명기술 회사 하게 왜곡되어 있었다. 조약 초안은 지역공동체들의 거에 대가를 지불하지 않았거나 전혀 감사의 표시 가져온 다양한 새로운 곡물과 의료약품 개발에 이

그들의 CFC와 CO_2의 배출량에 "모자를 씌우라"는 것은 대부분의 사람들에게는 자동차나 냉장고와 같은 잘 알려진 안락과 웰빙을 뜻하는 물품을 언젠가 가질 수 있으리라는 희망을 거부하는 것이 된다.

이러한 관점에서, 캘리포니아 주부와 멕시코 농부는 결코 공동의 과거와 현재를 가지고 있지 않다. 그렇다면 어떻게 그들이 공동의 미래를 갖게 될 수 있는가? 이는 오직 그들의 목소리가 똑같은 무게를 가지는 세계에서, 즉 지구적인 수준에서 순수하게 참여민주주의가 자리를 잡게 될 때에만 가능할 것이다. 그러나 〈과학과 환경 센터〉가 특별히 〈지구정상회담〉을 위해 펴낸 '지구 민주주의에 관한 성명서' (Statement on Global Democracy)에서 불만을 토로한 것처럼

> [현재] 모든 세계 시민이 지구 환경관리에 참여할 수 있도록 허용하기 위해 새로운 수준의 권력을 만들려는 노력은 어디에서도 찾아볼 수 없다. 오늘날, 현실은 〈북쪽〉의 정부와 기구들이 그들의 경제적 · 정치적 권력을 이용하여, 말하자면 방글라데시의 개발에 간여할 수 있는 것뿐이다. 그러나 방글라데시인은, 비록 거의가 〈북쪽〉 배출물로 야기된 지구 온난화로 [그들] 나라의 절반이 물에 잠기더라도, 아무도 〈북쪽〉 경제개발 과정에 간여할 수 없다.

III

파키스탄의 사회학자 바누리(Tariq Banuri)는 〈지구정상회담〉 이전과 회의기간 동안의 의견 갈림에 대한 사려 깊은 설명을 제공하였다. 그는 〈북쪽〉과 〈남쪽〉 사이의 차이는 경제적 이해에 기초한 갈등과 의미에 관한 갈등 모두를 포괄하는 것으로 보았다. 이로 인해 같은 사건이 매우 다르게 보였다. "마치 같은 극장에 앉아 있는 사람들이 두 개의 다른 영화를 보는 것처럼." 바누리는 이렇게 평했다. "대부분의 〈북쪽〉 사람들은,"

UNCED를 인류를 구원하기 위한 매우 환영받는 집합행동의 표출로 보는 반면, 많은 〈남쪽〉 사람들은, NGO 운동가들과 함께 정부 관리들은, (그 이유는 서로 다르지만) 거기에서 새로운 제국주의와 새로운 제약, 가난과 억압의 경감에 있어 새로운 장애의 등장에 대한 공포를 느낀다. 〈북쪽〉 사람들은 노아가 대홍수로부터 우리를 방어해 줄 방주를 짓는 영화에 참여하고자 줄을 서고 있다. 그러나 〈남쪽〉은 이 이야기에 포함되지 않는 듯이 보인다. 그들의 이야기는 철로의 다른 편에 있는 극장, 예수가 인류의 구원을 위해 십자가에 못 박힌 곳, 가난한 사람들이 가난 가운데 고통을 받아야만 부자들이 그들의 생활양식을 즐길 수 있는 곳처럼 보인다.

이러한 맥락에서, 1986년 종교 지도자들의 모임과 6년 뒤 리오에서 개최된 국가들의 회의 사이에서 우리는 생생한 대조를 관찰할 수 있다. 전자는 선의의 합의적인 것이었지만 또한 과장되고 애매한 것, 그리고 진부하게 우리 모두의 신념에서 나오는 공동의 책임에 대해 얘기하는 것이었다. 반면, 후자는 혹독하고 갈등적인 것이었지만, 또한 구체적이고 정밀한, 배출의 정도에 따라 유죄의 정도를 추정하고 생물권에 대한 각국의 몫을 따지는 그런 것이었다.

이 책은 단순한 환경주의의 다양성, 즉 시대에 걸쳐 그리고 지구를 가로질러 나타난 풍부한 그리고 열광적인 환경주의의 표현들에 중점을 두고 서술하였다. 이미 논의한 바와 같이, 과거에는 독자적인 '국가적' 녹색전통들이 존재해 왔다. 그러나 이들 전통도 역시 서로로부터 창조적으로 차용해 만들어진 것이었다. 〈지구정상회담〉의 전투는 환경주의자들 사이의 다른 종류의 대결, 아마도 서로 유익하기보다는 파괴적이고 부조화적일 수 있는 대결의 전조처럼 보였다.

리오의 잔재는 한동안 우리와 함께 할 것이다. 그러나 이들 실제적이고 기본적인 차이들 너머에는, 다양한 종류의 환경주의자들을 하나로 묶는 그해 있다. 그것은 우리가 가지고 있는 단 하나의 자원을, 말하자면 이 세계를 어떻게 계속 적합한 상태로 유지하는냐" 하는 것이다. 〈세계야생기금〉 모임에 모인 성직자들과 종교교사들은 여기에서 '나라들을' '종교들'로 바꾸었을 뿐 이 말을 그대로 지지했다.

아마도 이러한 공동의 지구 이미지를 처음 사용한 사람은 런던에 기반을 둔 경제학자 워드(Barbara Ward)와 뉴욕의 미생물학자 뒤보(René Dubos)였을 것이다. 이들은 함께 1972년 스톡홀름에서 열린 〈제1차 UN 인간환경회의〉(United Nations Conference on Human Environment)를 위한 책을 집필했다. 그들의 연구는 *단 하나의 지구: 한 조그마한 행성의 보호와 관리(Only One Earth : The Care and Maintenance of a Small Planet)*로 불렸고, 그 서문의 마지막 줄에는 "우리가 인간 진화의 지구적 국면에 들어감에 따라, 우리 각자는 두 개의 나라, 즉 그 자신의 것과 행성 지구를 가지고 있음이 명백해졌다"는 말이 나와 있다. 이러한 하나의 조그마한 공유된 지구의 관념은 환경분야에서 국제적 협력을 이루어 내고자 하는 UN의 지속적인 노력을 정당화시켜 주는 이유가 되었다. 그 예로, 1987년 UN은 노르웨이 수상인 브룬트란트(Go Harlem Brundtland)가 의장으로 활동한 초국가적 위원회에서 집필한 *우리 공동의 미래(Our Common Future)*라고 불리는, 매우 큰 영향력을 가진 지속 가능한 발전에 관한 보고서를 출간하였다.

브룬트란트 보고서가 나온 이후, 약어로 UNCED로 알려진 〈환경과 개발에 관한 국제연합회의〉가 있었다. UNCED는 1992년 6월 리오 데 자네이로에서 개최되었다. 이는 일종의, 20년 전 스톡홀름 회의의 뒤늦은 후속편이었다. 이 '지구정상회담'에는 180개국이 참가하였고, 많은 경우 국가 최고 지도자가 대표로 참가하였다. 공식회의와 나란히, 비정부기구 즉 NGO들의 회의가 열렸다. 이들 기구는 이 지구상에서 가장 잘 알려진 환경운동가들의 강연과 공개토론회를 제공했다. 이 지구정상회담은 아마도 이 지구에서 열린 가장 큰, 그리고 논란의 여지없이 가장 논쟁적인 국제회의였을 것이다. 아시시의 영성주의자들과 *타임지*가 선정한 과학자들은 '공동의 미래' 에 쉽게 동의한 반면, 리오의 논쟁은 세계는 하나일지 모르지만, 그 세계는 두 개의 불평등한 반쪽들로 나뉘어 있음을 드러냈다.

리오에서 토의된 3개의 주요 지구적 문제는 산림벌채, 기후변화, 그리고 생물다양성 상실이었다. UNCED는 참여국들이 이들 각각에 대한 국가간 조약을 비준하기를 희망했다. 조약 초안은 이미 배포되어 1990년과 1991년에 있었던 예비회의에서 토의되었다. 예비회의에서는 대체로 서로 상반되는 두 개의 진영이 부상하였고, 이들 사이의 이견 조정은 1992년 6월 토의로 넘어갔다. 한 편에는 산업화된, 주로 풍요로운 〈북쪽〉의 나라들이 위치하였고, 다른 편에는 산업화되고 있는, 주로 〈남쪽〉의 가난한 나라들이 위치하였다.

기후변화에 관한 과제가 가장 논쟁거리로 등장하였다. 이 안은 대기에 온실가스가 쌓이는 것을 막기 위해, 처음에는 모든 나라가 각국의 탄소배출량을, 합의된 감소 시작의 날, 가령 2015년까지 안정화시키는 데 동의하기를 권고했다. 이것은 워싱턴에 근거를 둔 〈세계자원기구〉(World Resources Institute : WRI)가 제출했는데, 〈남쪽〉 환경주의자들로부터 극심한 공격을 받았다. 뉴델리에 있는 〈과학과 환경 센터〉(Centre for Science and Environment)의 아가왈(Anil Agarwal)과 나레인(Sunita Narain)은 가난한 사람들의 "생존을 위한 배출"과 부자들의 "사치스러운 배출"을 엄격하게 구별했다. 그들은 어떻게 WRI가 유럽과 북미의 가스를 마구 들이키는 자동차가 뿜어내는 이산화탄소와, 이점에 있어서는 제3세계 어디에서나 마찬가지인, 서부 뱅갈이나 태국에 있는 자족적인 농민들이 끄는 소와 경작하는 논에서 나오는 메탄 배출물을 같이 취급할 수 있는지 의아해 했다. 이미 알려진 바와 같이, 지구의 바다와 숲은, 마치 그것을 '탄소

쓰레기장'으로 가정한다면, 엄격하게 제한된 배출물 흡수 능력만을 가지고 있다. 그들은 만약 가스의 축적이 흡수 불가능할 정도로 위험한 수준에 도달하였다면, 교정행위는 먼저 〈북쪽〉으로부터 나와야 한다고 주장했다. 그것은 모든 현존하고 있는 인간들에게 대기를 평등하게 분배한다면, 〈북쪽〉은 그들에게 배당된 것보다 더 큰 공간을 '쓰레기장'으로 사용해 왔기 때문이다. 반면 중국이나 인도와 같은 나라에서는 배출물이 그들의 당연한 권리로 배정된 쓰레기장 공간의 한계에 크게 못 미쳤다.

리오에서는 또한 산림자원에 대한 지구적 통제 강화를 위한 산림약정서가 배포되었다. 〈북쪽〉 환경주의자들은 국제관리통치체로 하여금 산림의 성장을 촉진시키도록 하여 이것을 통해 추가적으로 탄소처리를 할 수 있기를 원했다. 반면 그들의 〈남쪽〉 상대자들은 오히려 지방통제가 국가통제를 대신해야 한다고 주장하였다. 왜냐하면, 산림은 무엇보다도 아시아, 아프리카 및 중남미에 있는 수백만 명의 산림 거주자들의 생존에 핵심적인 요소인 공동체 자원이기 때문이다. 12명의 〈남쪽〉 국가에서 온 운동가들은, 만약 산림을 지구적 통치체계 아래 두어야 할 필요성이 있다면, 〈북쪽〉이 선망하고 통제해 온 자연자원의 관리도 같은 원칙에 따라야 하지 않겠는가라고 묻는 성명서를 발표했다. 성명서는 "만약 산림관리가 지구적 영향력을 가진다면, 세계 석유자원의 관리도 마찬가지다. 그러면 우리는 세계 석유자원의 지속 가능한 생산, 관리 및 보존을 위한 지구석유회의를 열 것인가?"라고 질문하고 있다.

논쟁은 또한 생물다양성 조약과 관련된 제안에서도 발생했다. 거기에 〈남쪽〉 운동가들의 생각은 〈북쪽〉의 생명기술 회사들의 기호에 맞게 부당하게 왜곡되어 있었다. 조약 초안은 지역공동체들의 토착적인 지식, 즉 과거에 대가를 지불하지 않았거나 전혀 감사의 표시조차 없이 엄청난 이익을 가져온 다양한 새로운 곡물과 의료약품 개발에 이용되어 온 지식에 대해 상응하는 보상을 허용하지 않았다.

말레이시아 녹색운동가인 펭(Martin Khor Kok Peng)은 UNCED가 두 가지 핵심적 질문에 대해, 즉 이미 저질러진 파괴에 대한 공정한 책임 할당과, 국제연합과 국제포럼들이 실제로 어느 정도 세계 모든 국가에게 동등한 목소리를 허용해 왔는가에 대한 문제 제기에 대해, 직접 대면할 능력이 없거나 그러기를 꺼려하는 것같아 보였다고 지적한 바 있다. 많은 환경주의자들이, 그들 모두가 〈남쪽〉 사람들은 아닌데, "가용한 모든 증거가 환경위기는 거의 대부분이 〈북쪽〉의 낭비적이고 과잉적인 소비에 의해 응축되어 왔음을 보여주고 있다. 이들은 틀림없이 이 행성의 자원뿐 아니라 그 처리장의 약 80%를 유럽과 북미, 오세아니아와 일본에 살고 있는 20%의 인구가 사용하고 있다"고 주장하였다. 제3세계의 인구증가가 흔히 환경파괴의 주범으로 주장된다. 그러나 영국의 작가인 피어스(Fred Pearce)는 이렇게 물었다. "왜 서구 환경주의자들이, 북미나 유럽에서 태어나는 한 아이가 가난한 나라의 아이에 비해 10배내지 100배의 세계 자원을 소비하고 몇 배의 공해를 일으킬 텐데, 가난한 나라의 인구성장에 대해 그렇게 걱정을 하고 있는가? 논리적으로 세 자녀를 가진 미국의 가정은 8명(또는 80명까지) 자녀의 아프리카 가정보다 몇 배나 더 이 행성에 해를 입히지 않는가?"

리오에서의 논쟁을 보다 잘 이해하기 위해서, 우리는 소비의 외연만큼 그 구성에 마찬가지로 초점을 맞출 필요가 있다. 클로로플루오로카본(CFC, 순환성 냉매)의 주범은 냉장고며, 온실가스의 주범은 자동차 배기물이다. 자동차와 냉장고의 소유는 진보, 번영, 그리고 때로는 문명 자체의 지수로 간주되어 왔다. 그러나 여기에 진실은 실제로 모든 미국인, 일본인, 노르웨이인, 벨기에 사람들이 이미 자동차와 냉장고를 소유하고 있는 반면, 대부분의 인도인, 케냐인, 콜롬비아인과 르완다인들은 가지고 있지 않으나, 그들도 *머지않은 장래에 갖게 되기를 열망하고* 있다는 점이다. 〈남쪽〉 나라들에게 그들의 CFC와 CO_2의 배출량에 "모자를 씌우라"는 것은 대부분의 사람들에게는 자동차나 냉장고와 같은 잘 알려진 안락과 웰빙을 뜻하는 물품을 언젠가 가질 수 있으리라는 희망을 거부하는 것이 된다.

이러한 관점에서, 캘리포니아 주부와 멕시코 농부는 결코 공동의 과거와 현재를 가지고 있지 않다. 그렇다면 어떻게 그들이 공동의 미래를 갖게 될 수 있는가? 이는 오직 그들의 목소리가 똑같은 무게를 가지는 세계에서, 즉 지구적인 수준에서 순수하게 참여민주주의가 자리를 잡게 될 때에만 가능할 것이다. 그러나 〈과학과 환경 센터〉가 특별히 〈지구정상회담〉을 위해 펴낸 '지구 민주주의에 관한 성명서' (Statement on Global Democracy)에서 불만을 토로한 것처럼

> [현재] 모든 세계 시민이 지구 환경관리에 참여할 수 있도록 허용하기 위해 새로운 수준의 권력을 만들려는 노력은 어디에서도 찾아볼 수 없다. 오늘날, 현실은 〈북쪽〉의 정부와 기구들이 그들의 경제적·정치적 권력을 이용하여, 말하자면 방글라데시의 개발에 간여할 수 있는 것뿐이다. 그러나 방글라데시인은, 비록 거의가 〈북쪽〉 배출물로 야기된 지구 온난화로 [그들] 나라의 절반이 물에 잠기더라도, 아무도 〈북쪽〉 경제개발 과정에 간여할 수 없다.

III

파키스탄의 사회학자 바누리(Tariq Banuri)는 〈지구정상회담〉 이전과 회의기간 동안의 의견 갈림에 대한 사려 깊은 설명을 제공하였다. 그는 〈북쪽〉과 〈남쪽〉 사이의 차이는 경제적 이해에 기초한 갈등과 의미에 관한 갈등 모두를 포괄하는 것으로 보았다. 이로 인해 같은 사건이 매우 다르게 보였다. "마치 같은 극장에 앉아 있는 사람들이 두 개의 다른 영화를 보는 것처럼." 바누리는 이렇게 평했다. "대부분의 〈북쪽〉 사람들은,"

UNCED를 인류를 구원하기 위한 매우 환영받는 집합행동의 표출로 보는 반면, 많은 〈남쪽〉 사람들은, NGO 운동가들과 함께 정부 관리들은, (그 이유는 서로 다르지만) 거기에서 새로운 제국주의와 새로운 제약, 가난과 억압의 경감에 있어 새로운 장애의 등장에 대한 공포를 느낀다. 〈북쪽〉 사람들은 노아가 대홍수로부터 우리를 방어해 줄 방주를 짓는 영화에 참여하고자 줄을 서고 있다. 그러나 〈남쪽〉은 이 이야기에 포함되지 않는 듯이 보인다. 그들의 이야기는 철로의 다른 편에 있는 극장, 예수가 인류의 구원을 위해 십자가에 못 박힌 곳, 가난한 사람들이 가난 가운데 고통을 받아야만 부자들이 그들의 생활양식을 즐길 수 있는 곳처럼 보인다.

이러한 맥락에서, 1986년 종교 지도자들의 모임과 6년 뒤 리오에서 개최된 국가들의 회의 사이에서 우리는 생생한 대조를 관찰할 수 있다. 전자는 선의의 합의적인 것이었지만 또한 과장되고 애매한 것, 그리고 진부하게 우리 모두의 신념에서 나오는 공동의 책임에 대해 얘기하는 것이었다. 반면, 후자는 혹독하고 갈등적인 것이었지만, 또한 구체적이고 정밀한, 배출의 정도에 따라 유죄의 정도를 추정하고 생물권에 대한 각국의 몫을 따지는 그런 것이었다.

이 책은 단순한 환경주의의 다양성, 즉 시대에 걸쳐 그리고 지구를 가로질러 나타난 풍부한 그리고 열광적인 환경주의의 표현들에 중점을 두고 서술하였다. 이미 논의한 바와 같이, 과거에는 독자적인 '국가적' 녹색전통들이 존재해 왔다. 그러나 이들 전통도 역시 서로로부터 창조적으로 차용해 만들어진 것이었다. 〈지구정상회담〉의 전투는 환경주의자들 사이의 다른 종류의 대결, 아마도 서로 유익하기보다는 파괴적이고 부조화적일 수 있는 대결의 전조처럼 보였다.

리오의 잔재는 한동안 우리와 함께 할 것이다. 그러나 이들 실제적이고 기본적인 차이들 너머에는, 다양한 종류의 환경주의자들을 하나로 묶는 그 어떤 것이 있다. 만일 이들을 하나로 묶는 사상이 틀림없이 있다면, 그것은 미국의 무어와 인도의 간디를, 케냐의 마타이와 독일의 켈리를 묶는 것일 것이고, 내 생각으로, 그것은 '절제'의 사상일 것이다. 역사를 통해 권력을 행사한 사람은 모두, 그것이 환경에 대한 것이든, 다른 인간에 대한 것이든, 그들 행동의 한계를 공공연히 무시하는 태도를 보여주었다. 자본주의자들은 노동자들을 착취했고, 사회주의자들은 시민들을 억압했고, 이 둘은 모두 자연을 지배했다. 그들의 신념을 보나 그들의 실천을 통해 보나, 녹색인들을 보다 특징짓는 것은 절제의 관념이다. 이러한 관념은 야생성 사상가들의 야생을 바라보는 경외심에서, 농촌 낭만주의자들의 대지를 포옹하는 온화함에서, 또는 재고총량에서 추가적인 증가분만을 사용함으로써 자연의 수용능력을 유지시키는 데 필요하다고 여겨 과학적 보존주의자들이 사용한 통계적 수단에서 명백히 드러난다.

모든 색조의 녹색, 즉 모든 환경주의를 하나로 묶는 단초는 인도의 중국학자 데싱카(Giri Deshingkar)의 논평에도 포함되어 있다. 데싱카는 한때 현대문명이 우리를 과거와 미래 모두로부터 떼어 놓았다는 것을 관찰한 바 있다. 전통지식과 전통제도를 경시함으로써 현대문명은 우리와 우리들 선대의 아버지들과 어머니들과의 연결을 끊어버렸다. 동시에, 개인적 업적과 지금 여기에 초점을 맞춤으로써 현대문명은 급진적으로 미래를 평가절하했다. 영국의 경제학자 케인스(John Maynard Keynes)는 "결국에는 우리 모두가 죽는다"고 주장했다. 이것은 아마도 20세기의 묘비명으로 가장 적합한 말일 것이다.

"결국에는 우리 모두가 죽는다"는 철학은 제1세계와 제3세계, 사회주의와 자본주의 국가 모두에서 경제발전을 이끌어 왔다. 이들 발전의 과정은 어떤 곳에서는, 어떤 사람들에게는, 진정한 그리고 상당한 인간복지의 증진을 가져왔다. 그러나 이는 또한 환경에 대한 깊은 무감각, 즉 다음에 올 세대의 욕구에 대한 철저한 무시로 점철되어 왔다. 이는 또한 인간 사회 내에서의 분열, 즉 소비하는 계급과 일하는 계급 사이의 분열을 영속화시키고, 경우에 따라서는 강화시켜 왔다. 우리가 "지구적 녹색운동"으로 알고 있는 것이야 말로, 호랑이가 아직 선더반 숲에서 거닐며, 사자가 왕 같은 위엄으로 아프리카 평원을 활보하는 세계를, 자연의 열매가 인간 종의 성원들 사이에 보다 공평하게 분배되는 세계를, 우리의 자녀들이 보다 자유롭게 우리의 강에서 물을 마시고 우리의 도시에서 숨을 쉴 수 있는 세계를 만들기 위해 투쟁함으로써, 가장 끈질기게 사람들과 각국 정부를 불구의 근시에서 벗어나게 하려고 해 온 그 무엇이다. 이러한 뜻에서, 환경운동은 우리에게 공동의 미래— 그리고 거기에 도달하는 여러 길을 보여준다.

문헌 에세이

환경주의의 첫 번째 파도에 관한 학술적 업적은 깨끗하게 두 개의 범주로 나뉜다. 다양한 나라에서의 환경주의 기원에 관한 역사와 주요 인물에 대한 전기적 연구가 그것이다. 국가의 역사 가운데 중요한 것으로는 영국의 경우, Jan Marsh, *Back to the Land: The Pastoral Impulse in England, from 1800 to 1914*(London: Quartet Books, 1982), Raymond Williams, *The Country and the City*(London: Chatto and Windus, 1973); 그리고 Keith Thomas, *Man and Nature: A History of the Modern Sensibility*(New York, Pantheon, 1982)가 있다. 독일의 경우, Raymond H. Dominick III, *The Environmental Movement in Germany: Prophets and Pioneers, 1871–1971*(Bloomington: Indiana University Press, 1992); 호주의 경우, J. M. Powell, *Environmental Management in Australia, 1788–1914*(Melbourne: Oxford University Press, 1976), 그리고 문헌이 가장 풍

부한 미국의 경우, Roderick Nash, *Wilderness and the American Mind*(3판: New Haven: Yale University Press, 1982), Samuel P. Hays, *Conservation and the Gospel of Efficiency: The Progressive Conservation Movement, 1880 to 1920*(Cambridge: Harvard University Press, 1958), Arthur Ekirch, Jr., *Man and Nature in America*(New York: Columbia University Press, 1963); William R. Burch, Jr. *Daydreams and Nightmares: A Sociological Essay on the American Environment*(New York: Harper and Row, 1971)와 Alfred Runte, *National Parks: The American Experience*(2판: Lincoln, University of Nebraska Press, 1984)가 있다.

상당수의 문헌은 특수 국가의 특수 문제에 초점을 맞추고 있다. 이러한 맥락에서 지난 10년간 과학적 임업 성장에 관한 '국가' 역사가 많이 발간되었다. 거기에는 Conrad Totman, *The Green Archipelago: Forestry in Preindustrial Japan*(1989), Nancy Peluso, *Rich Forests, Poor People: Resource Control and Resistance in Java*(1992), Madhav Gadgil and Ramachandra Guha, *This Fissured Land: An Ecological History of India*(1993)가 포함된다. 이 3책은 모두 Berkeley의 캘리포니아대학 출판부가 출간했다. 그리고 Lane Simonian, *Defending the Jaguar: A History of Conservation of Mexico*(Austin: University of Texas Press, 1995)가 있다. 또한 주목할 만한 것으로는 Franz Heske, *German Forestry* (New Haven: Yale University Press, 1938)가 있다. 이 책은 독일 산림과학이 어떻게 세계로 퍼져 나갔는지에 대해 잘 설명하고 있다.

역사가들의 관심을 끈 또 다른 부문은 야생성 보존의 역사로, 이는 야생종과 서식지 감소에 대한 대중의 관심에서 유래한 것이었다. 코끼리나 사자와 같은 거대한 포유동물들이 멸종위기를 맞고 있는 아프리카는 여러 가지 이유로 역사가들이 선호하는 활동무대였다. 최근의 그리고 좋은 자료에 기초한 연구로는 Raymond Bonner, *At the Hand of Man: Peril and Hope for Africa's Wildlife*(New York: Alfred Knopf, 1993), 그리고 John M. Mackenzie, *The Empire of Nature: Hunting, Conservation and British Imperialism*(Manchester: Manchester University Press, 1988), 여기에 더해 두 개의 에세이 모음집, 즉 David Anderson and Richard Grove, *Conservation in Africa: Peoples, Parks and Priorities*(Cambridge: Cambridge University Press)와 *Journal of Southern African Studies*(15권 2호, 1989년 1월)의 특집으로 취급된 "The Politics of Conservation in Africa"가 있다. 다음에 국가들과 대륙들 사이의 생태적 다양성을 염두에 두고, 국가에 초점을 맞추기보다는 한 지역을 집중적으로 다룬 연구들이 보다 전문화된 연구로서 등장하였다. 이에 속하는 연구로는 Mahesh Rangarajan, *Fencing the Forest: Conservation and Ecological Change in India's Central Provinces 1860-1914*(New Delhi: Oxford University Press, 1996)과 Jane Carruthers, *The Kruger National Park: A Social and Political History*(Pietermaritzburg: University of Natal Press, 1995)를 들 수 있다.

다음 전기적인 연구로 눈을 돌려보자. 거기서는 David Lowenthal, *George Perkins Marsh: Versatile Vermonter*(New York: Columbia University Press, 1958)가 위대한 개척적인 보존주의자에 대한 연구로서 돋보인다. 로웬달의 책은 생태적 무지의 시대에 출간되었다는 점에서 주목된다. 그는 현재, 보다 시대의 성격에 맞는 개정판을 준비하고 있다. 철저한 연구에 기초한 좋은 문장의 또 다른 전기로는 Curt Meine, *Aldo Leopold: His Life and Work*(Madison: University of Wisconsin Press, 1988)가 있다. 여기에 존 뮤어가 포함되면 미국 환경주의들의 성삼위가 완성된다. 뮤어에 대한 또는 그를 둘러싼 많은 최근 업적들 가운데는 Michael Cohen, *The*

Pathless Way: John Muir and American Wilderness(Madison: University of Wisconsin Press, 1984)와 Stephen Fox, *The American Conservation Movement: John Muir and His Legacy*(Madison: University of Wisconsin Press, 1985)가 있다. 또한 이전의 가치 있는 업적으로는 Linnie Marsh Wolfe, *The Life of John Muir*(Madison: University of Wisconsin Press, 1978—1945년에 초판 발행)가 있다. 그러나 뮤어에 대한 나의 분석은 *Harper's*와 *The Atlantic Monthly*와 같은 현재 간행되고 있는 정기간행물에 실린 예언자 자신의 글들, 즉 그가 처음 미국 서부의 폐허에 대해 대중들에게 경고한 논설들에 직접 의존하였다.

미국을 벗어나, 영국에서는 그들 자신의 전기 예술을 키워 왔다. 그 예로서, E. P. Thompson의 거대한 저서 *William Morris: From Romantic to Revolutionary*(개정판: London: Merlin Press, 1978)와 Jonathan Bate의 훨씬 얇으나 결코 덜 도발적이지 않은 *Romantic Ecology: Wordsworth and the Environmental Tradition*(London: Routledge, 1991)을 들 수 있다. 일본인 학자 C. Tsuzuki의 *Edward Carpenter, 1844—1929: Prophet of Human Fellowship*(Cambridge: Cambridge University Press, 1980)는 '교차 문화적' 삶의 한 좋은 예를 제공한다. 이 책의 제1부에서 취급된 마하트마 간디, 쿠마라파, 게디스와 멈포드와 같은 사람들의 환경 저술은 Ramachandra Guha and J. Martinez—Alier, *Varieties of Environmentalism: Essays North and South*(London: Earthscan, and New Delhi, OUP, 1997)에 훨씬 자세히 다루어지고 있다. 그러나 이들 저술은 원 저작과 함께 읽지 않으면 안 된다. 아직도 가치 있는 업적에 포함되는 것으로는 Patrick Geddes, *Cities in Evolution*(1915: Williams and Norgate, 1949년 재발행); J. C. Kumarappa, *The Economy of Permanence* (Wardha: All India Village Industries Association, 1945); Radhakamal Mukerjee, *Regional*

Sociology(New York: Century Co., 1926)과 *Social Ecology*(London: Longmans, Green and Co., 1942), 그리고 특별히 Lewis Mumford가 쓴 두 개의 거작 생태사로서 모두 뉴욕의 Harcourt, Brace and Jovanovich에 의해 출간된 *Technics and Civilization*(1934)과 *The Culture of Cities*(1938)가 있다. 미국 학자인 Frank G. Novack, Jr.는 게디스와 멈포드의 편지에 기초한 환상의 책 *Lewis Mumford and Patrick Geddes: The Correspondence* (London: Routledge, 1995)를 편찬했다.

특정 지역, 특정 시기, 특정 맥락에서의 환경주의와 환경사상의 역사 또한 엄청나게 많은 그리고 계속 그 수가 늘어나는 정기간행물을 통해 다루어지고 있다. 환경사를 전문 영역으로 하는 학술지가 현재 두 개 있다. 미국에서 발간되는 *Environmental History Review*와 영국에서 발간되는 *Environment and History*가 그것이다. 이 주제에 관련된 중요한 에세이들이 *American Historical Review*나 *Indian Economic and Social History Review*와 같은 보다 '주류' 학술지에도 등장한다. 수많은 정기간행물 에세이 가운데 내가 보기에 유용한 것 세 개만 선택하면, *Victorian Studies*, 1983년 겨울호에 실린 John Raslett의 " 'Checking Nature's Desecration' : Late-Victorian Environmental Organization"; *Journal of Southern African Studies*, 1984, 11집 1호에 실린 William Beinart의 "Soil Erosion, Conservationism and Ideas about Development: a Southern African Exploration, 1900-60"; 그리고 Donald Fleming과 Bernard Bailyn이 편집한 *Perspectives in American History*, 6집(Cambridge, Mass: Charles Warren Center for Studies in American History, 1972)에 실린 Donald Fleming의 "Roots of the New Conservation Movement"가 있다.

과거의 어떤 연구도 환경주의의 지구사를 시도할 정도로 그렇게 부주의하지는 않았다. 그러나 하나의 국가를 분석의 틀로 택하는 데 대해서는 점점 불만이 커져 왔다. 유럽의 식민 팽창과 보존 사이의 긍정적 · 부정적 관계에 대한 논의는 Richard Grove, *Green Imperialism: Colonial Expansion, Tropical Edens and the Origins of Environmentalism*(Cambridge: Cambridge University Press, 1994)과 Jacques Pouchepedass가 편집한 에세이 선집, *Colonisations et Environment*(Paris: Société Française d'Histoire d'Outre-Mer, 1993—원래 *Revue Française d'Histoire d'Outre-mer*의 특별호로 출간됨)에서 취급하고 있다. Simon Schama, *Landscape and Memory*(London: HarperCollins, 1995)에는 현대 서양의 풍부한 자연 묘사의 문화사가 담겨 있다. 또 다른 초국가적 연구인 Anna Bramwell, *Ecology in the Twentieth Century: A History*(London: Yale University Press, 1989)는 독일과 영국의 반(反)산업적 추세를 비교 분석하고 있다. (그러나 책의 제목에도 불구하고, 이 연구는 아시아, 아프리카나 중남미에 대한 언급 없이, 그리고 미국에 대해서는 몇 페이지만 할애한, 실제로 이들 두 나라에 국한된 것이었다.)

일반적으로 환경주의의 첫 번째 파도에 관한 업적들이 서술대상이 되고 있는 사람들이나 과정과 분명한 거리를 유지할 수 있었던 데 반해, 두 번째 파도에 관한 업적들은 보다 의도적으로 파당성을 보였다. 이들 필자들은 그들이 개인적으로 목격하거나 경우에 따라서는 직접 참여까지 한 사건들로부터 영향을 받은 사람들이었다. 그럼에도 불구하고, 이 가운데는, 충분히 시간의 검증을 이겨낼 것으로 예상되는, 현대 환경주의에 대한 중요한 분석들이 포함되어 있다. Philip Shabecoff의 *A Fierce Green Fire: The American Environmental Movement*(New York: Hill and Wang, 1993)과 Smauel P. Hays의 *Beauty, Health and Permanence: The American Environmental Movement, 1955-85*(New York: Cambridge University

Press, 1987)가 그 예다. 한 사람은 언론인이고 한 사람은 고참 교수인 이들은 자극적이며 내적으로 갈라진 운동에 대한 권위 있는 분석을 제공했다. J. Baird Callicott와 Michael P. Nelsor가 편집한 *The Great New Wilderness Debate*(Athens: University of Georgia Press)에는 야생 및 심층 생태학에 관한 광범한 내용의 글들이 실려 있다. '생태 정의'를 위한 투쟁은 Andrew Szasz, *EcoPopulism: Toxic Waste and the Movement for Environmental Justice*(Minneapolis: University of Minnesota Press, 1994)와 Robert D. Bullard, *Dumping in Dixie: Race, Class and Environmental Quality* (Boulder: Westview Press, 1990)의 주제를 이루고 있다. 영국의 운동에 관한 포괄적 논의는 Philip Lowe and Jane Goyder, *Environmental Groups in Politics*(London: Allen and Unwin, 1983), 독일(또는 서독)의 운동에 관해서는 Werner Hülsberg, *The German Greens: A Social and Political Profile* (London: Verso, 1988)과, Margit Mayer와 John Ely가 편집한 *Between Movement and Party: The Paradox of the German Greens*(Philadelphia: Temple University Press, 1997), 그리고 *Alternatives*, 1986, 11집 2호에 실린 Saral Sarkar의 에세이 "The Green Movement in Western Germany"에 수록되어 있다.

모두 '국가' 역사에 관한 것으로, 나라의 크기로는 작지만 시민행동이 꽃을 피운 유럽 3개국의 정밀한 환경운동 비교분석이 Andrew Jamison, Ron Eyerman, Jacqueline Cramer, and Jeppe Lessøe, *The Making of the New Environmental Consciousness: A Comparative Study of Environmental Movements in Sweden, Denmark and the Netherlands*(Edinburgh: Edinburgh University Press, 1990)에 실려 있다. Ronald Inglehart의 업적 또한 포괄 범위에 있어 비교연구이다. 환경주의를 일종의 '탈물질주의' 운동으로서 보는 그의 전제는 두 권의 책에 잘 정리되어 있다. *The Silent*

Revolution(1977)과 *Value Change in Industrial Societies* (1990)가 그것이다. 이 둘은 모두 프린스턴대학 출판부에서 간행하였다.

여기 언급한 것은 저서에 한한다. 정기간행물에 수록된 문헌은 끝이 없다. 거기에는 환경주의에 관한 국가 연구의 예를 보여주는 두 개의 매우 중요한 특집호, 즉 *International Journal of Sociology and Social Policy*, 1992, 12집 4-7호와 *Research in Social Movements, Conflicts and Change*, 1992, 부록 2("세계 녹색운동")가 포함된다. 환경에 관한 영어사용 전문 학술지 가운데는 미국 정기간행물로 *Society and Natural Resources*, *Whole Earth Review*, *Environmental Ethics*와 *Capitalism, Nature, Socialism*이, 그리고 영국의 격월간지로 *The Ecologist*가 있다. 이들은 모두 정기적으로 환경 논쟁과 운동을 주제로 한 에세이들을 싣고 있다.

우리는 또한 앞으로 현대 생태주의의 핵심 사상가들과 활동가들에 관한 전기가 나올 것으로 기대한다. 이미 존재하는 것으로는, 딸의 회고로 정감이 있으면서도 다양한 정보를 제공하는 Barbara Wood, *Alias Papa: A Life of Fritz Schumacher*(London: Jonathan Cape, 1984); 저자보다는 책에 관한 전기인 Frank Graham, *Since Silent Spring*(Boston: Houghton Mifflin, 1970)이 있다. 간디와의 만남과 인도 마을에 대한 영국 함장 딸의 이야기인 Mira Behn의 자서전 *A Spirit's Pilgrimage*(London: Longman, Green and Co., 1960) 역시 읽을 가치가 크다. John McPhee, *Encounters with the Archdruid: Narratives about a Conservationist and Three of His Natural Enemies*(New York: Farrar, Strauss and Giroux, 1971)도 같은 급에 속한다. 이 책은 〈시에라 클럽〉의 전 회장이고 〈지구의 친구들〉의 창시자이며 미국의 가장 영향력 있고 공격적인 보존주의자인 David Brower와 함께 한 삶에 관한 매우 세련되고 재치 넘치는 이야기로 꾸며졌다. 또한 전기지만 개인이 아니라 마을에 관한 것으로 Michael Meyerfeld Bell의 어떻게 영국

사람들이 환경을 인지하는지에 관한 민속지적 연구인 *Childerley: Nature and Morality in an English Village*(Chicago: University of Chicago Press, 1994)가 있다.

환경주의의 두 번째 파도는 또한 인간의 곤궁한 처지에 관한 논쟁적이고 훈계적인 업적들을 쏟아냈다. 여기서 유명한 것들은 생물학자들의 업적이다. 그들은 독특하게 과학과 예언을 혼합하였다. 많은 생물학자들의 책이 본문에서 인용되었다. 인용되지 않았지만, 그럼에도 불구하고 살필 가치가 있는 것으로는 René Dubos, *A World Within: A Positive View of Mankind's Future*(London: Angus and Robertson, 1973)가 있다. 철학자들의 업적이 다음으로 중요하다. 그들은 환경오용의 도덕적 · 사회적 뿌리에 대한 날카로운 통찰력을 제공했다. 그러한 사람의 하나가 동독의 저항운동가로서 뒤에 녹색당의 창립에서 창건 역할을 담당했던 Rudolf Bahro다. 그의 관련 저서로는 *From Red to Green: Interviews with New Left Review*(London: Verso, 1984)와 *Building the Green Movement*(Philadelphia: New Society Publishers, 1986)가 있다. '심층 생태론' 의 관념은, 노르웨이 철학자 Arné Naess가 만든 것으로, David Rothenberg가 노르웨이어에서 번역한 Naess의 *Ecology, Community, Lifestyle*(Cambridge: Cambridge University Press, 1986)에서 논의하고 있다. 환경위기를 이해하고 해결하는 데 있어서 여러 다른 종교의 적합성은 이란 철학자 Seyyed Hossein Nasr가 그의 책 *Religion and the Order of Nature*(Oxford: Oxford University Press)에서 당당하게 설파하였다. Carson, Commoner, Ehrlich, Mumford와 같은 영향력 있는 사상가들의 관념은 David Macauley가 편집한 *Minding Nature: The Philosophers of Ecology*(New York: The Guilford Press, 1996)에서 취급하고 있다. 마지막으로 서양사회를 보다 건설적인 길로 움직이기 위한 사려 깊고 건설적인 안건들이 Wolfgang Sachs, Reinhard

Loske, Manfred Linz 등의 *Greening the North: A Post Industrial Blueprint for Ecology and Equity*(London: Zed Books, 1998)에 수록되어 있다.

〈북쪽〉에 비교하여 〈남쪽〉 환경주의에 관한 문헌은 매우 부족하다. "가난한 사람들의 환경주의"의 관념 그 자체가 사회과학의 인습적 지혜에 대립된다. 산림권을 방어하고 "파괴적인 개발"에 대항하는 운동은 1970년대 인도와 1980년대 브라질에서는 일상적인 것이었지만, 그 신호가 학계에서 포착되기 시작한 것은 한참 뒤였다. 따라서 나의 분석은 주로 내 자신의 연구와 현재 진행 중인 친구와 동료들의 연구에 의존하였다. 발리에 관한 정보는 아직 간행되지 않은 머독대학의 Carol Warren 박사의 논문에서 나왔고, 페루 사례의 논의는 조지아대학의 J. Peter Brosius의 앞으로 출간될 책의 원고를 볼 수 있어 가능하였다. 바르셀로나 자치대학의 Juan Martinez-Alier 교수에게는 더 큰 빚을 졌다. 그는 중남미의 환경주의에 대한 그의 업적에서 자유로운 차용을 허용하였다.

〈남쪽〉 환경주의에 관해 출판된 업적들은 그 포괄 범위가 제한되어 있고, 질에 있어서도 차이가 크다. 그러나 브라질 환경주의의 역사에 대한 분석으로는 두 개의 훌륭한 논문이 있다. Matthias Finger가 편집한 *Research in Social Movements, Conflicts and Change*, 부록 2: *The Green Movement Worldwide*(Greenwich, Conn.: Jai Press, 1992) pp. 119-93에 실린 Karl Goldstein의 "The Green Movement in Brazil"에 관한 에세이와 *International Journal of Urban and Regional Research*, 1988년 11월, 12집 2호에 실린 Eduardo J. Viola, "The Ecologist Movement in Brazil (1974-86): from Environmentalism to Ecopolitics"가 그것이다. 또한 눈에 띄는 것으로는 W. E. Hewit의 에세이, "The Roman Catholic Church and Environmental Politics in Brazil," *The Journal of Developing Areas*, 1992,

26집 1호가 있다. 아마존 산림 벌채와 치코 멘데스의 투쟁은 Susanna Hecht and Alexander Cockburn, *The Fate of the Forest: Developers, Destroyers and Defenders of the Amazon*(London: Penguin Books, 1990)에서 논의되고 있다. 브라질 환경주의에 대한 우리의 이해는 현재 준비 중인 2권의 책 분량의 연구가 출간되면 풍부해질 것이다. 그중 하나는 초기(18세기와 19세기) 생태학적 사상에 관한 José Augusto Padua의 것이고, 또 하나는 현대 환경운동에 관한 Margaret Keck의 것이다.

칩코 운동은 나의 책 *The Unquiet Woods: Ecological Change and Peasant Resistance in the Himalaya*(New Delhi: Oxford University Press, 1989: 제2 수정판, 1999)의 주제다. 보다 광범한 인도 환경주의의 분석은 Madhav Gadgil and Ramachandra Guha, *Ecology and Equity: The Use and Abuse of Nature in Contemporary India*(London: Routledge, 1995)에 주어져 있다. 여성과 자연 사이의 관계의 탐험은 Bina Agarwal의 에세이, "The Gender and Environment Debate: Lessons from India," *Feminist Studies*, 1992, 18집에서 시도하고 있다. 세미나 자료가 두 개 있다. 1982년과 1985년에 뉴델리 〈과학과 환경 센터〉(CSE)가 출간한 *Citizens Reports on the Indian Environment*가 그것이다. 남아시아의 환경 쟁점들에 관해 지식을 주는 유용한 에세이는 뭄바이에서 간행되는 *Economic and Political Weekly*와 카투만두에서 인쇄되는 월간지 *Himal*에 주로 게재되어 있다. 위에서 언급한 CSE 보고서들의 출간은 환경운동의 국제주의를 위한 또 하나의 봉헌물이 아닐 수 없다. 보고서의 제목은, 그 형식(각기 다른 자원 부문 또는 특정 논쟁점에 집중하고 있는 장들로 구성된)과 함께, 워싱턴에 자리한 Worldwatch Institute가 매년 발간하는 매우 성공적인 *State of the World Reports*에 필적하는 것이다. 우연하게도, 인도 보고서는 페낭(Penang)단체인 사하밧 알람 말레이시아(Sahabat Alam Malaysia)가 1980

년에 펴낸 얇은 *State of the Malaysian Environment Report*에 자극을 받은 것이었다. 그러나 이들이 〈남쪽〉의 '목소리'를 구성해 내는 데 지도적인 역할을 하고 있을 때에도 불구하고, 말레이시아 환경주의의 진화에 관한 신뢰할 만한 책이나 논문은 없었다. 말레이시아의 이웃, 타일랜드는 이 점에 있어서는 훨씬 형편이 낫다. 이 나라에서 있었던 환경갈등에 관한 유용한 에세이로는 Larry Lohmann의 "Peasants, Plantations and Pulp: the Politics of Eucalyptus in Thailand," *Bulletin of Concerned Asian Scholars,* 1991, 23집 4호; Jim Taylor의 "Social Activism and Resistance on the Thai Frontier: The Case of Phra Prajak Khuttajitto," *Bulletin of Concerned Asian Scholars,* 1993, 25집 2호; 그리고 Philip Hirsh, "What are the Roots of Thai Environmentalism?," *TEI Quarterly Environmental Journal,* 1994, 2집 2호가 있다. 아직까지 아프리카 환경갈등에 관한 권위 있는 업적은 없다. 그러나 오고니(Ogoni) 투쟁에 관한 상세한 1차적 해설은 Ken Saro-Wiwa, *A Month and a Day: A Detention Diary*(London: Penguin Books, 1996)에서 발견할 수 있다.

이제 사회주의와 이전 사회주의 세계로 눈을 돌려보자. 무엇보다도 먼저 언급되어야 할 것은 Douglas Weiner가 쓴, 잊어버린 과거의 소비에트 보존운동의 포괄적인 역사를 제공하고 있는 *Models of Nature: Ecology, Conservation, and Cultural Revolution in Soviet Russia*(Bloomington: Indiana University Press)이다. 아직까지 이에 필적할 만한 러시아 환경주의 '두 번째 파도'에 관한 책 분량의 연구는 없다. 그러나 직관적인 이해는 Robert G. Darst, Jr., "Environmentalism in the USSR: the Opposition to the River Diversion Projects," *Soviet Economy*, 1988, 4집 3호와, Matthias Finger가 편집한 *Research in Social Movements, Conflicts and Change,* 부록 2: *The Green Movement Worldwide*(Greenwich, Conn.: Jai Press,

1992)에 실린 Ze'ev Wolfson and Vladimir Butenko, "The Green Movement in the USSR and Eastern Europe"을 통해 얻을 수 있다. 중국은, 물론 (그리고 슬프게도) 소비에트 러시아보다도 환경 행동과 논쟁의 경험이 적다. 그 예외의 하나가 Dai Qing 등이 기고하고 Patricia Adams와 John Thibodeau가 편집한 *Yangtze!, Yangtze!*(London: Earthscan, 1994)에 요약된 산샤 댐을 둘러싼 논쟁이다.

〔저 자 소 개〕

라마찬드라 구하는 세계적으로 가장 잘 알려진 인도 역사학자 가운데 하나이다. 그는 예일대학, 인도 과학원, 버클리대학에서 가르쳤고, 버클리에서는 1997년과 1998년 인도-미국 커뮤니티 석좌교수를 지냈다. 그의 다른 저서로서는 옥스퍼드대학 출판사에서 출간한 *조용하지 않은 숲*과 *문명인을 야만화하다*가 있다. 그는 또한 크리켓 문화의 권위자이며 그의 저서들은 여러 나라말로 번역되었다.

〔역 자 소 개〕

옮긴이 권태환은 지난 33년간 서울대학교 사회학과의 교수로 재직하면서 인구학, 환경사회학, 도시사회학, 방법론 등을 강의해 왔으며, 한국 인구학과 환경사회학의 형성과 발달에 커다란 기여를 해왔다. 그는 15편의 영문과 20여 편의 국문 저서를 집필 또는 편집하였으며, 그 대표적인 것으로는 *Demography of Korea*, *The Population of Korea*, *중국 조선족사회의 변화*, *사회학의 이해*, *인구의 이해* 등이 있다.

환경 사상과 운동

2006년 3월 25일 제1판 1쇄 인쇄
2006년 3월 30일 제1판 1쇄 발행

저 자 Ramachandra Guha
역 자 권 태 환
발행인 姜熙一 · 朴銀子

저자와의 협의에 의해 인지첨부를 생략합니다

발행처 **다 산 출 판 사**
서울특별시 마포구 용강동 494 - 85
등 록 1979. 6. 5. 제 3-86호(윤)
전 화 717-3661~2, 718-1751~2
F A X 716-9945
조 판 민하디지탈아트

정가 10,000원 파본은 바꾸어 드립니다.

http://www.dasanbooks.co.kr

ISBN 89-7110-322-1 93330